Black
and
White
Thinking

灰度思考

[英] 凯文·达顿（Kevin Dutton）著　吴晓真 译

湖南文艺出版社　博集天卷

BLACK AND WHITE THINKING By Kevin Dutton
Copyright © Kevin Dutton 2020
This edition arranged with Conville & Walsh Limited
through Andrew Nurnberg Associates International Limited

© 中南博集天卷文化传媒有限公司。本书版权受法律保护。未经权利人许可，任何人不得以任何方式使用本书包括正文、插图、封面、版式等任何部分内容，违者将受到法律制裁。

著作权合同登记号：图字18-2022-038

图书在版编目（CIP）数据

灰度思考 /（英）凯文·达顿（Kevin Dutton）著；吴晓真译 . -- 长沙：湖南文艺出版社，2023.2
书名原文：Black and White Thinking
ISBN 978-7-5726-0953-4

Ⅰ.①灰⋯ Ⅱ.①凯⋯ ②吴⋯ Ⅲ.①心理学—通俗读物 Ⅳ.① B84-49

中国版本图书馆 CIP 数据核字（2022）第 228582 号

上架建议：畅销·心理学

HUIDU SIKAO
灰度思考

著　　者：	［英］凯文·达顿（Kevin Dutton）
译　　者：	吴晓真
出 版 人：	陈新文
责任编辑：	刘雪琳
监　　制：	吴文娟
策划编辑：	曾雅婧
文字编辑：	陈　黎
营销编辑：	傅　丽
版权支持：	张雪珂
封面设计：	梁秋晨
版式设计：	李　洁
出　　版：	湖南文艺出版社 （长沙市雨花区东二环一段 508 号　邮编：410014）
网　　址：	www.hnwy.net
印　　刷：	北京天宇万达印刷有限公司
经　　销：	新华书店
开　　本：	680mm×955mm　1/16
字　　数：	309 千字
印　　张：	20
版　　次：	2023 年 2 月第 1 版
印　　次：	2023 年 2 月第 1 次印刷
书　　号：	ISBN 978-7-5726-0953-4
定　　价：	59.80 元

若有质量问题，请致电质量监督电话：010-59096394
团购电话：010-59320018

起初神创造天地。地是空虚混沌,渊面黑暗;神的灵运行在水面上。神说:"要有光",就有了光。神看光是好的,就把光暗分开了。神称光为昼,称暗为夜。有晚上,有早晨,这是头一日。

《圣经旧约·创世记》第一章1—5节①

---

① 译文采用《圣经(和合本)》2009年版。——编者注

目 录

引　言　/001

第1章　范畴划分本能 / 015

第2章　一堆麻烦 / 029

第3章　当范畴起冲突时 / 045

第4章　黑白思维的阴暗面 / 065

第5章　取景器原则 / 083

第6章　简繁相依 / 105

第7章　彩虹的另一种命运 / 123

第8章　框架游戏 / 141

第9章　只要找到理由，就会有办法 / 173

第10章　超级说服力 / 191

第11章　揭秘影响力：得偿所愿的秘密科学 / 211

第12章　重划界线 / 237

后　　记　黑白思维的智慧 / 269

附录一　语言学和颜色知觉 / 281
附录二　评估你的认知闭合需求 / 285
附录三　框架简史 / 289
附录四　Berinmo语和英语颜色空间对比 / 293
附录五　黑白思维的三大进化阶段 / 297
附录六　几个世纪以来的黑白思维 / 301
附录七　本质论之要义 / 305

图片鸣谢 / 309
致谢 / 311

引 言

他就像在喝汤的世界里拿着把叉子的人。

——诺尔·加拉格（Noel Gallagher）①

---

①诺尔·加拉格（1967—）是英国摇滚乐队"绿洲"的主音吉他手和主要的词曲创作人。——编者注

一张纸上龙飞凤舞地写着"真实人生",另一张纸上写着"梦幻一场"。两张纸分别用透明胶粘在收银机旁的两个广口瓶上,这两个广口瓶一左一右夹着当中的弗雷迪·墨丘利(Freddie Mercury)[①]的照片。在这两个广口瓶里,硬币和纸钞已经塞到四分之三满。事实上,积攒这些钱花不了多长时间。等到我吃完开胃菜,两个广口瓶已经被倒空,标签也换了新的。一张写着"猫咪",另一张写着"小狗"。它们或许不能跟《波西米亚狂想曲》的歌词相提并论,但照样有效,金属撞击玻璃的叮当声持续回响。

这引发了我的好奇。

此时的我正坐在旧金山的一家咖啡馆里。过去两周我一直在同三位世界顶级专家讨论黑白思维——二元大脑的表层。启程返回牛津前,我还有一点时间可以消磨,于是漫步来到旧金山的嬉皮士区反思回顾。我点了一些墨西哥卷饼,决定问问女招待这到底是怎么回事,她面露微笑。

"我们不断更换标签,"她告诉我,"一天换五六次。以前我们只放一个广口瓶,没的选,顾客给的小费很少。但如果你给客人选择,比如猫咪还是小狗,他们就慷慨多了。我不知道为什么,我猜大概有点好

[①] 弗雷迪·墨丘利(1946—1991)是英国摇滚乐队"皇后乐队"的主唱。该乐队演唱的《波西米亚狂想曲》的第一句歌词是:"这是真实人生,还是梦幻一场?"——译者注

玩吧。"

我不确定。

离店前,我在收银机周围逡巡,等待时机刨根问底。有两位二十岁出头的女性犹豫了一下,咯咯直笑,然后分头行事。一位把小费投给了"猫咪",另一位投给了"小狗"。

"为什么呀?"我问道。

"猫不需要你,"其中一位女子说,"但小狗需要你。"

她朋友摇摇头:"所以我才喜欢猫!你从来不用遛猫,但不遛狗哪儿行。要是外头又冷又黑又下着雨,遛狗有什么好玩的。"

狗派女子打断了她,这件事她非得理论一番不可。"养狗的人更友好,"她反对说,"出门遛狗的时候,你也会遇到别的遛狗人,慢慢地你就交到了新朋友。"

两人抬杠了好一阵子,出了店门还在争论。女招待走过来,在收银机上又录入了一笔交易。

"看到了吧,"她说,"我跟你说过的。人们享受选择,而且因为做了选择,他们离开的时候都开开心心的。"

我点点头。但我忍不住想知道,除了她提到过的选项,客人们来结账的时候还会面临哪些别的选择?

她耸耸肩。"苹果还是微软,"她说,"春天还是秋天,泡澡还是淋浴……"

她身姿敏捷地走向另一张桌子,话音戛然而止。不过我猜,就算有时间,她也数不完。因为事实上,将人们划入两两相对的阵营的办法无穷无尽。从我们的复合身份里,你可以提取出任意多的相对面来。

我想起曾经在《旧金山纪事报》上读到过的一篇报道。显然,脸书仅仅在社会性别认同方面就提供了七十多种类型供用户选择,而声田(Spotify)上有差不多四千种不同的音乐体裁。在这个界线模糊、边界日渐变化的混沌世界里,我们欣然接受无条件把自我加以分类的机会,我们将旗帜鲜明地钉到桅杆上。这些旗帜越明净、简单、不构成心理挑战就越好。

正如那两个广口瓶所证明的,我们甚至愿意为了这个特权付费。

我们生活在一个分裂的世界里,分界线无处不在。最显而易见的当属国与国之间的边界,边界线的一边是"我们",另一边是"他们"。城市也下辖若干区和街坊。我们在日常生活中划分出的界线也数不胜数。我们有性别之分,有种族之分。在我所居住的英国,人们甚至拿欧洲作为划分标准,要么在欧洲之内,要么在欧洲以外。

我们的大脑生来就自带格式化控制板。漫长的进化史让我们的大脑形成了内在的划分机制。但我们怎么确保自己划分出的界线是正确的呢?我们怎么知道该在哪里划下界线呢?答案很简单:我们办不到。我们无从得知、无法确保我们划下的界线的真实性。然而我们不由自主地划下界线,因为世界太复杂,划分界线能让事情简单点、可行些。"可行"是我们的渴求。

试以学生的平均绩点分(GPA)举例。在学术界,学位候选人获得什么等级的学位取决于求学最后一年的平均成绩处于预定分数范围内的哪一个位置。一方面,这完全合理,但另一方面,它真可谓统计学的噱头。如果一个学生的平均绩点分为七十,就说他有"一流的头脑",而另一个学生的平均绩点分为六十九,人们就不说这话了,这样做真的有道理吗?

这个问题不但会引发人们的哲学思考,而且也有现实意义。获得一级和二级甲类学位的学生享有获得更低学位的学生望洋兴叹的机遇。绩点分相对某个成绩等级的位置决定了一些学生可以向更高一级的学位进发,其余学生的求学生涯则至此终结,梦想因此破碎,职业前景因此被毁。机遇之门的开合取决于我们在哪里划下界线,这个说法有时候真的不是打比方,而是逐字落实的。2020年3月,为了应对新冠肺炎疫情的扩散,英国政府呼吁所有七十岁以上的人待在家里不要外出,以免罹患该病。考试的时候,只要考分高于七十,机遇之门就会敞开;而论及新冠肺炎,七十岁以上者的外出之门就此紧闭。

不过，正如我们所说，总得"在某个地方划下界线"，我们的确是这么做的。风暴、药物、监狱、恐怖主义威胁、疫情①……凡是你能说出来的，我们都对其加以分类。我们使用数字、字母、颜色等任何能用的方式来区分出范畴，因为划下了界线就等于做了决定，而生活充满了各种各样的决定。

正因为如此，《灰度思考》讨论的就是对秩序的追求。更确切地说，是对秩序幻象的追求。我们在连绵不断的现实沙漠中划下海市蜃楼般的认知界线，我们越接近这些虚幻的、转瞬而逝的形态，它们就消散得越快。史前时期，我们老祖宗的大脑刚刚形成，它们运转流畅高效，而且精密实用。要是我们的先祖不巧掀开一块岩石，发现下面盘着一条蛇，他们根本不会犹犹豫豫地想它到底有没有毒，他们会立马跑开，而且要快。在丛林里看到老虎时也是这样，看到芦苇塘里的鳄鱼时也是这样。好吧，刚才的响动**有可能**是风声，但还是宁可先跑出一段路，离那个尖锐、有刺或者有毒的东西远远的，保命之后再反思吧。

换句话说，我们的远古祖先在日常生活中的绝大多数决策都有可能是二元的，非黑即白，要么这样要么那样，而且他们有理由如此。他们的决策往往关乎性命，山洪暴发、龙卷风、闪电、滑坡、雪崩、树倒，这些事情突如其来，发生在弹指之间。摸着下巴斟酌的人和盯着自己肚脐眼苦思的人一般活不长。

然而，如今的生存游戏已经改变。助力我们的祖先领跑在进化曲线前面的思维捷径会反过来咬我们一口，就像它们当年帮助我们的祖先所避开

---

① 在此书创作过程中，新冠肺炎（新型冠状病毒肺炎）占据了新闻头条。为了应对疫情，英国公共卫生部根据旅行出发地所在国家的疫情将归国的英国公民和外国来访者分为两个感染风险类别。第一类："旅行者即使无症状也应当自我隔离并致电111告知英国国家医疗服务体系，报告最近出行情况。回家或抵达你的目的地后，应立即自我隔离。"第二类："旅行者不需要采取特别措施，但如果出现症状，必须自我隔离并致电111告知英国国家医疗服务体系。"（引自www.gov.uk）——作者注

的蛇和老虎一样,这种证据唾手可得,就问问南非女子中长跑选手卡斯特尔·塞门娅(Caster Semenya)^①好了。她因为体内的睾酮水平自然升高而受到抨击。或者问问凯特琳·詹纳(Caitlyn Jenner)^②。社会、心理和信息的复杂度导致细微差别与日俱增,这些差别不间断地形成压力,要求为无穷无尽、无缝无隙的现实画出更大比例尺的地图来,地图上的线条要更精细,折缝要更少、更不显眼。可以不夸张地说,过去那种笨拙粗放的轮廓线行不通了。

为了弄明白对大脑需求的演变,让我们追本溯源,从单细胞变形虫看起。一切有生命的东西都以生存和繁殖为目的。变形虫这种原始有机体生存于浅水透光层。温度的波动、食物的可获得性和环境光度——光与暗、黑与白——事实上构成了决定它生存的三个变量类别。随着外部环境的变化,变形虫体内的细胞膜也会发生相应变化,使得它能够趋近食物来源(如葡萄糖)或远离伤害性刺激。作为一只变形虫,我会说:"这个池塘不需要变光开关,伙计,浪漫烛光夜也不是我们的菜。要是突然变暗了,那肯定有什么不对劲,咱们得赶紧撤。我们喜欢简单一点。"

这是一种简朴但不失高贵的斯巴达哲学。

然而,简单不是所有人的菜。在自然选择的指导下,企业、创新和新兴的专业技术应运而生。多细胞有机体的诞生预示着世上最早的神经系统出现了,它们以原始的神经网或神经节——纠结成团的神经细胞的形式出现了。同它们的单细胞原型一样,它们的目的和功能很简单:协助有机体探测细

---

① 2009年,卡斯特尔·塞门娅(1991—)夺得柏林田径世界锦标赛女子800米冠军,但之后由于国际田联对其睾酮水平过高的问题进行调查而被禁赛。经过性别测试,塞门娅被证实为同时具有男性和女性器官的双性人,塞门娅得以保留金牌。但国际田联于2018年4月推出"睾酮规则",认为塞门娅这类运动员需服用药物降低睾酮水平才可参赛。塞门娅两次上诉均以败诉告终。——译者注
② 即布鲁斯·詹纳(1949—)。他曾获得1976年奥运会男子十项全能金牌,也是美国热门真人秀《与卡戴珊一家同行》中的肯达尔·詹纳和凯莉·詹纳的生父。2015年,布鲁斯·詹纳公开宣布变性并改名为凯特琳·詹纳,还为此登上了《名利场》杂志的封面。——译者注

胞外的刺激。不过相隔十亿多年,这一次它们的手段比原型更快、更高效。

快进到今天,我们旷日持久的心理物理上的改造已经完成。现在,我们人类生来就具有至少六大主要感觉,或许还有更多:其中五感(视觉、触觉、嗅觉、味觉和听觉)用于监控外部世界发生的事情,而第六种是本体感觉,通过持续不断地感知身体运动状态和体态姿势来维持稳定的内平衡。

在这六种基本感觉中,视觉占据支配地位,占到我们感觉输入的百分之七十左右。理由也很充分。在我们的进化历史进程中,准确地呈现我们周围其他生物的大小、颜色、形状和运动对我们的生存来说必不可少,这跟时至今日变形虫的生存依然取决于对亮度和明暗对比的敏感性是一个道理。我们的史前祖先如果看到岩壁、水面或一片被太阳炙烤到枯焦的大草原上突然出现一块阴影,他们会立刻想到两件基本大事。第一,这是我的晚餐吗?第二,这是某种想拿**我**当晚餐的又大又壮又长着獠牙的东西吗?

光与暗、黑与白,从变形虫到穴居人用了三十五亿年。回头想想,这样的改变不算剧烈。

当然了,其后一切**真的**都改变了。这个改变在古生物学时间尺度上堪称发生于一夜之间。随着意识的萌生、语言和文化的形成,人类进步的球门柱不断前移,而且前移的速度非同一般。它们被运到一个截然不同的进化竞技场上,在那里人们把它们重新组装后树立起来。突然之间,黑与白、光与暗成了明日黄花,灰色成了思维的主色调。变光开关不可或缺,它是神经生理学工具包里的一件重要工具,让我们不再希冀看到黑白二元世界,帮助我们在不同色调和明暗环境下进行推理。

只不过有一个问题,一个很大的问题:没有这样的变光开关,变光开关不存在。要是人们能够发明出来的话,**或许**它会是划时代的产品。它**可能**就是新式的"打还是逃"。然而,市场的变化速度快如闪电,自然选择工厂里的书呆子们还没来得及制造它们,事实上到现在也没有投产。

于是,我们就陷入了某种困境。我们只好划起最简单的黑白双桨,在灰色的溪流中奋进。我们分门别类，贴标签，做出非理性的次优决策，一切都是因为我们的大脑发育得太快，长得太大，过快过早地变得太聪明了。我们只会区分范畴，没有学成毕业。我们只会走极端，不会集大成。我们把差异性夸大到可笑的地步，却没有强调和突出相似性。

试以葡萄酒为例。我猜我们中的许多人在盲品时能区分红葡萄酒和白葡萄酒，有的人或许还能辨别出赤霞珠和黑皮诺。但要是拿两款口感细腻且复杂的珍贵波尔多葡萄酒来一决胜负，你行吗？比如说，你分得清哪一款是1982年的拉菲古堡期酒，哪一款是1995年的木桐酒庄期酒吗？嗯，大概不行。当然，更令人担心的是，我们品评不出人与人之间的差异。把1982年的拉菲期酒归类为"红葡萄酒"或者把雅克普利尔干白归类为"白葡萄酒"不太可能导致末世降临，但把所有穆斯林教徒都归类为支持伊斯兰国的激进分子就有这个可能。

我们没能理解达尔文进化论的反讽，其风险只能由我们自己承担。二元认知根本不是我们生存的关键，反倒可能有一天要了我们的命。如果上述伊斯兰国等恐怖主义组织的极化策略或者特朗普政府时常兜售的贴着民粹主义标签的政治原教旨主义继续大行其道，蒙蔽我们的理智的话，这一天迟早会到来。

不过，这难道不是我们的通病吗？视线所及之处，棋盘式的思维都在将我们分门别类。在社交媒体这个点击了就跑的虚无缥缈的世界里更是如此。要是有人提出了一个我们不能完全接受的主张或信念，我们的第一反应是什么？我们难道不是自然而然地就唱反调吗？（参见图0.1）

因此，本书接下来就要从类别和分类在日常生活中的重要性谈起——它们是有无数零件的乐高积木套装，我们拿它们拼装和构建现实。我们还要反思这样一个事实，那就是如果没有它们，我们就连最简单的决定都做不了。本书会在随后的章节中揭示出我们从很小的时候就开始划分界线，以及我们分类的能力跟语言、行走能力一样属于本能，是深深隐藏在我们脑海深处的进化适应，而不是我们后天从零开始习得的。我们还会了解背

引　言

后的原因：强加在认识上的"假清晰度"（false clarity）满足人类对秩序的原始需求。它能为我们提供我们所渴求的简单和"可行性"（doability），它能提供区别、二分和边界。但我们也会发现，在人与人之间划分界线跟区分图片不一样，对人的区分和二分可以迅速蔓延成分裂、歧视与不和。

以文化意义上的白人和黑人为例。

黑	白	灰
体育：只有奥运会金牌值得庆贺。银牌和铜牌归根结底意味着失败。	所有奥运会奖牌都值得庆贺。登上领奖台就是获得了佳绩。	在某些情况下，次一级的奖牌值得庆贺。在其他情况下则并非如此。大家都看好的夺金选手因为竞赛时没有全身心投入，表现失常，只得了银牌，可能就属于后者。原本毫无胜算的运动员表现大大超过预期，则可能属于前者。
英国脱欧后的身份认同危机：我是英国人。	我是欧洲人。	你可以两种身份兼具。你不需要放弃英国人的自我认知才能感到自己是欧洲人。反之亦然。身份认同取决于情境。英国足球队跟来自欧洲另一个国家的球队比赛时，英国队的支持者会感到自己是一名"英国人"。但如果这位拥趸驻扎在另一块遥远大陆的偏僻前哨，他可能会觉得自己是一名"欧洲人"。
政治和国家安全：恐怖主义者疯了。	恐怖主义者神智正常。	许多恐怖主义者的行为可能是"疯狂的"，但他们神智健全。两个人可能为了截然不同的目的采取同样的行动。激进化的过程可以把一个完全正常的人变成一个癫狂者的心理化身，从完全理性的视角做出疯狂的事情来。

图 0.1
最近出现在英国媒体里的三个黑白论辩的例子（以及它们的灰色替代选项）。

想象一下，如果我们让不同肤色的所有人排成一队，队伍的一端站着黑人中肤色最黑的人，另一端则站着白人里肤色最白的人。然后我们从队伍的一端走到另一端。在行走的过程中，我们无法明确指出黑人队伍在哪里结束，棕色人种队伍从哪里开始；或者棕色人种队伍在哪里结束，小麦色皮肤队伍从哪里开始；或者小麦色皮肤队伍在哪里结束，白人队伍从哪里开始。就肤色而言，肩并肩并排站的两人几乎一模一样。我们将会面对一个由不确定的中间体组成的连续体。种族或族群意义上的黑和白将不复存在。①

然而，种族却是最热门的话题之一。

继续关注大脑天生的、无所不包的划分范畴的本能，我们也碰巧发现了其他的风险。在忙于思索真实生活和梦幻之间的差别之余，弗雷迪·墨丘利显然热衷于认定，如果某件事情值得一做，那它就值得做到过火。我没有资格同弗雷迪争论演出方面的注意事项，但就我们应当如何划分范畴这件事而言，他错得不能再错。如果选择太多，我们的大脑不知如何拍板。如果选择太少，我们则变得好斗。

事实上，在追溯进化历史、寻觅黑白思维的史前起源时，我们发现，就塑造观点、改变心意和拉拢他人而言，三是个魔法数字。根据达尔文进化论，人类早期一片混沌和黑暗。我们在那片黑暗里揭开了由三组上古二价超级范畴构成的秘密金三角的面纱。直至今日，这三组超级范畴还在对我们可塑性极强的大脑施加深刻强大的影响，以至于那些深谙此道的人只要唤醒它们就必定能说服我们：**打还是逃，我们还是他们，对还是错**。在本·拉登或者希特勒这类人的手里，这些范畴可能导致数百万人丧生。但如果为了共同利益对它们善加利用的话，这些范畴可以造成影响力奇迹。

例如：有62 000人参加了2012年伦敦奥运会开幕式的彩排，但只有少数到场者在社交媒体上泄露了开幕式表演的内容。你仔细想一想就会相当吃

---

① 这并非意味着种族和族裔完全按照肤色来划分，而是说肤色在种族身份认同和种族识别上均扮演重要角色。——作者注

惊，尤其是考虑到随现代下载文化而来的压力、期待和诱惑。许多人试图对此做出解释，但其中有一个理论特别有趣。在2012年伦敦奥运会华丽的彩排当晚，总导演丹尼·博伊尔（Danny Boyle）面对鸦雀无声地聚集在斯特拉福德奥林匹克公园内的奥林匹克运动场上的幸运参与者发表讲话，他没有要求大家"保守秘密"，而是请他们"为他人保留惊喜"。这是一个无足轻重的细节吗？从第一印象来看是的。但仔细想一想，如果这个传闻是真的，那这不愧是说服力的神来之笔。

在说服力大标题的下面，人类进化的小号字体内容基于下述三组古老的超级范畴发挥作用：

打还是逃——抵制泄密的诱惑，对人性的低语充耳不闻。我们都喜欢分享秘密，但谁都不喜欢被剧透掉惊喜。

我们还是他们——咱们你知我知，直到大日子来临，怎么样？我们是享有特权的局内人，我们不想让局外人太早进来，对吧？

对还是错——要是你得知你说的话不但毁掉了大日子，还抹杀了所有人为此付出的心血和努力，你会有什么感受？

就是那么简简单单地调换了一个字眼，从"秘密"改为"惊喜"；就是那么简简单单地转换了一个范畴，由"分享"变成"剧透"，效果就大不相同。

事实上，我们将会发现，语言堪称激活任何范畴的关键，其作用不仅限于上述三组无法抗拒的、武器级的进化超级范畴。因为真相是：如果我们没有语言，我们就什么也没有。我们将会认识到，语言的功能其实非常基本。归根结底，它的作用就是区分"这个"和"那个"。我们一旦识别出新的他者，就会用语言在其上贴标签。

语言发挥作用之后，说服力走马上任。如果说语言的功能是区分"这个"和"那个"，那么影响力的功能也同样清晰明确。很简单，它的作用就是把"这个"变成**我的**,"那个"变成**你的**。

我的"惨遭剧透的惊喜"就是你的"与人分享的秘密"。

如果我们想飞黄腾达,就得学会这一招。它源于我们大脑对非黑即白的原始偏好。不过,如果想发这个大招,我们先得满足一些前提条件、遵守一定的规则。我们需要了解它的原理,它为何有用,何时有用。还有或许最重要的是,我们得警惕他人冲我们出这一招。

随着我们对影响力的探索历程的深入,我们会发现大脑在根据现实生成粗略的原始地图的同时,它**本身**也是一张地图。一张古旧的、过时的、饱经风霜的地图。这张地图上有三条主要的折痕——**打还是逃,我们还是他们,对还是错**。知晓这些折痕的存在以及地图的开合方式之后再去查阅会比随意打开它后不知从何下手好很多。

我们将会得知,大脑对世界进行"二选一"二元划分的默认设置影响我们生活的方方面面,体现在我们所做的每一个判断或决策中,标志着我们祖先为了在史前残酷的杀戮场上克服困难活下来,在进行凶狠、英勇斗争中代代传承下来的杰出认知能力。《灰度思考》这本书援引从法医科学到社会科学再到认知神经科学的洞察,涉猎团体之间的动态以及语言、注意力和思维三者交汇前沿争议激烈的晦暗之地,对认知科学、进化科学和说服力科学进行了独一无二的、开拓性的融合。

简而言之,它提供了一种全新的社会影响力理论。我将之称为**超级说服力**。这个理论在现代最醒目的四大新闻报道的文化、政治高炉里经历了长足的概念淬炼。

世间的一切都排列在一个连续统上。平均绩点分、肤色,就连我们对猫或狗的偏爱也不例外,即便是那两个广口瓶也强迫我们进行非此即彼的票选。世间的一切都是灰色的。然而,为了理解现实,为了弄明白其中大量不同元素之间的相互关系和相互作用,我们需要一种能力来把这个无定型、无结构的连续统分解成较小的、锐度较高的、独立的、一口大小的片段。我们需要在世间无穷无尽的灰色中划出道道线条,创建一个虚幻的棋盘式表面，然后在这个表面上移动、感知和推理，我们好比一枚枚理性的、有思维能力的棋子，井然有序，进退有度，一板一眼。正如数学家兼哲学家阿尔弗雷德·诺尔斯·怀特海（Alfred North Whitehead）所言，我们需要创造一个"具体性误置之谬"（fallacy of misplaced concreteness）。

国际象棋游戏之所以玩得下去是因为棋盘是黑白二色的。生活之所以得以持续，是因为我们的**大脑**是黑白二元的。但智慧体现在知晓灰色的存在；体现在一种深层次的领悟，那就是虽然我们作为认知大师，命中注定要下这盘棋，但棋格也好，甚至棋盘本身也好，并非真实存在的。

用黑白二色铭刻下来的是最古老、最简单、最强大的真相，是弗雷迪未能捕捉到的真相。梦幻**就是**真实人生。因为**一切**都非常重要。一切对我来说都非常重要。

第1章

范畴划分本能

进步就是人类化简为繁的能力。

——托尔·海尔达尔（Thor Heyerdahl）[1]

---

[1]托尔·海尔达尔（1914—）是挪威人种学家、探险家。他领导了1947年"康-提基"号远征探险，从而证明了古埃及文化可能对美洲的前哥伦比亚文化有影响。——编者注

2003年一个和煦的夏日，林恩·基姆西（Lynn Kimsey）去上班的时候根本没有想到，那天发生的事情会把她接下来四年的人生变成一部令人毛骨悚然的心理惊悚电影里面的一个险恶曲折的支线情节。那天晚上，为司法部部长工作的她在接受完证人培训、听取过案情简报之后驾车驶上高速公路回家，不想却遭遇电影《沉默的羔羊》里那个斗鸡眼昆虫学家皮尔彻博士（Dr. Pilcher）的真人版[①]。

当年早些时候，亦即7月6日星期日上午，一位名叫乔安妮·哈珀（Joanie Harper）的妇女同她的三个孩子以及她母亲俄涅斯汀·哈珀（Earnestine Harper）在加利福尼亚州贝克斯菲尔德市的一座小型社区教堂做礼拜。这天是他们家的大日子。乔安妮六周大的小儿子马歇尔第一次上教堂。礼拜结束后，全家人一起去当地的一家小饭店用午餐。饭后他们回家午睡，准备晚上再去教堂做礼拜。乔安妮和孩子们都睡在离家门最远的卧室里，她母亲则睡在房子另一头的卧室里。

总之这是她们的计划。但那天晚上，没人在教堂礼拜仪式现场看到哈

[①]在电影《沉默的羔羊》中，美国联邦调查局试图破解连环杀人剥皮案。探员们在一具受害女尸喉咙中发现一枚虫茧。经昆虫学家鉴定，这是亚洲特有的芝麻鬼脸天蛾的茧。心理学家则将虫茧解读为凶手渴望重生变成女性。于是探员们双管齐下，一方面调查有能力做变性手术的医院拒绝过的手术申请者，另一方面通过海关获取邮购芝麻鬼脸天蛾者的地址。最后，当作为电影主角的女探员与凶手同处一室时，也是凭借屋中飞落的芝麻鬼脸天蛾才恍然大悟她面对的就是凶手。——译者注

第 1 章 范畴划分本能

珀一家。

星期二上午,哈珀家的友人凯尔西·斯潘(Kelsey Spann)决定去探望一下乔安妮、她母亲和孩子们。后者不但没参加星期日晚礼拜,而且此后音信杳然。此外,他们也不接电话。或许是出事了。

凯尔西试图用乔安妮交给她保管的钥匙打开哈珀家的边门,但她打不开。钥匙能转动锁眼,但门里面被什么东西顶住了。她走到房子后头,推了推那里的玻璃拉门。令她惊讶的是,门开了。这太奇怪了,乔安妮一直不忘查看这扇门是否上锁。凯尔西进到屋里朝乔安妮的卧室走去。

那个星期二早上七点,贝克斯菲尔德警察局接到了报警电话。电话是从第三大街901号打来的,是乔安妮家。在出警后,就连经验最为丰富的警官们都被现场惊到了。

乔安妮被发现的时候是趴在床上的。有人用0.22口径的手枪朝她头部开了三枪,手臂开了两枪,同时她还身中七刀。

四岁的马克斯·哈珀(Marques Harper)也圆睁双眼倒在同一张床上。他的头部右侧中枪,右手指尖被咬到见骨。刑侦人员说这是一种恐惧反应,马克斯应该是见到了杀手,他本能地把手指头塞进了嘴里。

才两岁的林赛·哈珀(Lyndsey Harper)倒在床脚,去教堂时穿的小蓝裙子还没脱掉。她被从背后一枪致命。

警官们在门厅里发现了乔安妮的母亲俄涅斯汀的尸身。她脸上有两个大大的枪眼,是被近距离射中的。她身边还有一把手枪。

无论入侵者是谁,当时她显然决意抵抗到底。

乔安妮六周大的儿子马歇尔一时没被找到,警官们还以为他失踪了,但最后发现他藏在他母亲身边的一个枕头下面。同他的姐姐林赛一样,他也是被从背后一枪致命。

警方加快侦查节奏。不久后,一名重大嫌疑人浮出水面——四十一岁的文森特·布拉泽斯(Vincent Brothers),已经同乔安妮·哈珀分居的丈夫,贝克斯菲尔德市的社区骨干。布拉泽斯是个居家男人。他在诺福克州立大学获得学士学位，在加利福尼亚州立大学获得教育学硕士学位，1987年入职当地一所小学，八年后经过层层提拔当上了副校长。

然而，布拉泽斯还有不为人知的一面。虽然乔安妮显然爱过他，也努力维持过两人之间的关系，但他们分分合合。2000年，他们结婚还不到一个月的时候就分居过。可是当年晚些时候乔安妮生下了两人的第二个孩子林赛。同两年前他们的长子马克斯出生时一样，林赛呱呱坠地时布拉泽斯并不在场。2001年，他们的婚姻被废止。布拉泽斯提出的申请理由是性格不合，而乔安妮声称对方欺诈，她说结婚时不知道布拉泽斯有过两任前妻。

事后看来，要是乔安妮知悉两任前妻的存在，她或许就不会丧生。1988年，布拉泽斯因为虐待第一任妻子被判入狱六天，缓期执行。1992年，他再次成婚，结果隔年他的第二任妻子提出离婚起诉，称他有暴力倾向，还威胁要杀掉她。接着，1996年，布拉泽斯在自己家里性侵了自己学校里的一名女同事，当时他才当上副校长。地区档案显示，那位女同事称布拉泽斯将其拖进卧室，对她拳脚相加，还拍下了照片。虽然她向地方当局报告了此事，但警方说服她不要起诉，因为布拉泽斯是"社区楷模"。

2003年1月，乔安妮和布拉泽斯在拉斯维加斯再次结婚。但当年4月，由于布拉泽斯和乔安妮的母亲俄涅斯汀之间的矛盾，布拉泽斯又一次搬了出去。5月，马歇尔出生。六周后，马歇尔死了。2007年2月此案最终开庭时，媒体曝光率极高。检方认为两人的关系显然不稳定，男方不但有暴力倾向，还出轨。事实上，检方把起诉重点放在布拉泽斯连续出轨上，并提出他杀人的主要动机是贪婪：布拉泽斯不想赡养越来越多的家人。

他在2004年4月遭到逮捕，被指控犯下五桩谋杀罪。受审时，他申辩无罪。

布拉泽斯提出了不在现场证明。辩方律师称，凶案发生时，他在两千英里[①]以外的俄亥俄州哥伦布市度假，探访他的兄弟梅尔文。顺便提一句，

[①] 1英里合1.6093千米。——编者注

第1章 范畴划分本能

他俩已经十年没见面了。他为此提供的证据包括一份租车合同——他租了一辆道奇彩虹轿车,该车后来被警探们查封,还有两张凶案当天在北卡罗来纳州一家商店里购物的信用卡小票。事实上,警方起初就是在北卡罗来纳州他母亲的住宅里找到他并向他告知这一恐怖杀戮事件的。

不过,真相逐渐浮出水面。对信用卡小票的更细致的审查加上调看购物时段的商店安保录像表明买东西的是梅尔文。他拿了自己兄弟的信用卡,还伪造了后者的签名。

此外,警方对那辆租来的道奇车的进一步侦查证实,布拉泽斯的确是在俄亥俄州租的车,但他驾车行驶的历程超过五千四百英里。虽然正常情况下三天里不太可能开这么长一段路程,但检方力争说,这已经足够他在俄亥俄同贝克斯菲尔德市之间开个来回了。

虽然这些证据很有说服力,但它们都只是间接证据。辩方反驳说,布拉泽斯可能通奸,但通奸不能等同于杀人。如果通奸等同于杀人的话,那么从统计学上来说,至少有三分之一的陪审团成员也得过堂受审。再说了,梅尔文在北卡罗来纳州的商店里刷了他兄弟的信用卡一事并不意味着他兄弟正好借此机会在美国的另一头枪杀家人。他兄弟可能就等在店外的停车场上。道奇车里程表上新增的五千四百英里也不一定意味着布拉泽斯把车开到了加州。他随便开到哪里都可以积下这些里程。事实上,为了贬低该论点,辩方极尽荒谬之能事,声称理论上布拉泽斯可以不越过俄亥俄州州界就跑出这么多里程来。

这时需要的是事实,不是推断、假设或猜测,而是可靠的、无可辩驳的证据。

当贝克斯菲尔德的一位邻居报告说案发时间曾经在哈珀家附近看到过布拉泽斯时,风向变得对官方有利。然而,跟之前的证据一样,这位邻居可能看错了,那真是布拉泽斯吗?这位邻居能发誓说看到的一定是布拉泽斯吗?这个案子让人抓狂。所有证据一致指向同一个人,但没有司法鉴定上的大灌篮能够一锤定音。

关键在于那辆租来的轿车，以及里程表上多出来的里程。必须找到一个把布拉泽斯、凶杀和柏油路串联起来的办法。

但究竟是什么办法呢？

大自然的窃听设备

2003年7月25日，两名美国联邦调查局探员和一名贝克斯菲尔德警官抬着一个汽车散热器步入加州大学戴维斯分校博哈特昆虫博物馆的大门。散热器的格栅上沾着昆虫尸体，他们想知道这些都是什么昆虫。倒不是说这些虫子有什么不同寻常之处，至少它们在加州中部不鲜见。不过，从定义来讲，一样东西是否不寻常完全取决于情境。这些虫子或许在加州普普通通，但在其他地方呢？这是侦探们想知道的。比如说在俄亥俄州或者北卡罗来纳州？

一位学究样的小个子女性出来迎接他们三人。她的褐色眼睛闪烁着睿智的光芒，发型短而利落，年纪大约四十五六岁。她就是林恩·基姆西，加州大学戴维斯分校的昆虫学教授暨昆虫博物馆馆长。她专攻昆虫生物地理学，重点是加利福尼亚州的昆虫，没有人比她更适合回答警官们的问题。如果那个散热器到过洛基山以西的地方，基姆西看得出来。她能像生态学X光机器一样审视这些昆虫。她查看了散热器，安排了化验分析。

去年，我到戴维斯拜访过林恩，同她聊过这个案子。虽然已经过了将近二十年，但她记忆犹新。"当时我不知道自己参加了凶案调查，"她带我漫步于博物馆深处由一盘盘贴着细致标签的昆虫标本组成的迷宫时告诉我，"他们没透露那一点，或许他们有充分理由。许多科学侦查最好在研究人员不知道自己要解开具体哪一个谜团的情况下进行。那样的话，你就不会自己挡自己的路，因为先入之见而损害研究的科学性。这非常微妙，你可能下意识地就这么做了。对谋杀审判的专家证人来说，后果可能很严重。"

第1章 范畴划分本能

我的视线扫过那些整齐划一贴在每一格都很浅的美国梧桐木抽屉柜立面上的白色文秘标签——基姆西解释说它们叫康奈尔抽屉柜。**鳞翅目**：蝴蝶和飞蛾。**直翅目**：蟋蟀和草蜢。**膜翅目**：蜜蜂、蚂蚁和黄蜂。地球表面没有哪种生物死后像昆虫那样得到一丝不苟的保存。

我们在一个标签上写着"红胫蚱蜢"的托盘旁边驻足。基姆西把托盘拉出来。

"我们后来发现散热器上粘着三十只不同昆虫，"她说，"确切地说，是三十只不同昆虫的残躯：若干翅膀、若干腿、一整个虫腹、若干虫腹片段、既缺翅膀也没了腿的一只虫头加虫腹……但归根结底是其中六只昆虫揭露了真相。"

"首先，有两只甲壳虫我们知道它们只生活在美国东部。然后是两只半翅目昆虫，分别是红颈长蝽和长拳皮蝽，它们只存活于亚利桑那州、犹他州和加州南部。它们粘在空气过滤器上。还有一只大大的黄长脚蜂，它的翅膀和腿没了，这种蜂多数在加州，但一直到东面的堪萨斯州都有它们的踪影。然后还有这个小家伙，就是红胫蚱蜢，或者说，还有这只雄性昆虫的余骸。我们根据它的一条后腿识别出它来，它的胫骨内侧是亮红色的。"

基姆西取出托盘递给我，我透过玻璃盖板俯视里面的标本，这个名称不需要太多想象力就能明白。它的腿的确鲜红，在斑驳的灰色躯干下亮得像琥珀。我把托盘放回抽屉，啪嗒一声合上。难以置信，那么简简单单一只昆虫就能把人送进死囚牢房。

"这种红……红胫蚱蜢的出处是哪里？"我们原路返回鳞翅目区，也即飞蛾和蝴蝶区时，我问道。

基姆西面露微笑说道："红胫蚱蜢的活动范围最东不会越过堪萨斯州和得克萨斯州中部。"她说："因此，综合考虑之后，没错，装了那个散热器的轿车曾经在某个时点上到过美国东部。但同样地，在另一个时点上它也路过科罗拉多州以西诸州，而这符合布拉泽斯曾经沿着70号或40号州级公路从俄亥俄州向西行驶的假设。"

警官们非常满意。过了一周左右,他们重返博物馆,在接待处取回散热器并听取基姆西利用她的分类学技能得出的结论。他们听到了佳音。她的昆虫学卫星导航同真正的卫星导航一样准确,好似在布拉泽斯租来的道奇车上安装了移动示踪装置,每隔几百公里就记下他的行程。

这是往布拉泽斯的棺材上钉下的最后一枚钉子,也许更恰当的一个比喻是往做标本用的红胫蚱蜢的翅膀上钉入的最后一枚大头针。基姆西如期在贝克斯菲尔德最高法庭上作证。2007年5月15日,陪审团认定布拉泽斯杀害了他的妻子、三个孩子和岳母。

我们在另一个抽屉旁边停下脚步。它正面的标签上写着"芝麻鬼脸天蛾",这种蛾子在《沉默的羔羊》里出现过。"法官拒绝判布拉泽斯无期徒刑并不得假释,而是直接判处他死刑,"她实事求是地说,"如今他在圣昆廷监狱等待行刑。"

我背上稍微有那么一点发冷。

"你有什么感受?"我一边端详抽屉里的标本一边问,"你的呈堂证据把他送进了那里。"

她耸耸肩。"什么感受都没有,"她说,"我的意思是,他自己亲手把自己送进了那里。我只是做了分内事,每天都做的工作,把东西分好类放进盒子里。"

把猫分进一个范畴

2005年,也就是布拉泽斯被捕一年后,美国发展心理学家莉莎·奥克斯(Lisa Oakes)在艾奥瓦大学的一项研究揭示了我们所有人都像基姆西所说的那样把东西分好类装进盒子里,这很有意思。奥克斯想知道这种分门别类的倾向(我更喜欢称之为"范畴划分本能")是从多早开始显现的:是大脑不假思索就做到的,就像听觉、嗅觉或者哭泣那样,还是我们得这样那样地学一学才会？

为了寻找答案，奥克斯找来一群四个月大的婴儿，在她的实验室里用两台电脑向他们闪放猫的照片。猫的照片总是两两同时出现在一左一右两块电脑屏幕上，每组照片在屏幕上停留十五秒钟。观察员在旁记录婴儿们看每一只猫的时长，婴儿对外界刺激的注意力导向代表该刺激物的新奇程度。

然而，关键点在后面。在看过六组猫的照片之后，婴儿们注意这些照片的时长递减，由此可知他们开始熟悉这些猫，此后奥克斯要么插进一张他们没见过的猫的照片，要么插进一张狗的照片。

实验的基本原理很简单。如果婴儿们看狗的照片的时间比他们看新出现的猫的照片的时间长，那就说明他们看出来狗同他们已经熟悉的猫的差异大于新出现的猫同熟悉的猫的差异。换句话说，这将表明他们的大脑处理跟狗有关的信息的方式有别于处理跟猫有关的信息的方式，他们把狗归入一个新范畴。另一方面，如果婴儿们的注意力持续时间在看到狗照片之后没有选择性增加，那就意味着他们的大脑把猫和狗当成一个单一的、兼收并蓄的范畴，即"动物"。

奥克斯的实验结果非同一般。虽然那些四个月大的小婴儿们先前接触到猫和狗的机会微乎其微，尚未学会"狗"和"猫"这两个词，虽然仔细想来，你也会同意猫狗之间有颇多相似之处，如它们都有四条腿、两只眼睛、一身毛皮和一条尾巴，但他们看狗的照片的时间比看第一次出现的猫的照片的时间长。人类的大脑在人类出生四个月后就已经在对外部世界分门别类了。

同博哈特昆虫博物馆的基姆西教授共进午餐后，我快步穿过校园来到加州大学戴维斯分校的心智与大脑中心。奥克斯于2006年离开艾奥瓦大学，如今在这里担任心理系婴儿认知实验室主任。我们在接待处会合后，她带我四处参观。在实验室里，布绒玩具、塑料小动物、球、铃铛、积木同电极、示波器、眼球追踪设备、神经生理学研究中用到的外形如同脏辫的脑电图仪电极帽混放在一起，整个空间看起来就像是一个三岁大的超级极客乱糟糟的卧室。

奥克斯边走边给我解释各种零碎物品。她为人热情友善，让我感到轻松自在。我告诉她自己刚在校园另一头见过基姆西，从后者那里了解到怎样利用昆虫分类学给多重杀人犯定罪。她听后赞叹不已，倒不是因为那种细枝末节曾在她实验室的电脑屏幕上投下过阴影，猫猫狗狗之间的差别足矣。

她解释说，这个世界极其复杂。西方心理学之父威廉·詹姆斯（William James）曾经说过，在我们刚降生时，这世界"声光嘈杂"。这个问题必须解决。如同大多数问题一样，先"清理"再解决会比较容易。于是我们的大脑开始把暴雪般涌入的数据分成相对独立、便于管理的一堆又一堆。眼睛、鼻子和嘴都分到"脸"那一堆。肤色深、会嘶鸣或哞哞叫、有四条腿和一条尾巴的都分到"动物"那一堆。

"想象一下，要是我们的大脑没有归类能力，世界会是什么样子，"奥克斯说，"即便是日常生活中最简单的东西，被我想当然的东西，都会对我构成巨大挑战。你走进朋友家的花园，他们新近安装了一套自动喷水装置，但是你没有'浇水设备'这个范畴。'草地中央那个东西是啥？'你会思索，'我不认得它。它危险吗？它会害死我吗？'"

"要是我们没有范畴划分能力，"奥克斯继续说道，"那么每天早上醒来我们就会像在另一个星球起床一样。吹风机，那是啥？它要攻击我吗？电视机，里面那些人是谁？他们是想跟我讲话吗？洗衣机，嗯……我要不要把头伸进去？"

划分范畴让我们有能力用一种可预测的、有序的方法逐一应对世间的人和物，这样我们的人生旅程才不会是一团无穷无尽的乱麻，每次同外界的互动不会都是全新的、本质上毫无意义的，而是有计划的、受控制的、有目的的。

"从这个意义上来说，小宝宝们就是各个物种的研发机构喽？"我问她。

"绝对如此，"奥克斯说，"在我们小时候，一开始我们用大而化之的粗略范畴感知世界。例如'植物'和'动物'。然后，逐渐地，随着时间的推移，我们的范畴划分技巧越来越娴熟，范畴也变得越来越细致。我们看到花和树、狗和猫、鸟和鱼、大和小、可爱的和不那么可爱的。再以后，随着经验的积累和我们的发育，我们做的区分更详细了。我们把吉娃娃犬同拉布拉多犬区分开来，把波斯猫同暹罗猫区分开来，把落叶树和常绿树区分开来，把小个子红雀同大块头粉红色火烈鸟区分开来，把鲨鱼同海豚区分开来。"

随着人生旅程向前推进，她告诉我，我们还会变得更加挑剔。我们看到赤松、五针松、刺槐和兰花，金雕、灰雁、知更鸟和麻雀，红纹丽蛱蝶、紫蛱蝶、橙尖粉蝶和草地褐蝶。最终，在我们成年后，如果我们从事植物学或生物学工作的话，我们的范畴划分系统会变得非常细致入微，以至于惹恼跟我们一道出行的朋友。

他们不过是指出了一朵好看的花，而我们却忍不住吐出不知所云的术语。

或者，如果你从事昆虫学工作的话，连环杀人犯一定会很恼火，而警察带着粘满支离破碎的昆虫尸身的散热器来找你的时候，你会情不自禁地说起他们听不懂的拉丁语学名。

无论你有什么样的范畴划分资质，画龙点睛之语都是同一句：可预测性、期望和将不确定性降低到最小限度。同样的原则既适用于还在范畴划分之路的育儿室缓坡上爬行的四个月大的婴儿，也适用于像林恩·基姆西那样的已经攀登到了阿尔卑斯山雪线之上的分类专家。按奥克斯的阐述，区分范畴是为了有序高效地前行，在哪里区分、在什么时候区分并不重要。

我们一般人听到这里，就会问一个根本性的问题：在我们的日常生活中，什么样的范畴划分水平最优、能实现最高效率？如果我们的范畴划分本能是为了降低复杂性才进化来的，那么拿出司法鉴证昆虫学家的干劲来对司空见惯的事物——例如狗和房屋——进行范畴区分，会不会适得其反？

灰度思考

我西行九千英里，跨越冰冷的蓝色海洋和炽热的大陆，向西澳洲珀斯市莫道克大学心理学和运动科学系主任迈克·安德森（Mike Anderson）教授提出了这个问题。①安德森是苏格兰人，也是世界上最著名的范畴知觉专家之一，他专攻儿童范畴知觉的发展。

他解释说，我们在三个不同层次上对世界进行分类：上位范畴、基本范畴和下位范畴，也就是说我们可以按心意对某个事物进行大致分类或具体分类。"这个比方不完美，但你可以把它想成一份家谱，更广义的分类，或者说上位范畴在上面，更狭义的分类，或者说下位范畴在下面。"他提示说。上位范畴就好比父母，基本范畴就好比子女，而下位范畴就好比孙辈和曾孙辈。

"举个例子，"安德森接着说道，"想象一下，我在给你指路。我告诉你这条路走到底后，要在一个四方的水泥结构那里左转。那个水泥结构有一扇门、四扇窗和一条车道，它的花园里有一只会叫的、长了四条腿、一身皮毛和一条摇来摇去的尾巴的哺乳动物。你会觉得我这人有点奇怪，废话太多了！为什么不简单告诉你要在一栋有狗的房子那里左转？因为只要我说出'房子'和'狗'这两个词，你的大脑就会自动补充所有其他细节。"

"另一方面，想象一下我说：'在一套门前有一条贝加马斯卡牧羊犬、屋顶呈折线式、有虫蛀痕迹的联排别墅那里右转。'你一样会觉得我疯了。不过，这一次，我没有泛泛而谈，而是过于具体而微。除非你是一位对稀有狗品种感兴趣的建筑师，否则你还是不明白该往哪里走。而且，就算你**的确是**一位对稀有狗品种感兴趣的建筑师，我的指点听起来还是怪怪的。"

于是，我们采取中庸之道。在一般谈话中，我们选择用基本范畴分类来传递、获取和组织信息，因为它们能帮我们节约最多的时间和精力，让我们进行最有效的沟通；这也是我们进化出范畴划分能力的首要原因。

---

①迈克在认知心理学领域浸淫多年，建树颇丰，目前已退休。——作者注

第 1 章 范畴划分本能

按照安德森的阐述，一般来说，在日常生活中采用这些基本范畴的分类最优。此外他还指出，这些分类享有所谓的"特权"。也就是说，如果一望无垠的范畴苍穹上点缀着范畴学星体的话，基本范畴分类将会是最能够被裸眼看见的星星，它们会比别的星星都耀眼。如果你需要靠星星指引方向的话，那你最好以它们为准。

"例如，如果你问一个四岁小孩，要是小奶牛在猪家族里养大，它还能哞哞叫，而不是像猪一样哼哼吗？孩子会说能，"安德森告诉我，"只有四岁的孩子也能认识到，小动物无论在什么环境里长大，都会展现它那个范畴里其他动物共有的特征。同样地，如果你问一个五岁小孩，要是豪猪的外形变得同仙人掌差不多，那它还是豪猪吗？他们会说是的。无论它的外表如何，它还是一只豪猪。"

这样看来，从很小的时候开始，孩子们在推断不同动物具有什么共性的时候就授予基本范畴分类——奶牛、猪、豪猪——优先于外表相似性的"特权"。不仅如此，他们似乎还领悟到基本范畴分类是固定的，奶牛就是奶牛，不管它们是同猪、羊驼还是角马一起长大，它们都会哞哞叫。

"所以，回答你的问题，是的，"安德森下结论说，"在日常生活中，基本范畴分类最有用、最自然。但这取决于你对日常生活的定义。对许多不同的人来说，日常生活的含义大不相同。例如，众多研究表明，我们对某个事物的了解越多，我们就越可能在对其进行范畴划分时用到更为精妙的细节。某个特定领域的专家会对这个领域分类到极致，那就意味着他们圈内交流时视为最优的分类不一定是外行人心目中的最优。"①

---

① 有证据显示，这种专知也可能延伸到我们对自身的了解。美国认知心理学家丽莎·费德曼·巴瑞特（Lisa Feldman Barrett）提出了"情绪粒度"这一术语，用以指代我们在陈述情感时的个体差异，即对愤怒、恐惧和快乐等"主要"或"基本"情绪进行范畴划分的能力。情绪粒度低的人会用"生气""伤心""害怕"等词来描绘他们对令人心烦意乱或者心生不快的事件的反应，用"开心""激动""平静"等词来捕捉积极情绪。换句话说，他们的情绪多样性程度不高。与此相反，那些情绪粒度高的人运用更为丰富、更加细致入微的词汇来表达情感，他们对情绪进行下位范畴分类，而非基本范畴或上位范畴分类，他们会调用羞耻、内疚和悔恨等基本情绪子类别。——作者注

生物学就是一个很好的例子。生物分类学一共有七个等级：界、门、纲、目、科、属、种。对生物学家来说，最优级别是"属"，该英语单词的词源为拉丁语中的"种类"或"类型"，比大多数人或许觉得最方便的"种"**高**一个等级。

"我们再回去看'狗'，"安德森继续说道，"'狗'这个词其实是种级的描述词，它指代犬属的一个成员，拉丁学名为"家犬"。其他种级的犬属成员还有狼或郊狼。所以，当我们谈到范畴划分的最优层次时，我们的确需要谨慎一点。它真的取决于情境：要看大局、宽景和正在被分类的是什么。"

这就是为什么在2003年一个和煦的夏日上午，美国联邦调查局的探员来到戴维斯的博哈特昆虫博物馆，把他们查封的一辆福特道奇车上破旧的散热器交给非凡的分类学家林恩·基姆西。超常情况需要超常范畴区分能力，而那一条腿的红胫蚱蜢的奇特案子会让福尔摩斯都苦思不已。

第2章

一堆麻烦

连续统就是对可以整除的数进行无限分割，直到每个数都除不尽。

——亚里士多德（Aristotle）[1]

---

[1] 亚里士多德（公元前384—前322）是古希腊哲学家、科学家。——编者注

2004年10月，保罗·辛顿-修伊特（Paul Sinton-Hewitt）觉得不好受。他原本有一份薪酬丰厚的市场营销工作，但最近被炒了鱿鱼。

他还受了伤，不是因为被炒鱿鱼，而是因为备战伦敦马拉松在所住的西伦敦社区里跑步才受的伤。他去看过理疗师，但理疗师摇头说没办法。他的膝关节一时半会儿好不起来，甚至还会进一步恶化。人生总是这样，坏事总是在最不希望它发生的时刻降临。他退出了比赛，一头扎进酒吧休整，想一想心事。既丢了工作又跑不成马拉松，他感觉被压垮了。就像一只粘在人生散热器上的废掉的虫子。

十五年过后，保罗和我再次坐进那一间酒吧。它坐落于我俩都是成员的里士满某跑步俱乐部的同一条路上。我从吧台那里取回酒水后，两人举杯啜饮了几口，环顾四周。

"当时我面临两种选择。"保罗实事求是地告诉我。他为人热情，身材瘦长结实，发色银灰，说话轻声细语。"我可以宅在家里生闷气，自怨自艾。我也可以站起来，借这个机会**做**点什么，回馈社会。在搞明白我的人生该怎么过下去的同时改变他人的生活。"

值得称道的是，全世界数百万跑步者因此走了大运，他选择了后者。2004年10月2日，十三名身穿莱卡健身衣的先驱无心之间成了革命者。那个寒冷的星期六早上的八点四十五，他们在伦敦西南的布希公园集合，随后完全听凭心意完成五英里健身——走也好，慢跑也好，全速跑动亦可。锻炼结束后，保罗到附近一家咖啡馆把大家的成绩输入电脑，其他人则去吃英式早餐。莫·法拉赫（Mo Farah）①不必为这些成绩忧心。

"一开始只是我和一帮朋友，"保罗解释说，"我组织他们环绕当地公园跑，我自己拿着秒表在一旁计时。我当时也没什么远见，没当回事。但在我内心深处，我的确想做点什么有趣的、谁都可以参加的活动，而且最重要的是免费。我想用这个活动来鼓励各个年龄段、各种体质的人定期锻炼，开启更健康、更积极的生活方式。还有，重中之重是要坚持下去。"

十六年间，这个周六一大早进行的公园跑已经扩散到715个地点，总共跑了166 896场，34 853 835人次参与，累计跑完174 269 175公里。②从绝症病人到重疾重伤康复者，再到名人和奥运冠军，他们中有许多人把这个活动长期记入每周社交日历和健身计划。它已经成为一个全国性、国际性现象：从澳大利亚到日本，从新加坡到埃斯瓦蒂尼。

"公园跑"启动的年份跟脸书一样，但公平地说，从一开始马克·扎克伯格（Mark Zuckerberg）和保罗·辛顿-休伊特就注定做不了邻居。

"很多人从跑步上挣到大钱，而有时候这完全没必要，"保罗说，"我想改变当时的状态，搅乱局面，借用企业界的时髦词，做一个颠覆者。人人都有权利做他们想做的事，尤其是跑步！于是我想：为什么要收费？为什么让他们为这么简单、这么自然的事情花钱？"

然而，在英国西南部布里斯托市北郊有一个名叫斯托克·吉福德的村庄，村民们在此生活但在他处工作。2017年，村教区委员会投票决议打破"公园跑"传统：向跑步者收费。据教区委员会主席恩斯特·布朗（Ernest Brown）说，在附近的小斯托克连续举办了三年的"公园跑"已经沦为自身成功的牺牲品。刚开始的时候，它不过是一个几十人参加的小活动，但后来滚雪球似的发展成为每周聚集几百人的团体大会。

---

① 英国黑人田径运动员莫·法拉赫被誉为"长跑王者"。——译者注
② 这是本书创作时的最新数据，仅限于英国"公园跑"。但"公园跑"是个持续进行的活动，每周数据都有更新。——作者注

布朗当时宣告，时任教区委员们越来越担心每周六早上三百双脚"咚咚跑过村路"导致路面"超常磨损"。他们别无选择，只能要求参与者贡献"少许金钱以供维修之用"。

警钟在"公园跑"总部敲响。布朗创下了一个危险而不必要的先例，一个危及"公园跑"创举之基本原则的先例。布朗收取的费用仅为一英镑。不过关键不在于此。谈钱不但**离题**，而且离题十万八千里。布朗的宣告引起一片哗然。令保罗十分失望的是，小斯托克"公园跑"活动被叫停。

"那个教区委员会似乎总是搞不明白举办'公园跑'的初衷就是免费，"他告诉我，显然他至今还觉得这个决定可笑，"没有商量余地。我的意思是说，想想看，要是一项活动必须付费才能参加，而世界各地有五百个同类活动不需要付费，后续如何根本没办法预测。"

我不失敬意地指出，其实后续可以预测。世界各地的活动都会开始收费。

其他论点和驳论很多。一帮物理学研究人员得出结论说，路面的额外磨损微乎其微。如果小斯托克每周六早上都举办"公园跑"，而每次多出来的脚步把柏油路面压下去1—20毫米的话，那么到了下一个冰河时代，路面的总沉降数量级相当于一张瑞兹拉（Rizla）卷烟纸的厚度。当然了，相比跑步者无可估量的主观生活质量的提高，以及他们在客观健康状况改善后节省下来的英国国家医疗服务体系资源，这点代价算得了什么？就连前女子马拉松世界纪录保持者保拉·拉德克利夫（Paula Radcliffe）都卷入了争论，称教区委员会的决定为"短视"。

我们拿了几张菜单，坐到酒吧后部的用餐区，准备吃点东西。落座时，我有点语出惊人。我对保罗说，真正的难处不在于物理学原则，而在于形而上学。限度在哪里？跑步人数上升到哪个精确数字之后就太多了？越过哪个阈值后跑步就从一帮膝关节突出的死硬派"咱们在鸭池旁边见"的非正式集会变成了一场全情出演的狂奔**赛事**？就是跑者们身着连衣裤变身猫王，打扮成天线宝宝的那种活动。当然也少不了大量的恐龙、超级英雄和肩背砖块的英国皇家海军陆战队队员。

第 2 章　一堆麻烦

想当初，保罗组织的13名跑者团队完全可以被斯托克·吉福德教区的伟大和善良的人们接受，但400人军团不会被接受。两者之间明显的区别从一个远处的、广角的、历时三年的镜头轻而易举地就能观察到。然而，越是近距离聚焦"公园跑"的转型，越多的像素点就不复清晰，逻辑也越来越模糊。13人和400人之间的差别尽收眼底。50人和350人之间的差别呢？一目了然。但175人和225人之间的差别呢？或者195人和205人之间的差别呢？199人和201人之间的差别呢？本书的引言指出，为了弄懂周身世界，我们需要对现实这张地图进行折叠，把灰域变成黑白世界，那么，我们怎样才能用熨斗熨出笔挺的折缝来呢？

保罗告诉我，现在"公园跑"**有**分界点了，300人。不过，这纯粹是跑者们自发形成的，而不是地方当局规定的。从他们收集到的反馈看，如果人数上升到300左右，就会感觉太拥挤。这正是我想强调的，分界点是300人，那要是公园里来了301位跑者，大家会注意到差别吗？302人呢？303人呢？保罗耸耸肩，他懂我的意思了。但与此同时他认为分界点还是有必要的。

我也懂**他**的意思了，我们需要划下界线。然而，一个人站得离决策画布越近，越是放大分类推理作画的笔触，分析的清晰度就越低。画面越发让人不明所以、支离破碎。

这当然不是什么新现象，这个难题早有先例。例如，几千年前，在《圣经旧约·创世记》的一个故事里，上帝面临的情形同斯托克·吉福德教区长者们面临的情形惊人相似。所多玛城和蛾摩拉城的居民们耽于某种行为，事后看来，这种行为永远不会获得上帝的赞许，而我们的好牧人生气了，生气到决定教训这些可怜的偶像崇拜者一顿，降天火毁灭他们，让他们认识到自己的错误。

亚伯拉罕比他的大老板更有同理心，情商也更高，他表达了对这次计划中的干预的深刻担忧，长篇大论地向他那动不动就发脾气来一个世界末日的上司抗辩，质疑降天火的睿智，特别强调扔下一个种族屠杀火球可能导致的负面曝光。

然而，想要担当此种审判的人必须有勇气在**某个地方**降下硫黄火，必须做好划下道道来的准备。可是划在哪里？在哪里划比较保险？

《圣经》给出了启示。按《创世记》的说法，亚伯拉罕说服上帝"依义而行"，不要一股脑地毁灭整座城，将"义人"和"恶人"团灭。假若所多玛城和蛾摩拉城放荡堕落的居民当中生活着一定数量的纯洁正直人士，那就放过这两座城。在亚伯拉罕孜孜不倦的讨价还价下，他们从只要有50个义人就不毁城开始，逐步降低到45、40、30、20、10个义人。可是到头来（也可以说"一天下来"，因为他们货真价实地讨价还价了一整天，而"一天下来"也成了一句英语俗语，意为"到头来"），上帝武断地认定10个义人为分界点……或者，还有一种可能，亚伯拉罕在有10个义人的地方决定折叠地图。

那么，到底**应该**在哪里划线呢？答案很简单：你划不了。每一次用黑、白两色骨头决胜负都是输家，每一次掷骰子判断在哪里划线都是哑弹。这就意味着我们面临一个问题，这个形而上的问题类似于闹剧里的香蕉皮，人们一踩到就打滑，它危险度高，推理起来让人分裂。我们真的会因为开跑前多来了一个人，结果总人数超过了应当付费的分界点，所有人都被迫为了和这个人做伴而支付一英镑，于是他们就拒绝这个人参加"公园跑"吗？我们真的会因为有位义人出城，导致城里只剩下9位上帝的选民，低于上帝规定的人数，于是就让耶和华怒火全开毁掉两个文明吗？

2020年3月12日周四晚上，随着新冠肺炎危机愈演愈烈，英国首相的首席顾问多米尼克·卡明斯（Dominic Cummings）在一次战略咨询专家组会议期间上演了所谓的"多米尼克场景转换"。他回顾了发生在意大利的疫情连锁升级事件之后，摇身一变转换立场，不再倡导所谓的"群体免疫"战略，转而青睐要求英国国民保持社交距离的一项前所未有的政策。

鼓吹群体免疫战略的人认为应当放任疫情传播，让很大比例的（较为年轻的）人口获得抵抗力，以便预防未来某个时间点上爆发灾难性的"第二波"疫情。主张该政策者指出，如果对疫情进行此种战略管理，更多人有望照常工作，对经济的破坏可以降低到最小限度。但他们也承认，这样做会加大最易感的社会成员（老年人和患有基础疾病的人）的死亡和患重大疾病风险。

值得一提的是，《星期日泰晤士报》刊登文章指出唐宁街在群体免疫态度上来了一个180度大转弯之后，唐宁街竭力否认，称其为"诽谤捏造"。不过，我们暂且站在卡明斯的角度想一想。我们正在参加一个会议，会议上的决策对英国社会的影响将持续一代人的时间。想象一下，如果当时面临这样一个决策的**是我们**。用数据来说话合理吗？如果合理的话，又应当以什么数据为准呢？

《星期日泰晤士报》的报道引用一位英国政府高层人士的话说，英国首席医学官克里斯·惠蒂（Chris Whitty）和首席科学顾问帕特里克·瓦伦斯（Patrick Vallance）爵士在此前一周得知英国的新冠肺炎死亡人数预计在十万人。然后晴天霹雳，他们恍然大悟这个估计过于保守，有危险。

"如果不采取缓解措施，死亡人数将达五十一万，"《星期日泰晤士报》这一信息来源进一步解释道，"如果采取缓解措施，我们了解到的预计死亡人数为二十五万。一旦眼前的图表显示，要是不采取进一步行动，二十五万人会死去，你只会问出下面这个问题：'要采取什么行动？'"

这一点我们大家都同意。但万一当时呈报上来的数据是五万人呢？或者五千人？或者五人？为了经济稳定就应该眼睁睁地看着别人，哪怕是**任何人死去吗**？

如果你说应该，那么问题又来了，分界线划在哪里？

引发惊天骚动

2012年5月，哲学家拉杰·塞加尔（Raj Sehgal）博士在曼彻斯特城足球俱乐部主场伊蒂哈德体育场的看台上目睹了当时"女王公园巡游者"足球俱乐部球员乔伊·巴顿（Joey Barton）在迎战业已夺得英格兰足总杯的曼城队时的一分半钟的疯狂表现。乔伊独自一人发起了一轮犯规攻击，用胳膊肘撞卡洛斯·特维斯（Carlos Tevez）的脸，用脚铲塞尔吉奥·阿奎罗（Sergio Agüero）的小腿肚，然后企图用头撞文森特·孔帕尼（Vincent Kompany）。在这一连串动作之后，他被罚下场并且后续禁赛十二场。

拉杰既震惊又好奇，他决定写信给乔伊。当时的乔伊很喜欢引用尼采的话，媒体也有过报道。或许拉杰揣度着，对核心哲学原则的更深刻的领悟可以把乔伊变成一个更好的人，至少短期而言可以帮他理解足球与综合格斗之间的差别。

令拉杰颇为吃惊的是，乔伊给他回了电话，他有意深入探讨这个问题。几周后，他的身影定期出现在位于西伦敦的罗汉普顿大学校园，旁听拉杰几年前在系里新开的哲学辅导课。这真是难以想象。拉杰在帮助被《泰晤士报》称为"足球界最坏的男人"转型，即使后者不能变成足球界最睿智的人，至少能争取一下"足球界最开明的人"这个头衔。

我在伦敦中心区的一个地下录音棚里第一次见到拉杰。当时乔伊邀请我担任他的名为"边缘地带"的播客的嘉宾。拉杰在此前一年左右辞去了罗汉普顿大学哲学系的工作，转而担任该播客的执行制作人，在录音棚的玻璃隔断后面拨弄各种旋钮和滑块。他有一种宝莱坞投资人的气质，外形酷，举止镇定，身穿墨铅色单排扣西装，他花白的头发往后梳着。洁净如新的衬衫领口敞开，透出一股自信的味道。我们讨论的话题是才华的阴暗面，这是我的专长，我们一拍即合。

几周后，我们在莱斯特广场附近的一家饭店边用晚餐边聊天。当时聊的话题我们后来又聊过几次，并且决定把它命名为沉浸式哲学。第一次聊的是伊壁鸠鲁，我们非常愉快，以至于我们考虑过要不要以后每次都讨论这位格外有见识的古希腊哲学家。饭店临近打烊，客人们还有最后一次点菜机会，拉杰问我手头还有什么别的工作。我以前写过几本有关心理变态者的书，书中的主人公一直很受读者欢迎。他想知道的是，除了研究心理

第 2 章 一堆麻烦

变态者，我还在忙些什么。我给他介绍了黑白思维。

"嗯，我们必须在某个地方划下界线，"他说，"否则我们不但永远停不下来，而且还永远没办法**开始**。"

我同意他的观点，接着给他讲了林恩·基姆西和那只剩一条腿的红胫蚱蜢的故事。我告诉拉杰，基姆西之所以能够证明文森特·布拉泽斯有罪，完全是因为这位专业昆虫学家有能力在外人觉得深奥难懂的昆虫、飞蛾和两翼飞虫物种之间划出精细、微妙、细致入微的鳞翅类昆虫学分界线来。她能够划出界线来这个事实就是布拉泽斯走向死亡的开始。"公园跑"则处于在走走停停的界线划分活动范围的另一头。跑步人数总得有个上限，我说，否则的话会引起混乱，届时就不是"公园跑"，而是公园"**超限跑**"了。

但是在哪里划线呢？那正是问题所在。越过哪一个点，一项非正式活动就变成了赛事……黑色就变成了白色？

拉杰打量我的神情就好像我刚刚长出了第二个脑袋（鉴于即将发生的事，第二个脑袋其实会很有用）。很显然，我发的心理学网球已经弹起后越过球网到了他那一边，而他并不急于把它打回来。"你在知识海洋里畅游的时候，"他询问，"有没有遇到过一个叫作沙堆悖论（Sorites Paradox）的东西？"

这其实是个修辞性疑问句。我张口欲答，他制止了我："没事，没事……你显然没遇到过，这很正常。我是说，你没必要知道这个，不是吗？咱们第一次见面的时候你说过什么来着？哦，想起来了，你说哲学就是没有经费支持的心理学。所以这就对了，哲学能给心理学什么启发呢？"

我忍辱求教，学到了很多。原来划分界线早有先例。人类对界线划分的探讨从哪里开始？还能在哪里呢？当然是从沙堆开始。

沙堆悖论是人类有史以来提出的最让人难以捉摸的悖论之一。在逻辑和推理的猛攻下，它固若金汤。从它被提出来到现在，时间已经过去了两千五百多年，但如何解决这个悖论的争议还在持续。这个难题是一位跟亚里士多德同时代但不太知名的希腊哲学家欧布里德（Eubulides）提出来的。因为当初欧布里德用一堆沙子来设问，所以它被称为沙堆悖论。

请看下面的图2.1a和2.1b。图2.1a画了一堆沙子，图2.1b画的沙子则称不上是一堆。到目前为止，一切顺利。

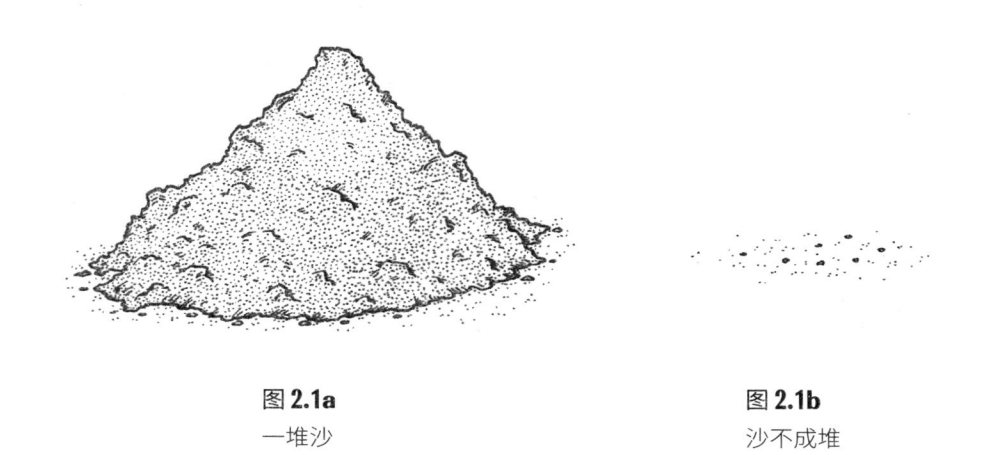

图 2.1a
一堆沙

图 2.1b
沙不成堆

但假设以下两个前提为真：

　　1. 一粒沙子不成堆。
　　2. 多一粒沙子不足以影响堆的定义。（换句话说，不会因为多了一粒沙子，原本称不上一堆的沙子就变成了沙堆。）

突然之间，我们就被下列逻辑上连续的命题迷惑住了：

　　1. 一粒沙子不成堆。
　　2. 两粒沙子不成堆。
　　3. 三粒沙子不成堆，四粒沙子也不成堆，五粒沙子也不成堆……以此类推。

第 2 章 一堆麻烦

这就意味着（参见图2.2），从纯粹逻辑的视角来看，这里所举的例子——包括图2.2d（也即图2.1a里那个沙堆）——没有一个称得上堆，因为在整个已知和未知的宇宙里都不存在多少粒沙子才能构成一个沙堆的必要或充分条件的定义。相比图2.2a和2.2b，图2.2c和图2.2d更像沙堆。然而我们没办法把后两者定义为沙堆，因为如果我们从图2.2a开始，一次往上面加一粒沙子的话，从逻辑的角度来看（不会因为多了一粒沙子，原本称不上一堆沙子的就成了一堆沙子），沙堆永远无法形成。

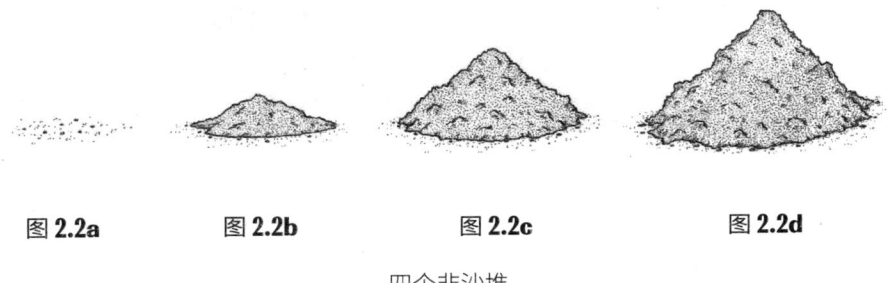

图 2.2a　　　　图 2.2b　　　　图 2.2c　　　　图 2.2d

四个非沙堆

沙堆悖论提出后，哲学家们头疼了很多年。很明显，虽然上述连珠炮式的数学推理没错，但图2.1a描绘的是一个沙堆，图2.1b描绘的不是沙堆。然而，如"公园跑"案例所示，当我们把注意力从简单的沙堆转向更为严肃的、充满感情色彩的判断领域时，风险会显著变高。例如，我们用生和死来替代沙粒和沙堆，参与协助自杀这个议题的辩论。英国连环杀手、全科医生哈罗德·西普曼（Harold Shipman）给全心信任他的病人注射致命毒剂[1]跟一位孤注一掷、悲伤欲绝的丈夫为与他共同生活了四十年、饱受绝症病痛的妻子注射致命毒剂之间显然有差别。

真的有差别吗？有人可能会说，谋杀就是谋杀。

同样，某人死于毒品过量和某人因为一辈子吸烟而死于肺癌之间显然

---

[1] 2000年，西普曼被判至少杀害了十五名病人，但遭此厄运的病人很可能高达二百五十人。——作者注

有差别。

　　这里还是可以问一句，真的有差别吗？在第一个场景里，死亡源于一次轻率行事。在另一个场景里，死亡源于长期隐蔽的致命性自我伤害。但两者结局相同。

　　社会性别这样的概念呢？前文提到过，脸书在下拉式菜单里为用户提供了中性人、泛性别、双灵人等七十余种选择。即便看似清晰鲜明的生物学范畴划分也不简单。

　　生活以一次多放一粒沙子的步伐前进，但我们的注意力只被沙堆吸引。现在大家不禁会想，沙堆悖论故弄玄虚，就像律师们的废话，好比在主流现实这块大陆的近海发生的局部哲学石油泄漏。然而，它没有那么好打发，也不容忽视。1834年，离欧布里德数沙粒已经过去了将近两千五百年，被许多人视为实验心理学鼻祖的德国医生恩斯特·海因里希·韦伯（Ernst Heinrich Weber）在人类心理物理学这片晶莹剔透的领海里发现了一个推论。**最小可觉差**，英语缩写为JND，指的是刚刚能够引起差别感觉的刺激，例如音调、色度或生理感受的最小变化量。

　　这个可由五官感知的最小可觉差被写入以下这个韦伯定律：

$$\frac{\triangle I}{I}=k$$

　　其中I表示时间1的刺激强度，$\triangle I$表示时间2引起可觉变化（即JND）的刺激增量阈限，k表明对任何一个人来说，特定刺激变化时，这两个数值之间的比率始终为常数。

　　我们用声音来举一个简单的例子。想象一下，我先给你听一个强度保持在50分贝（也即$I=50$）的音调，然后逐步提高分贝数。假设我把声强调高5分贝（也即$\triangle I=5$）后你才觉察出该声调的音量有变化，那么初始声强和JND之间的比率（k）为5/50＝0.1。这就意味着我可以利用这个信息来预测你在未来声强变化下的JND（例如，如果我们从70分贝高的音调开始试验，那么我必须调高7分贝——7/70＝0.1——才能让你觉察到差异）。

第 2 章 一堆麻烦

韦伯定律具有哲学和生物学两方面的重大意义。一方面，从进化视角来看，人类知觉存在临界点，物竞天择要求我们的大脑觉察到越过临界点的变化。当你踏上马路，看到一辆巴士飞速朝你驶来时，你必然会警觉。然而，另一方面，从纯粹的逻辑视角来看，欧布里德和沙堆悖论仍然占据支配地位。我们每一分钟都跨越数以百万计的界线，我们根本注意不到它们。如果我们把一系列连续不断的**子**临界点差异串放在一起，虽然这个序列的第一个子临界点和最后一个子临界点之间的变化量级可能非常显著，但从一个子临界点到下一个子临界点之间的变化我们看不出来。举例来说，想想墙上的挂钟，时针的移动是不是觉察不到？

时间的流逝是灰域，但我们将其视为黑白。回到1990年，美国哲学家沃伦·奎恩（Warren Quinn）提出一个在非凡独创性方面完全可以同沙堆悖论相媲美的悖论，迫使欧布里德和韦伯对决：**自我施刑者悖论**。想象一下，我有一台便携式设备，可以用来电击你，每次电流强度的增量小到你无法感觉到。这台设备有1001挡：0挡为"关"，1挡电流强度最低，1000挡电流强度最高（极度痛苦）。现在，假设我把这台设备连线到你身上，初始挡位设在0挡，然后向你提议：你只需要每周把电压强度调高一挡就可以拿到一万欧元，但你绝对不可以倒拨挡位，回到较低电压强度。

最后，压轴大戏来了。即便最终你发现痛苦难以忍受，你却无法放弃已经积累的财富，必须继续受苦，直至生命终结。

你会接受这个挑战吗？

你能看出问题出在哪里。"现实"告诉你，要是接受挑战的话，你一定是疯了，你的结局必然是痛哭涕零。但另一方面，沙堆悖论施展起它的法术。无论你在表盘上调拨了几次挡位，这些痛苦的沙粒永远都无法成堆。

直到今天，拉杰·塞加尔还在自鸣得意，他是对的。"公园跑"和所多玛城还有蛾摩拉城面对的问题经过还原、提炼后就是沙堆悖论，就是借助沙子得以完美演示的哲学思考。如果我们用香烟、浓巧克力圣代冰激凌或浓缩咖啡马丁尼酒来替代那些增幅几乎不可觉的、以微伏计的电击的话，烟民、减肥者，以及生不如死、消化不良的宿醉者的困境就大白于天下。多来一根、一份、一杯没事的，对吧？问题发生和危险累积的速度往往不是过快，而是过慢，所以我们才注意不到。因此，我们需要划出界线，以免事态失控。

我想明白这一点之后，就开始思考它对日常生活的影响，结果发现它跟放纵的风险无关，跟香烟、快乐奔跑或浓巧克力圣代冰激凌无关。它事关人与人之间的相互沟通，事关我们说服和影响他人的能力。

大约二千五百年前，在柏拉图的《理想国》里，希腊哲学家苏格拉底打了一个很著名的比方。他把我们对现实的感官鉴别比作一群被绑缚于岩洞内的穴居人在背朝洞口、眼睛直视前方的情况下看到外部世界投射在他们面前洞壁上的依稀影像。苏格拉底假定这些投影就是我们对纯洁无垢的现实——一个由永恒不朽的原型构成的现实——的模糊、朦胧、不清不楚的表述。

但是他错了。

心理学把这个隐喻和观察者所处的角度旋转180度，寓言因此反转。心理学的看法同苏格拉底的想法背道而驰，边缘模糊的是**现实**，而不是我们对现实不那么完美的感知，而且**我们**对世界进行范畴划分的先天倾向让现实"纯洁"起来。我们在环境中找规律，我们歪曲身周的事物，我们在沙地上划线，以便对存在于无限连续的、渐变灰调的环境中的意义分门别类。

这就导致了一个小问题。这个问题在决策时尤其明显，我们对任何既定主题的最后决定、对可选择项的斟酌均受其影响。试以媒体报道健康议题时常用的头条为例。"多睡保健康。"一条头条夸张道。"忘掉八小时睡眠，我们只需要六小时。"另一个头条发出呐喊。写着"压力缩短寿命"的横幅大标题同写着"压力对你有好处"的另一个横幅大标题针锋相对。"口罩无法防止健康人群感染新冠肺炎病毒"与"鲍里斯·约翰逊

(Boris Johnson）说封城结束后英国人**应当佩戴口罩**"并肩而立。此类挑起论战、相互矛盾、争夺眼球的头条堪称媒体的主流。其理由也很充分,我们的大脑关注的不是真相,而是确定性。我们聚焦的不是客观分析和深思熟虑,而是大胆自信的断言。

这就给说服力和影响力造成了很大影响。如果说,理性论证的构建如同有条不紊、一次一粒沙般地堆起沙堆,在基本前提或原则这个推测性内核之上层层堆砌审慎拣选出来理由,那么在大多数情况下,尤其在紧急情况下,我们弃逻辑艺术不顾。一个缓慢成型、逐步造势的周全论证对我们非黑即白的二元大脑的吸引力远远比不上全有或全无的强力一击,就是当头一棒把我们击倒的断言。

我们不由自主地、无可阻挡地被显眼的、完全成形的、无可争辩地堆积起来的结论吸引,这后果或许是灾难性的。我们祖先的世界很可能是黑白二色的,但灰色才是当下的色彩。我们划分界线,形成对比,因为只有把强烈反差并排放置我们才能**看得见**。然而,反差越大,细节的粒度就越低,而细节的粒度越低,无知和判断失误的可能性就越高。

第3章

当范畴起冲突时

  光明只有同黑暗对比才有意义，真理假定谬误的存在。正是这些难解难分的对立面充斥我们的生活，让它气味刺鼻、令人陶醉。我们只存在于这种冲突中，存在于黑白碰撞的区域里。

  ——路易·阿拉贡（Louis Aragon）[①]

[①] 路易·阿拉贡（1897—1982）是法国诗人、作家、政治活动家，是超现实主义派创始人之一。——编者注

1999年11月13日，英国拳击手伦诺克斯·刘易斯（Lennox Lewis）在拉斯维加斯凯撒宫酒店击败美国拳击手伊万德·霍利菲尔德（Evander Holyfield），成为无可争议的世界重量级拳王。此次比赛打满十二回合，最终裁判们一致判定刘易斯获胜。胜负见分晓后，英方人员欣喜若狂。胜利的滋味之所以特别甜美是因为就在八个月前，刘易斯同霍利菲尔德在纽约的麦迪逊广场花园对决时因为裁判的偏颇未能获得拳王称号。这一次比赛没被人搞砸。

拳击场上挤满了保安、记者和比赛双方的工作人员。支持者们围住满头脏辫、浑身汗水的刘易斯，向他表示祝贺。在场的许多人都沿袭传统打黑领结穿晚礼服，包括自封为"拳王之王"的霍利菲尔德的推广人唐·金（Don King）。而除了拳击训练助手和场边裁判员之外，那些没穿晚礼服的人也都一身商务套装。然而，有一个人十分扎眼。

弗兰克·马洛尼（Frank Maloney），刘易斯那身材矮小、无礼的经纪人，他一度被唐·金称为"头脑侏儒"和"拳击赛场上的俾格米人"。他披着一身不走寻常路的套装在满座的凯撒宫酒店竞技场剧院观众和数百万付费收看比赛直播的拳击爱好者面前昂首阔步，他的衣服上印着英国米字旗。

这套服装已经成了他的标志，伴随他出现在各类拳击盛事上。从很多方面来看，这套衣服同他极其相称，充分反映了他的个性——精明实

第 3 章　当范畴起冲突时

际、不知羞耻、傲慢无礼、无所畏惧又猥琐。他天生爱作秀。三十多年间，弗兰克是货真价实的拳击界大佬之一，无论是出没烟雾弥漫的内室、大汗淋漓的健身房，还是手挽衣着清凉、骨瘦如柴的小报模特，他都如鱼得水。他思维敏捷，更衣室大男子主义的戏谑和抢风头的俏皮话张口就来。

这套衣服就是弗兰克。

在拉斯维加斯耀眼聚光灯下睾酮猛涨的那个夜晚，弗兰克荣登首位无可争议的英国籍世界重量级拳王的经纪人的宝座〔直到最近，泰森·富里的经纪人米克·亨尼西（Mick Hennessy）才追平了这个纪录〕。十五年过去了，我同她在肯特郡的"第一章"（Chapter One）餐厅共进晚餐。弗兰克那印着米字旗的套装一去不复返，同样一去不复返的还有一两样零碎东西。现在她的名字叫作凯莉（Kellie）。她身穿唐娜·卡兰（Donna Karan）品牌的红色连衣裙，外罩时髦的灰色毛衣开衫，黑色中跟鞋是周仰杰（Jimmy Choo）牌子的，藏青手提包为莫斯基诺（Moschino）出品。她那略带金黄的红色齐肩波波头梳得一丝不苟。

但她的嗓音还是弗兰克的嗓音：八十年代在伦敦南部长大的骗子带着伦敦东区口音的快言快语。

"我一直觉得生错了身体，"她说，"从我有记忆开始就这么觉得。但我决心不被它打倒，当年我就是那么想的。这就像一场拳击赛，我在打比赛，那就是我的对手——一个我打不倒但希望能够格挡开的危险对手。"

当然了，彼时的她无法向业内任何人透露只言片语。

"他们会杀了我。他们会逼我在每个回合开始前穿着比基尼举着回合牌绕拳击场走一圈。我只好私底下找了一位治疗师，在电话上设置了快速拨号键。我记得有一天我特别愤怒，冲着电话大吼：'不许说我有异装癖！'治疗师说：'可你的确有，约翰！[①]你有异装癖！'我说：'你怎么

[①] 即便只是打电话，凯莉也不敢透露真实身份，唯恐被人发现。——作者注

知道？'治疗师说：'因为你一直给我打电话！'"

凯莉告诉我，当她还是弗兰克的时候，她会逛妇女用品商店，买回来一堆衣服，然后惊慌失措地把它们扔掉。她甚至都没有试穿过它们，这项活动对她来说是种发泄，但她生怕被抓现行。

"我现在是女人，大部分人都习惯了。我记得在开始接受变性手术后不久，我遇到了另一个拳击手推广人——八九十年代的时候我们经常较量。当时我穿了一件拖地长裙，脚蹬细高跟皮鞋，还戴了假发。'妈的，弗兰克，'他说，'你变了！'"

大约一年前，我和凯莉相识。当时我俩一起在伦敦参加"畅谈体育"（talkSPORT）电台的一个现场活动。我对梅威瑟（Mayweather）–帕奎奥（Pacquiao）之战的分析让**她**吃惊，她对心理变态者的了解让**我**吃惊。活动结束后，她问我在忙些什么，我告诉她我对人类怎么对世界进行范畴划分，大脑怎么把我们看到的一切归档到一个个的认知小格间里感兴趣。

我提到了亚里士多德。

大约两千五百年前，这位古希腊哲学家写下了最早的有关范畴的述评，从而成为古典范畴理论的缔造者。该理论包含四个主要前提，但我最关心的是其中两个。

第一，同沙堆原则形成鲜明对比的是，亚里士多德认为范畴划分非黑即白；黑和白之间有固定、明确的界线，不存在灰色区域或模糊线条。所以，稍微调整一下我们之前用过的天文学类比，在任何既定的范畴学苍穹上，每一颗星星都毫不含糊地归属一个星座，并且是唯一一个。抑或沿用沙堆悖论里的名词，不存在"介于非沙堆和沙堆之间的状态"，要么是沙堆，要么不是沙堆。

第二，亚里士多德指出，每个范畴里的所有成员都必须共享一组"必要"属性。换句话说，如果一样东西要进入某个既定范畴，它必须在特征核查清单上的每一个方框里都被打钩，必须符合所有进入标准。此外，不得让任何一条标准凌驾于其他标准之上，认为它能更好地定义范畴成员资

第 3 章 当范畴起冲突时

格或者更不可或缺。所有标准必须同等重要。①

我的话音刚落，凯莉从她的手提包里掏出一本书。那是她的自传的新书样本，书名叫作《坦率说，我是凯莉》（*Frankly Kellie*），同亚里士多德一点都搭不上边。"如果你在找划分的替代方法，"她把书啪的一声放到桌上，"它可能帮得上忙。"

"你知道，凯莉，"我说，"你会让亚里士多德头痛。"

她咯咯笑道："这些年我已经让很多人头痛过，我一点也不在乎。"

她说的没错。十二个月之后，我们两人一起用晚餐。菜快上齐了，我们的谈话伴随夜色进入尾声，可怜的老亚里士多德和他的古典范畴理论受到的打击比霍利菲尔德在拉斯维加斯挨的拳头还要多。

"你知道吗？"凯莉问，"脸书上现在列出了七十多种性别分类。"

"是的，"我说，"我知道。"

"那好，"她说，"假设在遥远的过去，人类从两个性别——男性和女性——开始，这其实算不上对主张非黑即白、要么开要么关的那帮人的有力支持，对吧？"

"算不上。"我说。但如今，我向她解释，古典范畴理论已经泰半被驳倒。自从二十世纪七十年代以来，在加州大学伯克利分校一位名叫埃莉诺·罗施（Eleanor Rosch）的勇敢无畏、具有开创精神的青年心理学家的鼓吹引领下，认知科学一贯主张范畴概念的边界模糊。即使在亚里士多德所生活的那个时代，他也没能一言九鼎。他或许从未见过欧布里德，甚至从未听说过后者，但欧布里德的沙堆悖论对他构成威胁。

---

① 另外两个前提是：（1）同一范畴内的所有成员地位相等（即西红柿和苹果同样是水果）；（2）一旦纳入范畴的所有必要标准均已确立，那么这些标准就是范畴成员资格的"充分"条件，不需要其他额外特征。举一个简单的例子，我们来想一想纳入"唱歌"这个范畴需要哪些"必要"及"充分"条件。一副"好嗓子"显然不是必要条件（鲍勃·迪伦就没有），但不跑调是个必要条件。好嗓子也不是一个充分条件，因为有人嗓子清亮但老跑调。结论呢？不跑调对唱歌这个范畴来说既是必要条件也是充分条件。好嗓子既不是必要条件也不是充分条件。——作者注

049

我举了游戏的例子。1953年，奥地利哲学家路德维希·维特根斯坦在《哲学研究》（*Philosophical Investigations*）一书中用游戏来说明所谓的"家族相似"范畴理论。维特根斯坦邀请他的读者们回想游戏的概念，棋类游戏、纸牌游戏、球类游戏、儿童游戏等**任何**游戏，看看能否从中识别出某种共性或者说任何共性。他得出结论说，虽然游戏和游戏之间貌似**会**存在各种各样的相似性，但它们很难被确定，它们在错综复杂、岔路横生的迷宫里一闪即逝。维特根斯坦提出，游戏的确具有共同特性，但没有一种特性是所有游戏都共有的。

"我想不出比'家族相似性'更好的表达法来指称这些相似性，"他写道，"因为家族成员之间有各种各样的相似之处：身材、容貌、眼睛的颜色、步态、性情等等。它们跟游戏之间的相似性一样重叠交叉。所以我认为种种'游戏'形成一个家族。"

但是，凯莉提出了一个很好的观点。事实上，这个观点维特根斯坦当时也提出来过，而且我们很快就会读到，勇敢无畏的埃莉诺·罗施也曾经旧事重提。

"不能因为没有一清二白的范畴界线就说你不知道范畴里面有什么，"凯莉评论说，"我们或许没办法一刀切两半，一半是游戏，另一半是跟游戏相反的玩意……叫它非游戏成吗？也没办法一刀切开'男人'和'女人'。但那跟声称游戏、男人和女人不存在不一样。我们看到游戏的时候都知道游戏是什么，拳击是一个很好的例子。我们看到男人或者女人的时候也都知道男人或者女人是什么，大多数情况下我们都知道。"

换句话说，我们拥有的黑白思维的大脑或许在一次加一粒沙的情况下无法区分沙堆和非沙堆。我们或许无法追踪和判断多出一粒沙带来的缥缈的细微变化。然而，如果把沙堆和非沙堆并排放在我们眼前，我们立刻能够看出两者的差别来。一方面够黑，而另一方面够白。

凯莉给我举了一个恰如其分的例子。2016年，英国寄宿学校协会发布了指南，内容关于教师如何称呼自我认定为跨性别者或非二元性别者（认

第 3 章　当范畴起冲突时

为自己既非完全男性亦非完全女性的人）的学生。其中提到，教师们应当用"zie"而非"he"或"she"；用"zie/zem"而非"him"或"her"来指代他们。"zie"来源于一个更早出现的代词"sie"，后者因为听上去过于女性化而被摒弃，"sie"是德语里的"she"。①

"但是，"凯莉调皮地说，"我们照样有'he'和'she'。我们照样有男性和女性。"

我向凯莉打听变成女性对她的生活以及对她身边的人有什么影响。

"孩子们会一直叫我爸爸，"她说，"因为那就是我，我是他们的爸爸，他们叫我'穿裙子的爸爸'。所以，按照你的思路，我可能不是'爸爸'范畴里的'爸爸'典范。首先，我是女人，而且没错，我穿裙子。但我仍然在'爸爸'范畴里。所以那根本**不是**非黑即白。"

我提起上过新闻的几个案例：曼彻斯特有位犹太裔跨性别母亲被禁止探视她的五个孩子，因为家事法庭判决说探视会导致她的孩子和前妻被他们所在的极端正统犹太教（哈瑞德教派）社区排斥，无法正常生活；一位跨性别妇女反对自己孩子的出生证上把她列为"父亲"，因为这样做侵犯了她的人权，她的律师们争辩说，"父亲"一词不但向所有人暴露了她是跨性别者这一事实，而且还时刻提醒她曾经身为男性的痛苦。

就连英国医学会都加入了辩论。该学会最近发送备忘录给员工，要求他们弃用"孕妇"，改用"怀孕人士"，避免歧视也有怀孕可能的雌雄间

---

①1975年，芝加哥企业传播协会举办竞赛，他们希望找到第三人称单数代词"she""he""him"和"her"的最佳替代。来自伊利诺伊州的克里斯汀·M.埃弗森（Christine M. Elverson）胜出。她提议去掉第三人称复数代词"they/them/their"里面的"th"，留下"ey/em/eir"作为新的第三人称单数代词。——作者注

性别男子和跨性别男子。①

"我想，我们总有些时候需要付出代价，"凯莉说，"同样地，在某些情况下，大多数人的利益和始终如一的规则会比个人的权利更重要。孩子们拥有的'父亲'的权利该怎么办？她会为了避免痛苦的回忆而不许孩子们叫她'爸爸'吗？"

走出餐厅，凯莉招了一辆出租车。我为她打开车门，她俯身坐进后排，动作如同伦诺克斯的前手直拳般优雅精确。

车窗降下来。

"那么，"我说，"三五年之后……你穿上米字旗套装的概率有多大？"

凯莉大笑。"我有一双美腿。"她说。

---

① 该指南还建议："生物学上的男性或女性"应当称为"法律指定的男性或女性"，"生来为男性"或"生来为女性"不应用于指称跨性别人士，因为这样的用词"将复杂课题过度简化"。

指南接着写道："社会性别不平等体现在传统男女角色观念上。虽然这些观念随着时间的推移有所改变，但支撑这些观念的假设和刻板印象往往根深蒂固。"

在这个指南出台前不久，一位生下来是女孩但已经作为男性生活了三年并且注射雄性激素的英国人为了生孩子暂缓进行变性手术。具有合法男性身份的二十岁准爸爸海登·克罗斯（Hayden Cross）将成为第一个生孩子的男人。此前，他要求英国国家医疗服务体系在他做完变性手术前冷冻他的卵子，这样他才有望将来生下自己的孩子。他在互联网上找到了一位匿名捐精者，成功受孕。此后，克罗斯对自己的体验百感交集。

他告诉《太阳报》记者："当时我很开心，但我也知道这样一来我的转型倒退了。我给了自己一样东西，与此同时拿走了自己的另一样东西。怀孕是一件极其女性化的事情，同我在自己身体里感受到的一切矛盾。"

谈到英国国家医疗服务体系拒绝支付他冷冻卵子的费用，克罗斯补充说："他们貌似告诉我，我不应该生育子女，因为我是跨性别者。这不对……人们认为男人不能生孩子，但事情没那么简单。这是我唯一的机会，我要给我的宝贝最好的一切，我要做世界上最棒的爸爸。"——作者注

第 3 章　当范畴起冲突时

范畴大战

　　从加州戴维斯市西行一小时左右就到了伯克利，另一所世界著名大学的所在地。伯克利地处旧金山海湾东岸，从纽约城来的I-80公路在这里的太平洋边缘处戛然而止。黄昏时分，我驶过里士满岔路口，城市边界的高速公路的灯光在万花筒般变幻的暮色中闪烁。

　　回到地处美国西海岸的范畴实验室，我在想林恩·基姆西和莉莎·奥克斯，想狗和猫、蝴蝶和昆虫。我从这些分类学巨人那里学到了什么？嗯，首先，范畴划分看起来是先天的。这一点似乎不容置疑。理由也很充分。如果我们缺乏对世界加以组织的能力，就无法将我们的体验分门别类归置成具有共同语义的认知团块，那么我们周身将会一片混乱，什么都无法确定或者预测。我们将会永远困在一个永恒的沙堆矩阵里。其次，迈克·安德森告诉我，这种神经认知上的清扫工作有用到一定程度就失效了。如果这些存在主义的沙堆排列得过于整齐，收拾得过于讲究，我们从一个情境推断出另一个情境的能力就会受限制。

　　最终，我得出结论，我从基姆西、奥克斯和安德森那里学到了以下知识：为了确保范畴划分的有效性，使它能够履行进化赋予它的职权，对世界进行简化，必须在两个方面之间取得平衡：一方面是同一范畴内成员之间的最大相似性，另一方面是不同范畴成员之间的最大相异度。

　　换言之，归纳概括有好处，但好处有限，人类大脑必须知道何时叫停。

　　在抵达伯克利的第二天早上，我朝加州大学伯克利分校进发。埃莉诺·罗施教授在一个名叫"音乐祭"的咖啡店等我。罗施在心理学界是一位传奇人物。二十世纪七十年代，她带着一张涂料色表深入巴布亚新几内亚丛林做实验。①可以这么说，离开丛林后，她凭借收集到的数据一个人就把亚里士多德的古典范畴理论拉下了马。

欧布里德要是还在，他肯定会赞许这一行为。

生活在巴布亚新几内亚中央低地的杜姑姆达尼人（Dugum Dani）的词汇表里只有两个颜色词：mola，相当于"白色-暖色调"；mili，相当于"深色-冷色调"。他们"看到"的颜色跟我们不一样。然而，罗施从她的色卡里仔细筛选出一些由世界级的颜色样本（例如邮筒红）和一些劣质次等颜色样本（例如西瓜瓤红）组成的多色子集给他们看，过后考察他们是否记得这些按层级组织的色度。她把之前展示过的颜色样本混在其他没有展示过的样本里让他们挑，结果她有了一个惊人的、启示性的发现。虽然杜姑姆达尼人缺乏大多数其他文化里都有的所谓"基本"颜色词汇，例如红色、绿色、黄色和蓝色②，但相比那些假冒廉价的仿制色（类似"西瓜红"的珊瑚红、类似秋日红叶的豆沙红等山寨货），他们更能记住那些真货（邮筒红和可口可乐罐体红）。

罗施认为这个实验结果指出了范畴划分过程中的某种基本原理。这个请容我稍后展开。首先，我们需要理解基本彩色视觉的核心原则。简单来说，我们感知到的颜色是一个存在于三维空间里的连续统。其中一个维度是色相，即颜色本身。第二个维度是色值，即这个颜色是浅色还是深色。

---

① 罗施采用的其实是蒙赛尔色卡。阿尔伯特·H. 蒙赛尔在二十世纪初首创了这些标准化的色卡，用于表现人类感知色彩的三个维度（色相、色值和色度）。他当时担任艺术教授的学校现名麻省艺术与设计学院。一套色卡共有三百二十九张活页，其中三百二十张活页代表四十个不同色相，每个色相分为八个色值。其余九张活页代表"黑""白"和若干不同色泽的"灰"。蒙赛尔设计这套体系的目的是在三维空间里对色谱进行系统性排序。他的排序摒弃主观、外行的范畴区分，而是依据对个体的色彩视觉反应进行的严谨、科学审查。他因而成为第一位将色相、色值和色度区分为知觉上统一但又相互独立的维度的颜色研究人员。——作者注

② 第7章讨论语言决定论的时候，我们将重访语言和颜色知觉之间的关系这个话题。语言决定论又称萨丕尔-沃尔夫假设（Sapir-Whorf hypothesis），简言之，一种语言的结构决定了以它为母语的人的思维方式，在某些情况下还决定了他们"看"世界的方式。

第3章 当范畴起冲突时

第三个维度是色度，即这个颜色有多暗沉或多鲜艳。例如，柠檬黄是一种高色相、高色值和高色度的颜色，而旧淤青泛出的黄色处于这三个维度的低位。

颜色连续统里没有可见的边界，但我们人类能够区分出七百五十万种色泽。那些色泽丰富、数目较少的基色或"原色"之所以一下子就吸引了我们，是因为它们具有颜色天赋，它们有特别的颜色基因，否则的话，为什么我们能分辨出彩虹七色呢①。柠檬那鲜亮的黄色和邮筒或可口可乐罐体那热辣的红色代表着颜色矩阵上的重要交叉节点：在色相、色值和色度上最能刺激知觉的色族融汇于一个经典物理学说的大熔炉中，或者说电磁大都会里。它们是颜色世界里的超级首都，它们是伦敦、纽约和北京，是颜色地图上的不眠之城。

这正是罗施的观点。虽然杜姑姆达尼人形成的颜色概念显然有别于我们其余人，但他们对色彩"城市中心"的记忆显著高于对那些较为沉闷、不太鲜活热闹的颜色"郊区"的记忆。如果你我接受同样的测试，结果也差不多。这是一个深刻的、根本性的认识，而在当时的认知科学领域，它掀起了一场大革命。这个认识同亚里士多德两千多年前树立的范畴信条截然相反，他主张范畴黑白分明，范畴之间存在明确界线，同一范畴内的所有成员必须具备同等重要的标志性特征。罗施的研究则表明，有些颜色显然比其他颜色更能代表某个既定范畴。有1区也就是内城的水泥丛林蓝，有群居房、通勤者社区和郊区蓝，有西区的"三叶草绿"和市中心的"鲜绿"，还有，借用詹姆斯·乔伊斯（James Joyce）描绘都柏林湾水色的词汇，小镇的"鼻涕绿"。此外，这个认识不仅适用于颜色，还适用于一切。

"以红色为例。"罗施说。在我们俩面前的手提电脑屏幕上，数以百计的颜色方块按色谱排成棋盘样。"有天才红，优秀红，良好红，较差红

---

① 参见附录一对基色、原色和光谱色之间差异的解释。——作者注

和不及格红。通常有一种红会被某个人认为是红色的最佳代表,即原型,人和人之间可能存在差异。一种红色离原型越远,就越算不上红色范畴的绝佳代表。"

她停顿了一下,手指头在红黄之间幽暗的光谱学腹地中的某些红黄兼具的色相上逗留。

"不但如此,"她继续说道,"颜色范畴之间的界线模糊。有时候,在范畴的边缘,我们很难分清哪些颜色属于哪个范畴,而哪些不是该范畴成员。有的颜色是边际色,比如说,看这个方块,它是红色还是橙色?"

我凑近电脑屏幕,然后拉开一点距离,我真的无法确定,它正好落在中间。它不全然是一个红色沙堆,但它也同样不全然是个橙色沙堆,它的波长短了一点。

"它跟你那位拳击界的朋友指出的性别问题一样,"她娓娓道来,"不能确定性别之间的界线在哪里不等于男性和女性不存在。"

这个见识意义非凡。对跨性别权利游说团体来说尤其重要。我问罗施,这样看来,是否可以认为"男性"和"女性"代表原型,就像杜姑姆达尼人辨别出来的"红色""橙色"和其他基色那样,红色渐变为橙色的地方最有意思。

"嗯,可以这么说,"她面露微笑,"我认为维特根斯坦做过一个很好的总结。他说在正常情况下,两位隔壁邻居不需要精确的疆界线来告诉他们自己站在谁家的地界上,他们心知肚明。"

罗施向我介绍了她在七十年代做的另一项研究,研究主题是家具。她给两百名美国大学生一张清单,让他们用1—7分来评判清单上的物品算不算家具的绝佳例子。清单自上而下、从1到60列举了60件物品,其中有得分最高的"椅子"和"沙发",有"床"(第13号物品),有钢琴(第35号物品),最下面一项是电话。换句话说,如同上文所述的"颜色空间","家具空间"也存在。与此同时,还有无限多样的其他空间,每个空间都有各自的市中心原型、高绿化覆盖率的郊区和死水微澜的腹地。不仅物体如此，物质或生理现象也是如此。维特根斯坦试图用"家族相似"这个概念来提炼游戏的必要属性时曾经暗示过，它也适用于思想和概念。

"我经常用鸟来举例，这很好用，"罗施说，"古典范畴学模型，也就是亚里士多德的模型，建立在定义的基础上。所以，一只鸟会被定义为某种具有羽毛、喙和飞行能力等特征的东西。如果想把某样东西划分到鸟的范畴里，上述特征不但必须一个不缺，而且还必须同等重要。这样的话，鸵鸟、鹬鸵和渡渡鸟就会碰到一点小麻烦。"

"但是在原型理论里，**鸟**这个范畴由各种不同的鸟构成，其中有的鸟比其他鸟更像鸟，更贴近原型。例如，知更鸟就比企鹅或者食火鸡更贴近原型鸟。"

这有道理。可一旦我们进入概念领域，事情就变得有趣起来。一个日渐脱离铁板钉钉、零和博弈解决方案，愈加依赖差中最优选项的世界难道不是原型理论的理想猎场吗？原型理论难道不是为现代生活的纷繁复杂、不确定性和模棱两可量身定做的吗？它不就是沙堆理论和亚里士多德理论的折中吗？一切事物都处在一个连续统上。但是，有没有一些灰色调比别的"更黑"或者"更白"呢？

我们的大脑在动荡不安的原始环境中进化。为了活下去，对世界进行二元范畴划分至关重要，打还是逃，靠近还是回避。然而，几百万年过去了，生存游戏已经改变，范畴划分的局面已经翻转。随着时间的推移，我们的高阶官能持续不断发育，进而取得密集的文化和科学进步，也把我们祖先的黑白世界里的1和0模糊成无穷无尽的灰阶。可是，我们的棋盘格心智一如既往地分割我们、辖制我们。我们在天空上观察到的光线可能是上古时期从遥远的星系发射出来的，同样地，我们的大脑反射的是史前微光，体现的是人类幽暗远祖时期的欲望、需要和迫切需求。

维特根斯坦说得对，但只在一定程度上是对的。一般情况下，范畴划分不会制造麻烦，因为如同上文提到的站在后院里的两位隔壁邻居，我们都"知道自己的立场"。可是，与其说生活像邻居们隔着花园篱笆闲聊，不如说像打网球。成败之举经常发生在球场边线附近,而非球场正中,它发生在球场边线上。在那里,我们往往**不**知道自己的立场。

当然了,打网球的时候重要的两个范畴是**界内**和**界外**。每一局、每一盘、每一场比赛和锦标赛的胜负都有可能取决于划分界内和界外的那几分之一毫米。但在人生中,风险利益极其复杂,差异细微到不可测量。例如,要是用**对**和**错**来替代**界内**和**界外**,你就会明白问题所在。在道德推理法庭的不稳定边缘上,良心往外挪一厘米或者往里缩一厘米都有可能造成生死之别。此外,就**对**或**错**而言,没有什么本体论的鹰眼回放系统来一锤定音。事实上,球落地点离边线越近,两个范畴之间的界线就越模糊,主裁判的判定就越踌躇,越武断,在道德上越含混不清。

球场上的边线也不像之前那么黑白分明。

一位暴力侵犯受害者昏迷在医院病床上。三个月来,这位受害者没有一点知觉,全靠呼吸机维持生命。这种状况什么时候会从**活着**的范畴挪到**死亡**的范畴?此外,暴力袭击者什么时候才会被认定犯下杀人罪?二十世纪九十年代中叶前的英国法律规定,如果受害者在被袭后一年零一天内因伤势而死亡,且死亡可证明同被袭直接相关,则法庭能够以谋杀罪名审判行凶者。在本书创作期间,新西兰的法律规定仍然如此。例如,1989年希尔斯堡足球场踩踏惨案发生当天负责安保工作的总警司大卫·达肯菲尔德(David Duckenfield)正是因为这条规定而被指控犯下九十五桩重大疏忽过失杀人罪,而非九十六桩(第九十六位受害者昏迷了将近四年后在医院去世)。

然而,假如我们像分析"公园跑"困境那样动用沙堆悖论,结果会怎样?假如受害者所用的呼吸机恰好在三百六十六天又一秒时被拿掉,结果会怎样?袭击者会不会逃脱杀人罪指控,转而面临严重人身伤害罪指控?假如呼吸机被提前一到两秒钟拿掉,结果又会怎样?在1961年前的新西兰和1965年前的英国,控方往往主张对故意杀人犯施以绞刑,如果受害者因为拿掉呼吸机而死亡,那么杀人者是否生死悬于一线?

第 3 章　当范畴起冲突时

在生物个体发育连续集的另一端，胎儿也让我们陷入类似困境。**胚胎发育到什么时候应当被纳入人的范畴？**二十四周大脑活动开始的时候？二十四周又一天？二十三周？1967年前法律规定的二十八周？亚里士多德规定的男孩出生后四十天、女孩出生后九十天？天主教规定的从怀孕之时算起？正如颜色连续统上缺乏可见的分界线，人类发育连续统上也没有生物学分界线。胚胎从单细胞受精卵逐渐发育成新生儿。没有类似宇宙大爆炸的胚胎大爆炸，"人格"的奇点没法在某个决定性的时刻精准爆炸。

那么，在堕胎辩论中**试图**量化"人格"从胎儿期哪一个时点上算起还有必要吗？在英国，怀孕二十四周前堕胎均合法。但这究竟意味着什么？想象一下，两名妇女在火车上相邻而坐。其中一名妇女已经怀孕二十三周又六天，而为了便于讨论，我们假定另外一位妇女的受孕时间比前者正好早二十四小时。难道这样一来，前者腹中的胎儿就比后者腹中的胎儿更不像"人"吗？

我们这不是又为沙粒的颗数抬起杠了吗？

或者考虑下述场景：医生团队正在抢救一个二十三周早产儿，而就在几步之遥的另一间手术室里，一位妇女可以合法堕掉同样怀孕二十三周的胎儿。

这既复杂又让人不安。然而我们必须忍受这样的黑白分界，这种刻板的存在主义二分法。它们是我们同现实错配的不可避免的后果；它们是我们在这个世界上永无止境地闯荡时必须遵守的条款和条件，世间渐变的景观必然要通过一个二元范畴划分透镜来感知。

我们再换一个角度来看。在人类寿命的模板上，有没有那么一道指代某个特定钟点或某个重大日期的深深刻痕，越过它的人就猛然脱离"中年"范畴进入"老年"范畴？或者猛然脱离"青年"范畴进入"中年"范畴？

显然没有。

那我们为何无法接受以下观点：在子宫内胚胎发育时间线上，一群细胞、一阵基因星尘不会因为越过了某个特定的时点就突然暴长成一个发育完全的人？这跟老、中、青年间没有明确分界线不是相对应的吗？

原因在于，胚胎发育阶段的划分很重要。胎儿的生命有时会受到威胁。我们不得不在**人**和**非人**之间砸实一条没有商量余地的界线，这样我们才能在**故意杀人**和**非故意杀人**之间进一步安装一个犯罪学气闸。**然后**我们才能推动**对**和**错**这两个范畴之间的二元划分。这是为什么？因为我们没办法在对认知原材料——事实、数据、关键信息——进行范畴划分前做出任何决策。

另一方面，老、中、青年人的生命受到法律的平等保护。夺走十四岁少年的生命的罪行不比夺走四十四岁中年人的生命的罪行轻。或者就此而言，即使一百零四岁老人跟婴儿或胚胎一样脆弱，但杀死一百零四岁老人的罪行也跟杀死十四岁少年的罪行一样重。不需要用欧布里德的思路来怀疑我们生命形而上学的状态，不需要根据我们的细胞总数来判断沙堆的存在。

我给罗施讲了几年前发生在爱尔兰的悲剧事件。2012年10月，三十一岁的印度裔牙医萨维塔·哈拉帕纳瓦（Savita Halappanavar）来到戈尔韦的一家医院，她要求堕胎。当时，她和在波士顿科学有限公司担任工程师的丈夫普拉文（Praveen）已经在爱尔兰定居四年。她已经出现流产征兆，然而，尽管她的子宫严重破裂，该院医生仍然拒绝了她的流产请求。扫描显示，十七周大的胚胎仍有心跳。那时候，堕胎在爱尔兰是非法的。

后果非常可怕。当胚胎心跳终于停止时，哈拉帕纳瓦已经得了败血症。几天后，她去世了。

哈拉帕纳瓦之死在爱尔兰乃至全世界引发了抗议风潮。在2018年5月，爱尔兰人民在一次公决中以压倒性多数票通过了新的立法，从此，在这个天主教占主导地位的国家里，堕胎在特定情境下合法：继续怀孕会危及母亲生命，或者让母亲有自杀倾向。"你不是在流掉孩子，你只是在采取措施挽救孩子母亲的生命。"德里大主教管区发言人多米尼克·伊曼纽尔

第 3 章 当范畴起冲突时

（Dominic Emmanuel）神父在《印度斯坦时报》上发表评论说，这番说辞是框架效应的力证。本书稍后将对这种影响力技巧加以详述：在很多情况下，重要的不是我们的行动本身，而是我们对这些行动的看法和解读。

然而，对萨维塔·哈拉帕纳瓦和她丈夫来说，这个立法来得太晚了，在其他任何国家，她都可以活得好好的。可是在2012年的爱尔兰，亚里士多德理论让她付出了终极代价。当时的爱尔兰司法制度不认为**故意杀人**这个范畴是一把游标位置视情境而定的测量尺，尺上的刻度既有故意杀人的原型范例，也有较好或不太好的范例。当时的司法解读是，任何具有"夺人生命"特征的行动都属于故意杀人范畴，而**生命**覆盖受孕后的所有生物行为。

罗施摇了摇头。不过她指出，就概念而论，我们所谓的"最优归纳"——在同一范畴成员的最大相似性和不同范畴间的最大差异性之间划下道道——总是更加棘手。我们将在下一章读到，重要原因在于，概念包括态度、信仰、道德和意识形态信念，而它们是一个人的社会及心理身份的基础，没有它们就没有完整的自我意识。如果一个人划下的**红色**和**橙色**之间的界线同另一个人划下的界线稍有差别，有什么要紧的呢？一个人对验证、清晰度、一致性、确定性和意义的需求一般不会延伸到色相的范畴划分。但**故意杀人**这样的范畴的构成完全是另一码事。对范畴成员资格、必要特征和决定性界桩钉在哪个位置的争议导致焦虑和不安，在某些情况下还会导致公开敌对。这是对自我的袭击，侵犯我们的自我认知。

我陷入思考，七十多种性别类型，那真的对吗？那是最优的吗？它能推动社会进步吗？它有没有像我们与生俱来的范畴划分能力一样，起到加深我们对现实的理解、促进社会互动和日常决策的作用？还是适得其反，添了乱，增加了不必要的麻烦？

自然选择将我们的大脑设定为原始的、祖传的二元制。我们用1和0来对世界编码，范畴划分越是涉及个人，议题越是重大，我们的态度就越是强硬，目前性别就是一个很恰当的例子。然而，人生中每一天我们都在做选择：我应该买哪一款车？我应该预定什么样的假期？我应该把选票投给谁？当面对一系列分类信息，我们必须逐个评估相关选项并最终决定实施其一时，我们期盼的既不是无穷多的选项，也不是单调的双球必中其一的游戏。这两者都让我们困惑惶恐，并且始终如一地导致低劣、次优决策。我们需要的是中庸之道。无论我们筛的是什么沙，沙堆太多和沙堆太少都不好。

举个例子，根据二十世纪阿根廷作家博尔赫斯的说法，中国古代百科全书《天朝仁学广览》（*The Celestial Emporium of Benevolent Knowledge*）[①]是这样对动物分类的：

> 在这些古老的书页上，记载着动物分为皇家的、防腐处理过的、驯养的、乳猪、半人半鱼的、传说的、野狗、归入此分类中的、发疯般抽搐的、不可胜数的、用驼毛细笔描绘的、其他的、刚打碎花瓶的、远看如苍蝇的。

显然，这个诡异的、大杂烩乱炖的、有几分林奈氏分类法影子的分类法根本不合格。作为一个动物学编码框架，它那超群的组织架构从未被接受过。至于原因，当然是因为它的癫狂。人类对世界的范畴划分不是历史偶发事件或形而上学奇思妙想的任意产物。它是严谨的生物选择进程的进化终点，而进化的目的是动用最少的认知努力获得最多的信息。为了实现这个目的，就必须同《天朝仁学广览》里那种疯疯癫癫的分类法背道而驰，必须把我们周身世界里所有事物之间的无穷差异阵列缩小到一个大脑能够塞进工作记忆这件手提行李的最优数字，这样我们才能把选择组合维持在一个容易管理、轻松舒适、轻便易携的水平。

我们最好这么做。我们的大脑容积或许很大，或许属于进化意义上的

[①] 引自博尔赫斯的《约翰·威尔金斯的分析语言》（*The Analytical Language of John Wilkins*）（1942），博尔赫斯在此文中杜撰了这本百科全书。——编者注

第 3 章 当范畴起冲突时

奢侈品，但是它在范畴划分上的灵活性极其有限。我们的大脑能够准确地记住的选项数目有限，而且这个限额低得让人吃惊。我们在下一章里将会发现，迄今为止，这个限额低到我们无法理解性别的七十多种不同类型。或者说，**任何事物**的七十种不同范畴。

如果我们日常决策的沙坑里有太多的沙堆，人生的黑白棋盘上有太多棋格，我们的大脑就会左支右绌。

我们的心智比我们以为的要"狭隘"得多。

第4章

黑白思维的阴暗面

如果我们对平凡人生的体会深刻而敏锐，那就好比能听到小草的生长、松鼠的心跳，平静下面的喧嚣会震耳欲聋，置我们于死地。实际上，我们当中步伐最快的是那些心中一片混沌的人。

——乔治·艾略特（George Eliot）[1]

---

[1] 乔治·艾略特（1819—1880）原名玛丽·安·埃文斯，英国女作家。——编者注

1995年，英国演员休·格兰特（Hugh Grant）宣称某个威尔士社区笼罩在一个山丘而非一座山的身影下，从而成功地激怒了该社区所有居民。格兰特声称，富农加鲁峰比规定高度1000英尺（约305米）稍微矮了一点点，所以无法授予它"山"的称号，而且他有科学证据。他已经带着六分仪、经纬仪和计算尺等令人扫兴的装备登顶测量过了。读数不妙，富农加鲁峰没达标，比1000英尺矮了16英尺（约4.9米）。它不是一个沙堆，而是一个非沙堆。

要是说格兰特下山后不受待见，那可真是轻描淡写了。村民们气疯了，然后他们上到山顶（我是不是应该说丘顶？），偷偷摸摸地做了一个地形学外科手术。趁着格兰特在村里小客栈楼上的客房里睡觉休整，一时半会儿不离开，客栈老板"山羊摩根"在楼下的酒吧里召开村民大会。有人建议他们早点送格兰特上路，他说不行，因为诺丁山某处必然有人会注意到，他有另外一条秘策。如果富农加鲁峰还称不上一座山，他们就把它**变成**一座山怎么样？

就这么办了。他们用手推车把石头、沙子和泥土送上山，当然也少不了敞开供应的啤酒的助力，他们把山垫高了，往非沙堆上加了几粒沙。然后，他们让格兰特再上去丈量一次。

他下山的时候摇着头皮困惑不解。

富农加鲁到底还是一座山。

第 4 章 黑白思维的阴暗面

以上是电影《走上山丘下高山》(*The Englishman Who Went Up a Hill and Came Down a Mountain*)①中的情节；这部二十世纪九十年代拍摄的浪漫喜剧以第一次世界大战为背景，对政治、心理和地方社区精神里那种破釜沉舟的算计进行了另类淳朴的刻画。格兰特扮演外来的地图测绘员雷金纳德·安森。他专心致志测量村里的圣山，不经意间也测量了村民们的自尊，他们脆弱、疲惫，饱受那场在尖顶星罗棋布的山谷外面、在欧洲的田野和战壕里展开的无底深渊般的大战的折磨。

然而，在电影首映差不多二十年之后，一些货真价实的英格兰人（和威尔士人）走上一座真实存在的威尔士山丘，然后……嗯，下了一座货真价实的山丘。G&J测绘公司的合伙人约翰·巴纳德（John Barnard）、格雷厄姆·杰克逊（Graham Jackson）和米尔丁·菲利普斯（Myrddyn Phillips）宣布，斯诺登尼亚国家公园里的大白秃山②北岭峰不再是一座**真正**的山峰，因为它的高度未能达到海拔监督员们规定的2000英尺（约609.6米）。

未能达标的意思是，它比规定高度矮了0.9英寸，即2.3厘米。巴纳德、杰克逊和菲利普斯是专业的冒牌山峰克星，他们如同交警将测速仪瞄准行驶中的车辆那样，他们用最新GPS技术瞄准山顶。只不过他们不会像交警那样埋伏在灌木丛里吃薯片。他们的使命是什么？识别并曝光冒牌山峰，好让登山者确切知道自己顶风冒雨费力攀登的到底是何方神圣。登山圈的圣经叫作《英格兰和威尔士群山》(*The Mountains of England and Wales*)，由约翰·纳托尔（John Nuttall）和安·纳托尔（Anne Nuttall）一丝不苟地编撰并且煞费苦心地配上插图。

是否要把大白秃山从这部鸿篇巨制里撤掉的事已经被人们议论了一段时间。《英格兰和威尔士群山》明确规定，入选山峰不但必须海拔达到

---

① 如果直译片名的话，应该是《走上山丘下高山的英格兰人》。所以下一段作者会写到"货真价实的英格兰人"。该影片的中文译名还有《山丘上的情人》《情比山高》《愚公移山》等。——译者注
② 为了同本节最后一段话呼应，山名按威尔士语直译为"大白秃山"。网上查到的中译名一般为音译，如"芧威山"。——译者注

2000英尺，而且其最高点和衔接它与相邻山峰的土地之间的落差必须至少达到50英尺（15米）。

大白秃山的脊顶高度为2132英尺（约649.8米），它轻松过关。然而，这是它相对海平面的高度，或许可以被称为"绝对海拔"。当测绘员们丈量它同相邻高山，即大白秃山主峰之间的土地的相对海拔时，问题来了。至关重要的是，他们发现落差不到确认其山峰资格所需的15米。但我之前已经提到过，它只差了2.3厘米。

"我们从未遇到过这么接近的情况，"巴纳德先生承认说，"当地人不会高兴的。"

他说的没错。大白秃山脚下的菲斯廷约格社区是历史上著名的矿业城镇，总人口在5000左右。它的经济在很大程度上依赖旅游业。游客们前来参观铁路古迹、莱赫韦斯页岩岩洞和**群山**。目前版本的《英格兰和威尔士群山》列出了189座高于2000英尺，且峰顶同低地之落差经官方认证达15米的威尔士山峰。这些山峰甚至还有一个特别的称号。它们以该书两位作者的姓为名，被命名为"纳托尔山峰"。

"听说他们一直以来认为的高山被降级为山丘，人们会失望的。"当地家庭旅馆老板理查德·霍普（Richard Hope）评论说。镇上许多居民有同感："这里面一定存在某种程度的误差，2.3厘米就是一堆土的高度。只要有人像电影里那样抓起铁锹铲点土到石头上就够了。"

在秃丘上铲土成山？

管理人生目录

人类划分范畴的能力同山丘一样古老。事实上，没有它的话，严格来说我们的词表里连"山丘"都不会有，因为上文已经说明，"山丘"本身也涉及范畴划分。同样地，我们的词表里也不会有"古老"，因为它也涉

第 4 章　黑白思维的阴暗面

及范畴划分。假如没有划分范畴的能力，人生这座迷宫般的图书馆里的所有书籍就会胡乱堆放在东一个西一个摇摇欲坠的书架上，毫无条理可言。

为了在茫茫书海里找到我们需要的那一本，我们不得不从零开始。我们的词表里可能已经有了"胡萝卜""黄瓜""西葫芦"，但如果没有把这些物品划分到"食物"类别里的能力，我们根本不知道该拿它们怎么办，我们不知道该吃它们、抽它们，还是用它们来写字好。每一样东西都得从第一性原理①开始推导，经过反复试错，我们无法做到彻底预测了。如果没有描述、辨别和区分的能力，我们所知的世界不复存在。在同一个时间点上，所有一切都既有意义又没有意义，既重要又不重要。因为一切都突出，所以什么都不突出。

为了说明这一点，我们沿用上述的图书馆例子，想象一下这个图书馆里有一位馆员。她疲惫不堪，劳累过度，成天爬梯子、搜书架，一本一本、一档一档地搜索读者想要看的书。而没过多久图书馆关门时间要到了。没错，她**或许会**走运，刚搜索了没多久就找到了读者点名要看的书；如果运气爆棚的话，或许她随手一抽就抽到了，但很可能她没那么走运。事实上，根据墨菲定律，她要找的书总是到最后才会露面。

除非她添置一套系统，有办法简化搜索，让自己不必大海捞针。一旦得知书名，她就能立马走楼梯来到图书馆的正确楼层，直奔该楼层的正确分区，干脆利落地走到正确的书架面前，迅速浏览那个书架上的正确搁板，从少量同样或相似话题的书籍中选出正确的一本来。想象一下，她的工作该有多轻松呀！

不过，**现在**，我们来想象一下这套系统是怎么演化出来的。我们那位疲于奔命的图书馆员在书目沙地里划下的第一条分界线大概是在纪实和虚构之间。她可能会把纪实类书籍存在图书馆里的某个地方，把虚构作品放

---

① 第一性原理是不能从其他主张或者假设推断出来的核心基本主张或假设。它同类比推理相反，后者指在两个对象之间做比较，如果两个对象在某些方面相似，那么可以得出结论说它们在其他方面也类似。——译者注

到另一个地方。在这一个范畴划分的基础之上，她可能会着手把这两个最基本的"超级类型"分别细分成一系列次一级的范畴。例如，她可能会把虚构作品分割成浪漫小说、犯罪小说和恐怖小说，等等。至于纪实作品，她或许会把它划分为艺术、人文和科学。

接下来就是沿着越来越细致入微的范畴划分标准进行补充性的分类了。在科学类图书里，她可能会确立四大相互关联但又独立自主的范畴：**自然科学**（研究自然现象，以期发现其背后的定理、规律和原则）；**形式科学**（研究数学、计算机科学和信息理论，研究逻辑、语言学和微积分等形式系统的内在规则和属性）；**社会科学**（研究人类行为和社会，例如人类学、社会心理学和经济学）；**应用科学**（聚焦科学知识的实际应用，例如医学和工程学）。

我们的图书馆员可能还会把自然科学细分成**物理科学**和**生命科学**[①]，随后决定**下功夫**微调她的分类。例如，她或许会把地球科学的书架排面分成八个区：大气科学、生态学、地质学、地球物理学、冰川学、水文学、自然地理学和土壤科学。然后她可能会把这八个学术子学科分别进一步划分成一系列更加高深精妙的研究领域。比如她可以把地质学分成矿物学、岩石学和古生物学，把大气科学分成气候学和气象学，等等。直到最后，在层层提纯之后，她根据经验明白自己业已抵达范畴划分的最优层级，能够准确迅速地满足外部世界发来的几乎所有科学类图书的索书要求。

林恩·基姆西所在的昆虫博物馆是一个由抽屉柜组成的丛林，每一个抽屉都盛满了用大头针精确钉牢的爬行昆虫，她一定会对上述分类感到自豪。

我们所有人的范畴划分需求背后的指导原则都一样。驯服世界上的野生不确定性，把灰色驯化成家养的非黑即白是一种基本需要。简化的必要

[①] 概括地说，物理科学研究非生物系统的行为属性，包括物理、空间科学和地球科学等主题，而生命科学专注于运用生物学方法研究生物体，例如生物学、动物学和植物学等。——作者注

性迫使我们整理"外头"的模棱两可，把它的无限随机性同化吸收到"里面"有限系统化的货架空间中来，即我们大脑深处差异日渐精细的编码化的鸽笼式分件架。然而，这种抽丝剥茧式的范畴划分过程中潜伏着一个根本性难题。我们什么时候需要叫停这种行为？适可而止怎么把握——怎样才知道我们已经抵达有序–无序连续统的另一端，我们的书架分类已经最优，进一步划分范畴不切实际、适得其反？

现实生活中的图书馆员不会被这个问题难倒。对书目引文索引的精密分析加上系统性的交叉引用程序让他们有能力在冷冰冰无感情、基于数字运算的算法的帮助下，在专门化螺旋通道里精确定位，在其中日渐精细的差异的泉眼正在干涸。

但我们其他人怎么办？我们原本可能还没有认识到，把渐变的现实分别存放到最优分类的层层叠叠的书架上对我们生活的许多方面造成深远影响。

问问菲斯廷约格居民们的体会吧。

几年前在美国进行的一项著名研究为此提供了一个绝佳例证。进入一家美食商店的顾客看到两个果酱摊位。如果他们购买果酱，他们将会得到一张价值一美元的折扣券。其中一个摊位展示了二十四种果酱，另一个摊位只展示了六种。在浏览过果酱种类较少的那个摊位的顾客中，有百分之三十买了果酱，而打量过果酱选择较多的那个摊位的顾客中只有百分之三的人出手购买，虽然在后一个摊位驻足的顾客更多。

什么道理呢？

这是决策科学拥趸们所称的"选择的暴政"：选择越多，我们越难拿定主意。因为我们沉湎于同类事物的比较而不能自拔。

心理上的不良后果在所难免，而且根本没有益处。面对太多的待选范畴，我们开始感觉到自己的无能。这是一种记忆负担——"龙舌兰、青柠檬和草莓酱是什么味道来着？我知道它好吃，但我记不得为什么！"——结果我们的决策质量比选项有限时的差。

你考虑一下就会恍然大悟，但要是不假思索，你就会懵懵懂懂。如果要打破这个怪圈，唯一的办法就是按耐克的口号做：想做就做！威逼恐吓我们自己做出在可能性范围比较窄，备选方案之间的差异不那么大的情况下原本不会做的决定。

划分界线非常重要，划分界线不可避免，但我们必然得从某个点开始划线。

数字影响范畴划分

七是一个神奇数字，这句话你常常听说。但它是真的吗？如果你对范畴科学有兴趣的话，七真有可能是个神奇数字。如果你不信，请读下文。

世上的颜色数也数不清。然而，对白色合成光进行分解后，我们发现这个电磁皮纳塔①里有几种颜色？只有七种。我们许多人都记得，上学时老师为了让我们记住白光七色的排列顺序教给我们一句话："Of York Gave Battle In Vain"②。这句话里每个单词的首字母与七种颜色的英文单词的首字母一一对应，red（红）、orange（橙）、yellow（黄）、green（绿）、blue（蓝）、indigo（靛）、violet（紫）。

狗汪汪、猪哼哼、牛哞哞、猫喵喵，自然界的生物们发出的音符数也数不清。然而不计升半音符、降音符和八度音阶，（至少在西方音乐中）一共有多少个基本音符可用呢？只有七个：A、B、C、D、E、F、G。

人脸可以做出成百上千种微表情。然而全球性的人种学研究表明，所有文化均能识别的基本情绪只有七种：喜悦、悲伤、愤怒、厌恶、恐惧、惊讶和轻蔑。③

---

① "皮纳塔"是西班牙语。它是一种彩色容器，里面塞满糖果和玩具。节日时人们把它挂起来让孩子们蒙住眼睛用棍子打，打破了就下起糖果和玩具雨。——译者注
② 意为"约克公爵理查赢死于战场"。——译者注
③ 我得知情绪科学领域的某些学者对此有异议。如果想了解不同观点，请阅读丽莎·费德曼·巴瑞特的杰作《情绪》（*How Emotions Are Made*）。——作者注

第 4 章 黑白思维的阴暗面

古巴比伦人创立了每周七天的星期制，编写《圣经旧约·创世记》的古犹太教徒们挪用了这个制度来讲上帝七天创世的故事。

还有大众文化中的"七"：世界七大奇迹、《白雪公主和七个小矮人》、《豪勇七蛟龙》……

上述范畴分别选自我们的知觉环境、认知环境、情感环境、社会环境和日常工作环境，每个范畴正好也由七部分组成，可这是为什么？有什么东西是多年前古巴比伦人就知悉，且我们如今依然赞成的？

早在二十世纪五十年代，哈佛大学心理学家乔治·米勒（George Miller）就解答了这个问题。他的研究第一次用实证方式展示了一个如今被认知科学界几乎所有人视为心理学大发现的现象：我们大脑的短期记忆数据库在任何一个时刻只能储存有限数量的项目。

那个数量是多少呢？你已经猜到了，七个，正负差为二。等一会儿我们就会读到，我们可以运用分组和联想等简单但有效的记忆增强技巧来训练自己记住更多项目。但是，就未经训练的大脑而言，无论我们是谁、从事什么工作，无论我们的创造力有多丰沛、逻辑能力有多强、智商有多高，在任何特定时点上，我们在短期记忆的任何范畴内可以储存的项目数量在五个到九个之间。七个是我们大多数人觉得最舒服的数量。

请你们亲身试验一下，看看能不能记住下面的数字序列：

6 5 1 9 5 4 3 5 9 4

如果我们把它解读为十个毫无关联的数字的任意组合，那它就超出了短期记忆的下载能力上限，任务难度就大了。十个范畴（记忆专家们称之为"组块"）实在太多了，我们的大脑没办法同时掌握它们的动向。但如果我们能在这一组貌似随机的数字里辨别出两个有意义的超级范畴〔6月5日，1954年，罗杰·班尼斯特（Roger Bannister）爵士创造了四分钟内跑完一英里的世界纪录：3分59.4秒〕，那我们就把信息字符串减少到仅剩两个范畴或组块。于是弹指间我们就能记起原先给出的十个数字。①

这就引出了一个显而易见的问题。米勒那份开创性的论文标题称数字七为"神奇"数字,请问它是否代表**任何事物**范畴的最优数目,不随范畴的构成或其中选项的性质的改变而改变?

对,数字七在大部分情况下均为最优数目,至少就我们的判断和决策而言,均如此。例如,在心理测量学中,大多数研究表明,评定量表采用五到九点计分法为最优,七在它们正当中:1. 非常强烈同意;2. 强烈同意;3. 适度同意;4. 既不同意也不反对;5. 适度反对;6. 强烈反对;7. 非常强烈反对。据称,七点计分法完美平衡了两个方面的需求,一方面是敏感度足够,能分辨出待测变量中微妙但重要的差别,另一方面是应答的简易性。

在分析哪些基本构建模块以及核心特点定义人类和人类社会时,关键成分的评判标准很少超过七个维度。例如,人格的组成可以提炼为五大关键变量:经验开放性、责任心、外向性、随和性和神经质;文化差异可以简化为六大社会学维度:权力距离、不确定性规避、个人主义还是集体主义、男性化还是女性化、长期导向还是短期导向、放纵还是克制。②接下来我们要完成的就是简单的判断任务,就像之前介绍过的买不买果酱案例那样。"选择的暴政"之所以让我们在复杂的对比中迷失,这正是因为我们的工作记忆有限。例如,研究表明,如果我们接到指令,必须对一系列刺激进行对比和评分。为了便于讨论,想象一下,我将会在键盘上弹出一系列音调,然后请你按照音高来排序。一开始,你的表现不错,然而在七个

---

① 有没有纳闷过为什么世界各地的电话号码一般都是六至十一位数,而且每个号码一般都会分成几段来报,每段二至六位数?现在你懂了。——作者注

② "权力距离同人类不平等这一基本问题的不同解决方案相关;不确定性规避同社会成员面对未知未来感受到的压力状况相关;个人主义还是集体主义同个人融入初级社会群体的程度相关;男性化还是女性化同男女之间的情绪角色划分相关;长期导向还是短期导向同人们努力的方向有关;放眼未来还是着眼当下和过去;放纵还是克制指的是尽情享乐还是抑制享受生活的基本欲望。"(引自霍夫施泰德,2011,第8页)——作者注

音调之后，你的辨音水平就会剧烈下降。

为什么呢？因为超过七个项目，你的记忆如果没有外力协助就撑不下去了。它们会从容器里洒落到地板上，就像你在超市里抱了太多商品，结果它们全都掉在地上那样。

当然了，如果我们把这些商品放进购物篮里，我们就可以拿更多。同理，如上所述，如果我们把认知或知觉刺激放进"记忆篮"或组块里，我们就可以记住更多。不过，某些刺激放进篮子里的效果比其他刺激好。数字用组块来记忆很不错，但是声音、气味、味道，即感官刺激成分大于认知刺激成分，用组块来记忆稍微难一点。

也就是说，如果我们拿到的量表里有超过七个项目，而且没有篮子可放，例如二十四瓶果酱，那么评估过程就比较棘手。我们的大脑在选项自助餐厅里大快朵颐，结果消化不良，越对比越糊涂。认知负荷，即脑力劳动上升，决策这个煤气灶的火力越调越大。我们小火慢炖、我们沸腾，直到最后，为了防止我们的脑神经元突触沸溢，我们关掉煤气，胡乱决策。靠预感、凭试探、起疑心，手头端着什么锅就用什么锅。

黑白分明是好事，但黑白混合后形成的颜色超过七种就不妙了。

量表剖析和我们对不同食物的偏好之间的关联并不显眼。调查问卷上的应答选项范畴的个数看似任意无害，但谁能想到它们对我们在超市货架上看到的果酱和果冻、蜜饯和橘子酱有那么重大的意义呢？我们划分范畴的方式对我们生活方式的影响可谓深远，而且我们已经发现这种影响超过我们的预期。

不过，有时候，我们不像果酱案例里的顾客那么被动，而是在有意识地划分范畴。而且有时候，我们的动机明显不那么高尚。在社交互动这个暧昧的世界里，范畴可以转化成进攻他人的武器，它可以被用于实现各种不名誉的、自私自利的目的。我指的不是重大事件——在新闻里看到的种族隔离、宗教宗派主义等文化和意识形态战争罪行，我说的是无时无处不发生在学校、市镇议会、医院、企业等的细小琐碎的事、暗中策划的事及办公室政治心机。如果有必要，抑或如果我们愿意，我们可以通过范畴划分把敌人和竞争对手打入厄运格间，让他们声名不再、地位全无、名誉扫地……这样的范畴我们想要有多少个就有多少个，它们使用起来特别方便，而且我们也可以频繁使用。

量身定制的职位描述就是一个很好的例子。各家组织在招聘员工时常常已经有偏好，它们发布招聘广告时按照心目中人选的资质和简历苛刻要求其他应聘者必须符合哪些必要标准和期望条件。诚然，这样做的组织可能陷入签订一份又一份保密协议的旋涡，但也可能让人捧腹。

这里举一个后一种的例子。记得有一次，我在牛津大学某学院的布告栏里看到一张通知。通知上说，有一小笔助学金可以用于补贴二年级学生地质学实地考察的费用。这张印在学院抬头纸张上并由院长落款署名的布告紧接着规定说，入选学生必须"来自利物浦或周边地区，热爱金属乐队和《使命召唤》游戏"，出生证上的姓名必须包括"本"或者"默里"，最好两者兼而有之。

这可是殿堂级的量身定制。

它用一种优雅的方式告知那位来自利物浦，名叫本·默里，喜欢边听重金属音乐边甩头的打游戏机高手，学院老师们在守护他。几乎可以肯定，他是当时该学院**唯一**一名二年级地质专业学生，而且手头或许有点拮据。

然而，并非次次都是如此。我曾经认识那么一位不那么有雅量的系主任。此人做出一个相当不同寻常的决策：把系里所有成员不足四名教授的研究单位从"研究中心"降格为"研究小组"，把"中心"头衔留给那些规模更大的团体及合作项目。当时听起来，他这么做挺有道理，内部命名标准化可以统一本系的对外面貌。此外，有意联系本系的各相关方面一般会先浏览本系的网站，而网站上的标准化命名可以更好地处理他们的期望。这个决定颇有学究气息，但大多数人都明白他的意思。此外，这次改变带来的影响微乎其微。事实上，只有一个研究单位被降格了。因此，这根本算不上世界末日。

差不多一年之后，员工们收到了一个通知：全系将迁入一栋新楼。物业团队正在忙活，楼层平面图正在审议中。每次有这样的事，大家都想争取更多更好的空间，这一次也不例外。某些五脏俱全的实验室和办公室等同于供不应求的黄金地段房地产，其他空间只不过是名字高大上一点的文具柜而已，其中有一个办公室**真的是**从文具柜改造而来的。大势所趋，源远流长的后勤噩梦再次上演：怎样才能秉持公平公正原则，不偏不倚、不拉帮结派地把空间分配好？

这的确是一个微妙棘手的难题。但事实证明，系主任完全能胜任。他对这个复杂敏感的事宜反复推敲，然后不无遗憾地得出了一个明眼人都看得到的结论。或许，率先入驻这栋锃亮高级的新楼的应该是那些羽翼渐丰的"研究中心"的领导，"研究小组"的领导应该排在后面。这看起来是一个完美的解决方案，它符合逻辑，合情合理，毫无偏见。

大家无话可说。这位睿智仁慈的牧羊人切分了他的羊群，所有羔羊都幸福美满，但那头黑羊除外。怎么就它倒霉，一个大名鼎鼎的研究中心仅仅因为人太少在一年前降格成了"研究小组"。后来，事实浮出水面，一年前小组领导和系主任有过一点纠纷，而且也在差不多的时间，系主任第一次看到了楼层平面图。

这是巧合吗？或许是。但我从来不怎么相信。系主任很可能早有打算，从一开始就耍花招想报复。

范畴可以当陷阱用，范畴也可以施惠与人。但多数情况下，范畴既不好也不坏，它们只不过是供我们存放日常生活的盒子。倒不是说，这些盒子我们随便一放就不管了。盒子也能制造问题，盒子太多会挡路，它把我们绊倒，让我们行走受制。而盒子太少的话，我们的生活乱成一团。

因为果酱瓶太多，我们会吃不到果酱。

灰度思考

金发姑娘原则①

我们多多少少都喜欢囤积东西。"说不定哪天就用到"的心态是先天的。二十世纪八十年代的存货或许没有把你家的客厅塞得满满当当、摇摇欲坠，但你书桌上电脑旁边那一堆报纸是怎么回事？厨房餐桌上那一摞叠得越来越高的杂志呢？很有可能它们都已经在你家待得太久不受欢迎了，因为你不知道该拿它们怎么办。要不要扔掉？还是再留一会儿？谁知道呢，万一……

在我们大多数人的心目中，囤积者像费金②那样雁过拔毛，眼睛斜视，深居简出，住处里被海浪冲上沙滩的旧洗衣液瓶和查尔斯王子、戴安娜王妃纪念品堆到齐腰高。他们是收藏家，他们是专业人士，是囤积界的精英。如果把我们所有人都放进一个连续统，究竟是什么把他们跟我们区分开来？小打小闹的囤积跟大张旗鼓的囤积有什么差别？

答案可能让人吃惊。心理学家们相信，积重难返的囤积行为并非发疯，也非犯懒，更不是既疯又懒。它可以部分归因给范畴划分障碍。具体来说，这是一种所谓的"包含不足"的范畴划分风格。患者对范畴的界定过于狭窄，于是生成了相对较多的范畴数目，但每个范畴内的成员数目相对较少。

有此种不足的个体的思维模式不难理解。在整理家居时，他们面对个人财产犯了难，不知道该怎么归类，也不太看得出来物品之间的共性。于是在他们的知觉中，更多的物品是独一无二的、不太容易替代的，也因此不太舍得丢弃它们。在最糟糕的情况下，每一件家居用品都形成一个独立

---

① 源自童话《金发姑娘和三只熊》的故事：迷路了的金发姑娘未经允许就进入了熊的房子，她尝了三只碗里的粥，试了三把椅子，又在三张床上躺了躺，最后认为小碗里的粥最可口，小椅子坐着最舒服，在小床上躺着最惬意，因为那是最适合她的，不大不小刚刚好。所以金发姑娘原则就是"凡事都必须有度"。——译者注
② 费金是《雾都孤儿》中的贼窝头子，教唆孤儿们偷窃。他还囤积贵重物品，预备养老用。——译者注

的范畴，无法进行任何归整。就像我们那位做分类手术之前焦头烂额的图书馆员一样，每一件物品都同样显著，什么都不能扔。囤积者看到的世界由黑白**碎片**组成，而非深浅不一的黑白。

对强迫症患者的研究成果看来支持这个理论。例如，有一项研究先告知强迫症患者和无强迫症的志愿者一个概念（例如，一本书），然后请他们在给定的单词列表里选择界定这个概念的"要件"（例如：封面、图片、书页、文字），以期发现两个群体之间的差别。

研究结果表明，强迫症患者在界定范畴成员资格时比无此症状的人严格很多。他们选择的要件单词远远少于后者，而且对那些同原型范畴属性相关的词汇的偏好高于外围属性。例如，在"书"这个案例中，他们选择"书页"，不选"文字"或"封面"。换句话说，"**包含不足**"的思考者比较难讨好。在他们心目中，一件称得上"书"的物品不但要有封面、文字或图片，还必须具备货真价实的书页。

叠床架屋地分解世界——范畴划分这个油门踩得过猛——会出问题。但另一方面，刹车踩得太急也会出问题。而且后果可能更加严重。

与"包含不足"的思考者相比，"**包含过度**"的思考者对范畴边界的定义很可能过于宽松，他们认为**所有**带图片、书页、文字和封面的东西都是书。但问题在于，他们在划分人的范畴时也过于宽松，会认为所有穆斯林教徒都是极端主义者，所有西方人都是异教徒，所有力争保住牛津大学的塞西尔·罗德（Cecil Rhodes）[①]雕像的人都是白人至上主义者，所有三十五岁以下的黑人男子都是带枪挥刀的瘾君子。

突然之间，局面大变，我们进入了刻板印象的领空。

这让我回想起几年前我在伦敦坐火车时发生的一件事。那是当天最后一班出伦敦的火车，一名查票员进到我所在的车厢查票。坐在我前面的一

[①] 罗德是英国维多利亚时代的著名殖民主义者，曾经建立非洲南部殖民地罗德西亚，即今天的津巴布韦。他设立的罗德奖学金是世界上第一个国际奖学金计划，这一奖学金资助世界各地的杰出青年去他的母校牛津大学学习。——译者注

位年轻牧师正在读《哈利·波特》,他显然还没有买票,我相信他有摆得上台面的原因。他手里拿好了现金,等着查票员逐一查票到他那里。

"这个,"查票员居高临下地看着他的时候,他轻快地宣布,"听我讲个小故事。"

查票员摇摇头。"别费事了,伙计,"他说,"我知道故事的结局。"

牧师一脸困惑。"真的?"他结巴道,"结局是什么?"

"罚款200英镑。"保安说。

我知道,回想起来,这个故事很搞笑。然而,如果囤积属于包含不足,那么刻板印象就是包含过度,是范畴划分这枚硬币的另一面。

刻板印象就是大手一挥统统囊括的范畴。在那位查票员看来,所有拿不出有效车票的乘客"都一样",他们逃票、搭便车。勉强承认在那些恣意逃票的人当中可能夹杂着一两个想买票但真有事来不及买的倒霉蛋远远超出了他的思维范畴。①如果囤积者看到的世界由黑白碎片组成,那么极端主义者的思维就是纯粹的、毫无杂色的非黑即白。

我们和他们。

我们生来就会划分范畴和归类。而且同人生中所有其他事情一样,我们可能未尽全力,也可能做得过火。把握好了尺度,我们就能制造奇迹。我们可以凭借困在散热器里被压扁的昆虫对杀人犯定罪,我们可以在藏有几百万册书的图书馆里找到我们想要的那一本。

---

① 一位我非常敬重的编辑针对这则逸事提出一个有趣的观点。我必须承认,在她指出之前,我从来没有想到过还有这样一种可能性。她说,我这个旨在说明刻板印象之危险的故事似乎落入了刻板印象的窠臼。那位没买票的先生或许是伪装成牧师的犯罪分子或者一位不诚信的牧师。在某种程度上,我这位编辑接着指出,那位查票员根本没有套用刻板印象,他的工作职责不允许他破例。他必须对所有无票乘车者一视同仁。虽然某些人的外表可能唤起人的刻板印象,例如牧师(亦即"值得信赖"),但他显然决定不服从刻板印象。她的分析同我正好相反,非常精彩,而且当然有可能是对的。不过,因为我当时在现场,那位查票员的举止让人觉得我对此事的不太客气的解读比较在理。或许这只是我对按部就班的查票员的刻板印象在作祟。——作者注

第 4 章　黑白思维的阴暗面

但要是把握不好尺度，我们的判断就可能大错特错。我们会同手里挥舞着经纬仪的山语者①休·格兰特一样，被一个重大的、令人大开眼界的认知凸起打回现实。

---

① 此处套用电影片名《马语者》。马语者熟谙马的性情，低声细语间能够驯服烈马，"山语者"指测绘员这样的见识过许多高山峻岭的专家。——译者注

第5章

取景器原则

地球既是圆的又是平的，这很显然。地圆说貌似不容置疑；地平说符合我们的日常体验，也不容置疑。地球没有取代地图，地图也没有扭曲地球。

——珍妮特·温特森（Jeanette Winterson）[1]

---

[1] 珍妮特·温特森（1959—）是英国女作家，2006年被授予大英帝国勋章。——编者注

在人生中，有时候遗世独立是好事；有时候和光同尘是好事；有时候体察入微，聚焦一个细节是好事；有时候后退几步，将全局收入眼底是好事。

关键在于取景器取景范围的大小。

在很久以前的二十世纪二十年代，一位老农民在俄罗斯和芬兰边境地区勉强度日。这位农民是芬兰人，但两国之间的国境线从他的农田正当中穿过，不但穿过他的农田，还穿过了他的起居室。如果他坐在碗橱旁边，他身在俄罗斯；如果他坐在壁炉旁边，他身在芬兰。

有一天，两名分别来自芬兰和俄罗斯政府的官员突然到访。

"你希望居住在国境线的哪一边？"他们问他，"我们马上要进行人口普查，需要知道谁有资格参加。"

农民反复权衡，这个两难困境实在太折磨人了。在血统上他是芬兰人，但历年来俄罗斯官方对他挺好，免费向他供应自来水，还定期修补他家主屋外面的附属建筑。

最后，经过反复斟酌，农民下定了决心，但同时他也不想得罪俄罗斯官员。

"这些年来，我一直对俄罗斯母亲给我的支持心存感激，"他解释说，"她帮助我度过艰难时世。然而，经过再三考虑，我怀着沉痛的心情觉得余生还是在芬兰度过最好。"

"要知道，我现在老了，不像以前那么抗冻。"

第 5 章 取景器原则

"在俄罗斯多过一个冬天的话,我可能就挺不过去了。"

黑白思维很复杂,有很多层面。在这堂紧急情况下避重就轻的大师班上,毫不夸张地说,俄罗斯及芬兰官方并不认为像六西格玛黑带[①]那样精确到相对国境线偏左或偏右十英尺在外交上很重要。然而对那位芬兰老农来说,这非常重要。此类边际偏差堪称支点,撬动日常生活的酸甜苦辣。这些看似些微渺小的偏差处处包围我们,我们来看几个例子吧。

在英国,驾车人或企图驾车者的血液酒精浓度超过0.08%属于违法。[②]如果你朝酒驾检测仪呼一口气,读数显示为0.08%,那么你没事,检测仪上的绿灯继续闪烁。你驾车回家,再给自己倒上一杯酒。另一方面,如果你的血液酒精浓度测出来是0.09%,你就有麻烦了,检测仪上的绿灯变成红灯。你坐进警车,到警察局喝咖啡去。就那么0.01%的读数偏差却关系重大,它不但影响到你当晚怎么过,还有可能影响你的后续人生路。例如,或许你驾车不是为了回家,而是为了奔向你的妻子或伴侣床前,因为后者即将生下你们的第一个孩子或者即将辞世。这么小、这么微不足道的读数偏差却引发这么深刻、这么重大的后果。

但真的还有别的办法吗?想象一下,有两个人某天晚上分别驾车行驶在双行道上,结果被警察下令靠边停车,接受随机呼吸测醉试验。两人的读数都比0.09%高出一点点。其中一人交出车钥匙,坐到警车后排。

警官友好地拍拍另一人的手腕。

"这是个灰色区域,只超出了0.01%,"警官说,"以后注意点,怎

[①] 六西格玛是一种质量管理策略,主要强调制订极高的目标、收集数据以及分析结果,通过这些来减少产品和服务的缺陷。西格玛(σ)是希腊文的一个字母,在统计学上用来表示标准偏差值,用以描述总体中的个体离均值的偏离程度,测量出的σ表示诸如单位缺陷、百万缺陷或错误的概率,σ值越大,缺陷或错误就越多。6σ是一个目标,意为做一百万件事情,其中只有三四件是有缺陷的,这几乎趋近人类能够达到的最为完美的境界。黑带是企业里受过专门培训、领导项目小组推进六西格玛变革的员工。——译者注
[②] 苏格兰的标准是0.05%。——作者注

么样？"

同样的读数，同样的醉酒程度，不同的警察划下的界线不一样。

我们来重温一下新冠肺炎危机以及英国政府对个体经营者的救助。2020年3月26日，财政大臣里希·苏纳克（Rishi Sunak）宣布，英国政府将向受到2019新冠病毒冲击的个体经营者支付一笔应税补助金，金额相当于他们过去三年月平均利润的80%，每月最高不超过两千五百英镑。这个计划适用于95%的个体经营人群，但它设定了一个五万英镑的门槛。也就是说，如果我过去三年的月平均利润为五万英镑，而你过去三年的月平均利润为四万九千九百九十九英镑，那么你就受益，而我一分钱也拿不到。这公平吗？或许公平，或许不公平。但我们又要问了，真的还有别的办法吗？

再来看一个体育界的例子。足球比赛不久前引进视频助理裁判（VAR）之后，已经有进球被改判无效，因为球员在射门时越位了，而越位距离可能只有一毫米。但是，有人会争辩说，一毫米**真**能当作越位吗？之前已经有人为此吵闹不休。"太煞风景了。"有电视评论员声称。"规则就是规则。任何有助于规则实施的都是好东西。"另一位电视评论员主张道。

全局对些微细节。或者用数据科学家的话来说是可执行洞察力。我们的摄影机镜头是拉近好，还是摇远好，还是巡行在中距好？是黑白分明的广告牌，还是黑白分明的像素？这是一个由来已久的问题。

事实上，在若干领域，我们每个人设定的取景范围和摄入的景观之间的关系非常有趣，而且毋庸置疑，其影响能够被人切实地感受到，在体育界的影响就是其中之一。不但在体育比赛时如此，备战比赛时更是如此。在我去美国西海岸游历北加州的范畴实验室返回英国不久后，我同获得过五次斯诺克台球世界冠军的罗尼·奥沙利文（Ronnie O'Sullivan）聊起天来。在大多数人心目中，他是最伟大的斯诺克球手。我们聊到狂热的、执迷的、绝对主义的、要么全有要么全无的隧道视野对比赛成绩无与伦比的重要性。见过罗尼几天后，在伦敦展览中心举办的世界旅游交易会上，我和塞巴斯蒂安·科（Sebastian Coe）同台参加某个企业活动。他是1980年及

第 5 章　取景器原则

1984年奥运会1500米项目冠军，他创造过多个世界纪录，是现任国际田联主席。我们聊到了同样的话题。

聊天结果让我大吃一惊。出乎我意料，塞巴斯蒂安和罗尼谈吐间对黑白思维，特别是像素化的黑白思维在备战大赛期间的贡献相当谨慎。是的，它的确有好处，但它也会产生严重不良后果。过度聚焦于夺冠的话你会变得偏颇，而当你变得偏颇之后，你也开始输掉比赛。

"当台球桌在我人生远处某个角落的时候，我打球打得最好。"罗尼告诉我。当时我们俩正从二楼眺望哈利法克斯市中心的一条街道。天色已晚，交通信号灯光被雨水晕染开来。"如果它在正当中，你就没法避开，你老是会撞到它。你绕着它走，想从它边上过，我满脑子都在算计这个。"

"我不是说它不重要，因为它的确重要。但斯诺克很特别，有时候它会装腔作势，自以为是，觉得自己高出一等。这个冠军、那个冠军，这个记录、那个记录，所以把它塞到角落里有好处。等我想要它了，我就走过去，在它那里爱待多久就待多久，而且它不会挡道。

"在我想要打得更好的时候，我总能打得更好。而想要打得更好，你首先得想要打。想要打，我就不能从睁开眼到闭上眼只想着它。因为如果你一门心思扑在一件事情上的话，人际关系也好，强身健体也好，饮食调理也好，所有其他你想要的东西全被抛到九霄云外。这就像上瘾，迟早你会腻。"

我和罗尼的谈话发生在维多利亚剧院舞台正上方的绿房间里。稍后他会下楼在五百名观众面前打球。他的死忠粉丝们从英格兰北方各地赶来，利兹、曼彻斯特、布拉德福德和约克，同他共度几个小时的时光。

约翰·弗戈（John Virgo）站在房间的一角。世界上几百万在电视上看斯诺克比赛的发烧友们都认得他的嗓音，因为他是比赛评论员。他喜欢挖苦人，且他言简意赅，眼下正手持一杯伏特加金酒在一只六十瓦的节能灯泡下面抽淡味万宝路香烟。

罗尼赞同我的观点。"哦，是的，"他说，"别误会。我进入状态后,球一个接一个落袋,我切换到隧道视野模式。只有我和台球桌,别的通通被屏蔽。备战锦标赛的时候,你绝对需要专注,一心扑到练习球桌上,形成训练常规,诸如此类。但我想我的意思是,常规不能变成痴迷,至少我不会这样。必须为其他事情留出空间,否则我就会想:这一切的意义何在?"

罗尼之前我提到过,塞巴斯蒂安·科的观点同他相似。在伦敦东区的皇家维多利亚码头,我和塞巴斯蒂安啜饮装在瓦楞纸杯里的水多味苦的咖啡。再过半个小时才轮到我们上场,所以我们到室外透透气。我们忘了这里是坎宁镇(Canning Town)①。

"我唯一一次只关心自己在赛道上的表现,无视所有其他一切的经历,是在1980年莫斯科奥运会前夕,"他回忆道,"我们都知道**那次**的结果。历史证明,它对我一点好处都没有。事实上,我认为在800米失利后我之所以能够这么快重整旗鼓,转头夺得1500米金牌,是因为我身边有布伦丹·福斯特(Brendan Foster)和戴利·汤普森(Daley Thompson)这样的人。他们拉开我灵魂暗夜的窗帘,让我走出颓丧。②

"四年后,在洛杉矶,我没有那么短视,结果见效了。我得说,这种心态同天时地利一样重要。1983年初的时候,我得了一种血液紊乱症,是弓形虫病,它严重影响我那一年的表现。到了那年年底,我连从椅子上站起来都很难,更别提跑800米了。直到第二年三月,我还在哈林盖田径俱乐部跟一帮十四岁的小孩一起慢跑。所以你可以说,**那段**经历让我有了不一样的视角!无论你怎么看,那段经验绝对打压心气。

---

①坎宁镇位于泰晤士河北部,那里原先属于贫民区,治安不好,近年来政府开始旧城改造。——译者注
②布伦丹·福斯特和戴利·汤普森均为英国田径界传奇人物。布伦丹创立的大北赛(Great North Run)是目前世界上规模最大的半程马拉松比赛。他本人在1976年蒙特利尔奥运会上夺得10 000米铜牌,此前在1974年罗马欧洲锦标赛上获得5000米冠军。到了下一届1980年莫斯科奥运会,戴利荣获奥运会十项全能冠军,四年后他又在1984年洛杉矶奥运会上卫冕成功。戴利四次创下5000米项目世界纪录。——作者注

第 5 章 取景器原则

"不过，这也是我自己有意识做出的决定。如果我到了一个陌生城市没有训练，我就会出门参观美术馆，去爵士俱乐部或者唱片店，不让围城心态笼罩我，不把自己关在房间里。结果，如我所言，这见效了。我不但更喜欢参加奥运会，而且还认识到那一天（800米决赛）我之所以输了，是因为有一个人比我厉害。我不是说斯蒂夫·奥维特（Steve Ovett）不应该在莫斯科奥运会上得胜。这么说吧，比赛时我没有竭尽全力阻止他夺冠！

"实际上，一从跑道上下来，我老爸——他也是我教练——就冲我说：'你跑得就像……'嗯，别介意他说了些啥，反正他是对的！"

田径史学家们和几乎所有五十岁以上的英国人将永远铭记1980年夏天发生在莫斯科中央列宁体育场上的事情。那年七月最后几天和八月一日，当时世界中长跑运动的两名最佳选手，现今被视为**史上**最伟大选手的塞巴斯蒂安·科和劲敌斯蒂夫·奥维特在800米和1500米决赛中旗鼓相当。

对英国公众和全世界的体育爱好者来说，这场角逐堪称饕餮盛宴，二元制的双雄争霸更是令人如醉如痴。你要么支持科，要么认为奥维特将会夺冠，没有中间立场。科体型流畅完美，端严昳丽。奥维特胸膛宽阔，身材魁梧，是条糙汉子。他们的对决就像费德勒和纳达尔、阿里和弗雷泽、披头士乐队和滚石乐队之间的对决。

就连最终的战绩也是二元制平分秋色。斯蒂夫夺得800米冠军，而塞巴斯蒂安在1500米比赛中复仇成功。他们相互抢风头。

塞巴斯蒂安用一个故事说明顶级运动员不可以过于离群，积极投身团体生活对他们有益。塞巴斯蒂安输掉800米冠军的第二天上午，新科奥运会十项全能冠军戴利·汤普森不请自来闯进他的卧室，戴利几步跨到窗前，猛地拉开百叶窗，站在那里眺望远方。

塞巴斯蒂安一阵恍惚。"天气怎么样？"是他在当时情况下能想到的最佳应对。

戴利转过身，咧嘴笑得没脸没皮。"哦，你知道，"他毫无顾忌，"我觉得外面明晃晃的，有点像银牌的颜色！"

塞巴斯蒂安说："那正是我需要的。它是战斗号令，反击的开始。都说每块乌云背后都有一线银光，但我需要的是一线金光！"

而且，他补充说，正因为有戴利和布伦丹·福斯特那样的朋友跟他并肩作战，他才能**成功**反击；才能在几天后的1500米比赛中奋力拼搏，夺得金牌，而他的劲敌只得了铜牌。戴利和布伦丹从隧道**尽头**的光变成了隧道里面的光。在他们的轻轻拨弄下，隧道里的动态改变了。从非黑即白变成了黑白交杂。

罗尼同艺术家达明安·赫斯特（Damien Hirst）以及滚石乐队的低音吉他手罗尼·伍德（Ronnie Wood）之间也有类似关系。在斯诺克重大赛事上，电视摄像机经常拍到人群中伍德的脸。而达明安要是不在观众席上，一般就在更衣室里消遣取乐，侃大山，用他那唯恐天下不乱、乖张怪僻的气质调和比赛的紧张气氛。

"达明安爱打斯诺克。"那天在哈利法克斯，罗尼边说话边和我一起艰难地走下剧院那冰冷、不见天日、转角砌成九十度的钢筋水泥楼梯井。他和约翰即将登台大显身手。"可在我参加锦标赛期间，他全心全意陪伴我，"他接着说道，"跟斯诺克没关系。他就想让我开心。让我头脑清醒。让我做好我自己。"

然而，塞巴斯蒂安还有另外一个故事。这个故事说明了他在莫斯科奥运会前夕的心态以及为什么他**必须**有那样的心态。

1979年圣诞节早上，天气严寒阴冷，能把人冻僵。他刚刚在英国峰区的严酷自然环境中冒着雨夹雪跑完考验耐力的十二英里。峰区是一个位于英格兰北方偏南的国家公园，地势崎岖多岩，当天的气温堪比冰箱。吃完圣诞大餐后，他坐下来看电视。满肚子的火鸡和肉馅饼让他饭气攻心，昏昏欲睡。但他有点心神不宁，一开始他还莫名其妙，但后来恍然大悟。

"我的视线转向窗外阴沉的天空、空荡荡的街道和在呼啸而过的狂风中挣扎的树木，心想：'知道吗？我打赌斯蒂夫就在外面顶风训练第二轮。'"

没什么可说的了。他套上运动服，出门顶风冒冰雪又跑了七英里。

多年以后的2006年，两位老对手在墨尔本的英联邦运动会上再次相遇。赛场风云已逝，曾经让全国人民热血沸腾的竞争早就偃旗息鼓，他们坐下来共进晚餐。塞巴斯蒂安讲述了上面那个故事，斯蒂夫呛住了。

"你是说，圣诞节那天你只出门跑了两次？"他说。

艺术如人生

个人取景器的设置形形色色。一方面，在上文塞巴斯蒂安和罗尼的故事里，"全局对微观心态"的社会背景取景范围较为宽广。

而另一方面，在前一章里，我们读到过个人认知上的范畴划分不足以及范畴划分过度。

如果把镜头过于推近我们的审视对象——1980年时塞巴斯蒂安就那么干过，罗尼有时候也会——我们就只见树木不见森林。如果回归之前的国际象棋隐喻，可以说我们只见黑白棋格不见棋盘。之前已经讨论过，这正是囤积者们不得不面对的令人惶惑而又手足无措的问题。每一件东西都独一无二、卓尔不群，所以没有一样能扔，报纸、被海浪冲上海滩的洗衣液瓶、羽绒被、浴室防滑垫和烤面包炉。自我和个人身份的成分也是如此，是的，脸书认可七十多种性别范畴也是囤积行为。

与此相反，如果把镜头推得过远，我们就只见森林不见树木。我们不能体察面前物品或景观的微妙之处和点滴细节，无法将其同类似物品或景观区分开来。

这时候，刻板印象开始发挥作用。

道理再简单不过。取景器的设置不对，透过它看到的景也不对。它不但会让图像失焦，还会让看图像的人压力倍增、焦虑不已。

更有甚者，取景器的设置稍有不慎就会产生问题。即便看似无关紧要的校准误差都会导致范畴划分错误，其后果令人追悔莫及。例如，想象一下，在一个商品交易会上摆出六瓶果酱和二十四瓶果酱供人试味，结果会有什么不同。如果你只负责营销，这两者之间似乎没什么差别。但我们此前已经讨论过，如果你是果酱生产商之一，差别就大了。在设置灵活多变的心理测量学取景器上这里、那里微调一下，有的果酱生产商就能签到销售合同，有的却签不到。你的产品可能成为顾客心头好之一，也有可能因为顾客对比过度而寂寂无闻。

借用艺术界的一个基本常识，欣赏一幅画作的关键在于如何在其本质和观赏画作的距离之间正确把握平衡。其关键在于我们对笔触的感知能否处于构图细节的最优水平，能否从细节里最大程度地想象出作品整体。在第3章里，我们从埃莉诺·罗施处得知，最优范畴划分原则既适用于物理对象，也适用于颜色和家具等知觉刺激。但其实这些原则也适用于社会环境，适用于我们如何管理、构造和组织我们的生活。

试以两幅绘画巨作为例：现藏于巴黎马蒙丹博物馆的克劳德·莫奈1872年作品《日出印象》——网上当然也有图片可以观赏——和现藏于不伦瑞克安东·乌尔里希博物馆的、约翰内斯·维米尔（Johannes Vermeer）于1659—1660年创作的《拿酒杯的少女》。想象一下，这两幅画在同一家美术馆里并排展出，而你站在离它俩同等距离的一个地方轮流观察它们。你觉得这是最好的欣赏方法吗？你觉得站在正当中的位置就能最好地体会两幅画所蕴藏的超凡创意和匠心吗？当然不觉得。你得靠近退后，左挪右移。拨弄你的艺术鉴赏取景框上的旋钮，上、下、下、上……以便找到最优的知觉范围。

莫奈等人的作品之所以被称为"印象派"是有原因的。印象派画家通常用大笔的粗线条来创造现实"印象"，用大大小小的颜料点块层层敷设"叠加"出现实。观赏他们的作品时最好站得远一点。与之相反的是维米尔等艺术家的作品。站在近处欣赏它们的效果比较好，因为这样才能辨识画家笔触的灵巧和对细节的体察入微。

维米尔在绘制《拿酒杯的少女》中那位年轻求婚者的斗篷时，运用了一种名为"点画法"的技法将光线和斗篷衬里的质地刻画到极致。所谓点画法，就是弃用连续不断的运笔，改为把晶彩颜料星星点点地涂敷到画布上，形成闪烁空灵的涂层，似乎能捕捉住每一丝每一缕光线。但是，如果你想看到这种效果，你必须站到近处。如果你站在展厅正中，那就算了。

有时候，把镜头拉近是好事，能看到细枝末节。有时候，把镜头摇远是好事，能看到更大的画面。不但艺术如此，一切均如此。企业界、政界和整体社会均如此。在几乎你愿意提及的生活领域均如此。

伯恩茅斯足球俱乐部主教练埃迪·豪（Eddie Howe）在英格兰南部沿海地区非常受欢迎，嗯，至少在南部沿海某些地方非常受欢迎。在他的领导下，该俱乐部从解散边缘打入英超（2009年他接任主教练时，该俱乐部在英国足球乙级联赛垫底，还因为未能遵守英格兰足球联盟的破产规定被倒扣17分）。目前他是英超任期最长的主教练。希望本书付印时，他仍然保持这个记录。

伯恩茅斯足球俱乐部短小精悍、热情洋溢的主席杰夫·莫斯廷（Jeff Mostyn）邀请我去俱乐部主场活力球场（Vitality Stadium）①，在俱乐部的年度董事宴会上发表主题演讲。杰夫本人也在伯恩茅斯队神话般的成功故事中发挥了作用。2008年，俱乐部眼看就要破产清算。他开出一张十万英镑的支票，为俱乐部付清了一笔税款，这也标志着埃迪时代的到来。以上就是绰号"樱桃"的伯恩茅斯俱乐部的"胜利大逃亡"。

那天上午，我发表完演讲后去董事会会议室休息，发现埃迪和杰夫正在房间一角聊天。伯利茅斯球迷们至今还在唱一首歌："埃迪在17分的时候有一个梦想……"他俩可是真正有大局观的人。我问他们对取景器原则怎么看：虽然黑白思维是我们天生的，但时不时地来个条块思考或者犬牙花纹状思考是有好处的？

---

① 更为人知的名称是"迪恩考特球场"。——译者注

"很有道理，"杰夫说，"要是你如今担任英超俱乐部主席或者主教练，你需要一个非常灵活的取景器，我敢保证！"

"每个赛季球队的成绩都会起起落落。虽然归根结底要看大局——你的季末积分是多少——但你每一天、每一周、每一场比赛都要认真对待。我知道这是陈词滥调，但这是真的。在人生中，有时候你不需要顾全大局、设定目标。你只需要知道下一步该干什么。足球赛也一样。从八月到下一年五月，那就是一连串的'**把握当下**'。你要做的就是连点成线。"

"然后希望你在比赛结束时的状态不像降级！"埃迪插嘴说。

我们都笑了，但杰夫说得对。埃迪接过话题："他们怎么说的来着？千里之行，始于足下。嗯，没错，但目标和过程都得正确才行。细节**的确**可以决定成败，但大局也可以决定成败。如果你构想的愿景是错误的，你可以把千里之行的每一步都走对，但走完最后一步你转身一看才发现这不是你希望抵达的地方。

"你需要低头走好每一步，但你也需要不时抬头看一看。我们引导伯恩茅斯俱乐部里的年轻人的时候，在这两者之间实现了良好的平衡。我们把每个赛季按四场比赛为一组划分成一系列'迷你赛季'，每个迷你赛季结束我们都要评估球队的表现，盘点积分情况。这样一来，你既锚定现实，又着眼未来。

"此外，如杰夫所言，一个赛季有时候给人的感觉极其漫长。把它切分成短一点的几个周期有助于激励小伙子们再接再厉，或者如果成绩不好的话，重整旗鼓。"

从英格兰南部海岸传来的讯息一清二楚。艺术家兼诗人威廉·布莱克（William Blake）或许能够"一沙见世界，须臾纳永恒"[1]，但他从未参加过冠军联赛，不需要想方设法避免赛季末降级，也不曾在年度股东大会上被骂得体无完肤。我们大多数人都面临二选一，要么是由许许多多像素化

---

[1] 引自布莱克诗作《天真的预兆》。——译者注

第 5 章　取景器原则

的**当下**构成的矩阵，要么是由**以后**组成的壁挂式宽屏幕。无论你参与哪种游戏，如果不想出局，你两者都需要。

在英格兰的另一头，另一位心理学巨人同埃迪·霍和杰夫·莫斯廷遥相呼应。自然选择不知怎么从落基山余脉里凿出了他那粗粝的嗓音。执掌伯恩利足球俱乐部的肖恩·戴彻（Sean Dyche）担任英超球队主教练的时长仅次于埃迪。在如何组建球队、如何带领球队从胜利走向胜利方面，几乎没有肖恩不在行的。此外，他和埃迪、杰夫一样，赞同取景器原则。几个赛季前，我北上伯恩利，为戴彻和他的球队做了一次演讲。演讲结束后，我们一起去一家印度餐厅吃晚饭。

"我们这里有个说法，"肖恩在当晚第一个"高价签约球员"蒜味辣大虾上桌的时候告诉我，"最低要求是最大投入。归根结底，重点不在于输赢。嗯，在于……你懂我的意思，在于每天拼搏、全力以赴、绝不藏私。然后，等你一点私货都没了，奉献就是全部。"

"用腿、用心、用脑。巴恩菲尔德（Barnfield，伯恩利俱乐部的训练中心）的墙上都写着呢，也是我向球员们反复灌输的。一场九十分钟的训练必须三者到位，相互配合。

"在我看来，如果成绩是小号字体内容，那么大字标题就是球队。球队就是大局。公平说来，球迷和俱乐部是比球队更上一个层次的大局。作为主教练，这些你全部得留意。

"你知道一叶障目让人看不到全局的主要原因是什么吗？所以今天这样的晚间聚餐，吃吃咖喱、喝喝啤酒才这么重要。它能确保包括我在内的所有人的双脚都踩在它们应该踩的地方，脚踏实地，而且你要尽量保持简单。踢赢一场足球赛就这么简单，没必要想太多，没必要把事情弄复杂。用腿、用心、用脑。"

伯恩利足球俱乐部的一些球迷很有意思。肖恩高度推荐我见见其中一位。肖恩知道怎样领导球队从胜利走向胜利，而阿拉斯泰尔·坎贝尔（Alastair Campbell）——前工党中坚力量——则深谙政界话术，这种话术是编入权力机器程序的那种。阿拉斯泰尔的人生经历都可以写成电视连续剧《纸牌屋》里的一集了。二十世纪九十年代和二十一世纪初，英国一片繁荣景象，被媒体称为处于"酷不列颠"时期。而阿拉斯泰尔是当时执政的托尼·布莱尔工党政府的传播总监。在那之前他是唐宁街十号的新闻秘书、布莱尔的发言人以及1997年首相竞选经理。他现在担任《智族GQ》杂志首席采访记者、《新欧洲》特约编辑和多个精神卫生宣传战的代言人。如果有什么关于政治、媒体、各种运动的消息是阿拉斯泰尔不知道的，那么这消息也是没什么披露价值的。

肖恩的直觉很准。我非常高兴他介绍我认识了阿拉斯泰尔。如果有什么地方最看重黑白思维的适当层次和取景器的取景范围，需要时刻留意取景器的参数，非政界莫属。一切要从十八世纪的法国说起，因为分组表决钟在彼时彼处第一次被敲响。法国大革命狂潮由1789年5月5日召开的三级会议掀起。三级会议是由法国三个阶层（第一等级为教士，第二等级为贵族，第三等级为平民）的代表参加的立法和协商大会。那一天，法国国王路易十六在凡尔赛召开三级会议，试图遏制法国愈演愈烈的财政危机。① 出于某些至今仍然让历史学家们百思不得其解的原因，会议期间，支持国王的等级（贵族的高级教士）坐在他的右边，而那些反对国王的等级（平民和中产阶级）坐在他的左边。政治主张的"左—右"隐喻从此诞生，二元化政治词汇经久不衰，如"右翼"保守党、"左倾"民主党和"中间派""中间路线"自由党。

这个隐喻经受住了时间的考验，它指代的论战范围从老政权末期的基础设施延伸到了当下全世界的民主治理体系。当然，时至今日，这已经没什么可以令人惊讶的了。而用"天堂"和"地狱"来比喻善和恶之所以源远流长也是一个道理。而且，我们已经逐步认识到，直到近期为止，"男

---

① 十八世纪末期，因为卷入七年战争（1756—1763）和美国独立战争（1775—1783），法国政府债台高筑，陷入严重财政危机。腐败以及法国王室、凡尔赛宫廷声色犬马的生活方式更是让情况雪上加霜。——作者注

第 5 章 取景器原则

性"和"女性"这两个说法也是出于同样的原因在人类表达历史上的几乎所有语言里双足鼎立。而政治信念跟道德、性别、种族相似,都是错综复杂的一团乱麻。例如,要是我们如同我们在引言里对肤色做过的那样,把所有可能的政治信仰按颜色排成一列,一头是红色里的最红,另一头是蓝色里的最蓝,当中有酒红色、紫红色、洋红色、洋李色和紫色,然后从一头走到另一头,那么我们将面对一个类似于肤色连续统的、由模棱两可的中间态组成的连续统。红和蓝,左和右是政界的原型。它们是意识形态交错后形成的节点,代表最强大的制约和最纯净的力量。[1]

阿拉斯泰尔礼貌地倾听我的漫谈。我本来想着,先向他简单介绍背景、解释我的论题的广义社会学起源会比较好。但在政党政治分野的缘起讲到一半时,我突然意识到,我面对的是现代最伟大的政治纵横家之一,我的做法无异于试图向普罗米修斯解释火。

阿拉斯泰尔对黑白思维艺术的了解比大多数人都深。他知道,我们划分范畴的方式——黑白二分法的音量、波幅和频率——左右我们的决策。取景器原则正合其所长,他多年来一直关注党团政治二元化和叙事、信念及意识形态上的个体差异之间的长期心理张力。

"政客和大家一样都是人,"他一边吃炸鱼薯条、喝自来水,一边告诉我,"政客同其他人迥异的地方在于,他们受到许多人的审视,而且他们的决策对后者很重要。由于历史形成的左右分野以及各个政党扮演的角色,我们强加给大家这样一个印象,甲党这么想,乙党那么想。但实际上没那么简单。不同阵营里的人意见一致的情况比他们愿意承认的要多。"

考虑到当时的情境,他的这番言论正合时宜。当时我们在北伦敦海格特区一家美食酒吧共进午餐。一两天前,他刚刚被工党开除,掀起轩然大波。他犯了什么弥天大罪?他在欧洲议会选举中把选票投给了自由民主

---

[1] 阿拉斯泰尔多次在发言和写作中详尽描绘他在二十世纪八十年代经历过的精神崩溃。他披露说,在精神错乱期间,他迷恋"左"和"右"这两个词以及红和蓝这两种颜色到了偏执的程度。他坚称这些概念在政治思维中根深蒂固。——作者注

党,以此抗议当时工党在英国脱欧第二次公投议题上的立场。他没有因此而失眠。"我还是工党人。"他面露微笑地告诉我,他相信工党终将发现"比科尔宾主义更现代、更明智"的东西。①

阿拉斯泰尔解释说,政治有时给人的感觉就像环绕伦敦的那条常年拥挤、怨声载道的M25高速公路。高速公路上有左、右、中三条车道,而政治也有三条主要车道供民主进程通行。这个比喻很形象,它用一种出乎我意料的方式证明了取景器原则。各行其道原则在交通顺畅时很有用,因为车速差异客观存在。但路况不好的时候,各行其道就突然不那么重要了。遇上堵车,路上挤成一锅粥,道路标识被抛诸脑后。司机们无视车道,哪里走得通就往哪里走。他们变换车道,插到别的车前面,任性穿梭。

"足球也一样,"他提出,"只要我去看伯恩利俱乐部的比赛,我就希望他们赢。显而易见。但这不等于我无视对方球队的素质,不能赞赏对方球员的球技,不会在对方抢断球失败而被罚下场后表示遗憾。要是让我负责选拔英格兰队队员,我不会让伯恩利俱乐部的所有英格兰小伙子都上场,不会让凯恩、斯特林和亚历山大-阿诺德全场替补。那样做的话,就不是足球了,而且也不是政治,无论如何都不是善政。事实上,那样的话就变成了败坏的政治——它在目前这个特朗普-约翰逊时代泛滥成灾。他们任人唯亲,除了彻头彻尾的马屁精,不能容忍剩下所有人,蓄意破坏真相。"

他说得对。无论身为曼城队球迷、曼联队球迷、政客、交通管理员还是"反抗灭绝"②(Extinction Rebellion)环保活动人士,从远处看人类会觉

---

① "科尔宾主义"是一个宽泛含糊的概念,用于描述2015—2019年期间集聚在以杰里米·科尔宾为首的工党领导层周围的左翼政治思潮。其核心原则包括反帝国主义、不干涉其他国家内部事务主义、硬核反资本主义、社会自由主义、参与式青年"运动主义"。——作者注
② 这个环保运动组织2018年诞生于英国,以一个圆圈内的沙漏作为徽标,这个徽标表示留给许多物种的时间已经不多了。它希望各国政府宣布进入气候和生态紧急状态并立即采取行动应对气候变化。该组织希望通过大规模示威、封锁阻碍交通、与警方冲突让尽可能多的人被逮捕等形式引起公众对气候生态危机的重视。——译者注

得人人如同画作一般,都是成品。凭借浮光掠影的印象,我们做出喜欢还是不喜欢、接受还是摒弃的判断。在人生这座画廊里,我们一路远观,一路评判。只有在我们靠近某个人、近距离观察那无数不同笔触——塑造站在我们面前的那个独一无二的人格的运笔方向、颜料质地和色彩构图——的时候,我们才开始体会到每幅画作背后付出的心血。当然,即便有这样的体会,我们有可能还是不喜欢这幅画或这个人,他们仍然不是我们的心头好。但至少我们看到了优点,看到了画家的技艺、构思和个性特质。

2017年夏天,刚被任命为工党议员、代表工党重镇西北达勒姆(North West Durham)的劳拉·皮德科克(Laura Pidcock)在接受左翼新闻网站"扬声器"(The Skwawkbox)采访的时候**没有**做到这一点。这次采访当时在英国媒体上引发了一场不小的轰动。"反对党"是政界广泛用于指代非执政党的术语,换句话说,它没有掌权。就其本身而论,它是一个无伤大雅的词。但在那次采访中,皮德科克女士挑战了极限。当被问及她个人对下议院议员在八小时之外的跨党派关系的看法时,她评论说她绝对做不到同托利党人交朋友,用她的话来说,因为他们是"敌人"。

根据皮德科克女士的追加解释,托利党人分为两种。一种"被自己的特权蒙蔽了视听",无法对那些比自己不幸的人产生同理心。还有一种"完全受意识形态驱使",目光短浅,迷恋野蛮资本主义,视其为灵丹妙药。

"无论他们属于哪一种类型,我绝对无意同他们结交,"她透露说,"当你看到他们对人民的影响时,就会意识到他们**不是**敌人这个想法纯粹是自欺欺人,我们这个国家有许多人民一直生活在恐惧中,唯恐食不果腹。"

她解释说,她的朋友都是她**有意**结交来的,而这些朋友没有一个出入下议院的另一侧。她宣称,对她来说这"出于本能",她对"亲密无间"没什么兴趣。

皮德科克女士的评论招致了颇多媒体关注。说句公道话,这些关注算不上强烈支持。但最有意思的是来自她所在的政治阵营的回应,就连**他们**都赶快拿出尘封已久的外交语言扬帆撑杆,荡开自己的船,和她保持距离。他们的共识非常清楚。大多数人认为她对托利党人简单粗暴的两分荒谬不堪。虽然出于敌意和意识形态觉悟的缺陷煽动非此即彼、要么全有要么全无的对立很可能给人一种部落主义的满足感,当然这也有助于拉票,但总体来说它并不是太实用。如阿拉斯泰尔所言,它无助于政治的最终目的:把事情做好。

为了把事情做好,我们需要外联和结盟。有时候不但需要同那些**貌似**误解我们的人合作,还要和那些**的确**误解我们的人共事。更有甚者,不但要同那些有误解的人合作,还要同那些意见完全不合的人共事。

坐下来接受"扬声器"采访的时候,皮德科克女士或许没有意识到她的取景器设置卡在"包含过度"上了。她的思维非黑即白,而且是野兽派艺术家那种大开大合的黑白分明。要是她当时有意或者有能力把取景器的设置改为特写,调节旋钮任意拉近摇远,在她和其他议员之间用几根较细的界线标出人际相互包容的子范畴而不是只划一根支配一切的分界线的话,她就能换个角度看事情。"敌人"很可能会变得好看起来,不会那么令人讨厌,不会那么千篇一律,不会那么格格不入。[①]

我们都在报纸杂志上见到过那些照片,被放大了几百万倍的木虱、尘螨和其他无穷小的怪物。在亚原子级电子显微镜下,跳蚤的脑袋变成了奇观,家蛛的肚子和蟑螂的眼睛也这样,就连癌细胞放大到极致的时候都很美。

我想说什么呢?每次专家清嗓子或者我们去看医生得知"恐怕不太妙"的时候都应该欢欣雀跃吗?当然不是。人生中的一切都是相对的,同情心也不例外。当下,我们把取景范围设得越宽越好。在个人灭绝展销会上,黑白试味摊位上应该只摆放两个瓶子,其中一个瓶子的标签上写着"生",另一个瓶子的标签上写着"死"。把所有癌细胞打包纳入坏细胞这个刻板印象是好事,这就跟我们的史前祖先把所有从灌木丛中传来的窸

---

① 在2019年议会选举中,劳拉·皮德科克输给保守党候选人理查德·霍顿,失去议员席位。——作者注

窸窸窣窣的声响都打包纳入"可能致命"那个刻板印象中一样,这些东西完全有可能害死我们。手套已经摘下,比赛已经开始,同理心和洞察力应当快点被扫地出门。

但是,如阿拉斯泰尔所言,假若我们想顺利解决英国脱欧问题,根除因为恐惧和无知而分裂出来的诸多文化及社区里的反伊斯兰或反犹太情绪,那么,不由分说地把许多人——工党、保守党、极右派、穆斯林、犹太人等等——打包纳入"敌人"这一刻板印象就有点弄巧成拙,没多大作用。黑与白应当分形,但不应该是二项式。我们的取景器应当**扩大**取景范围,彻底扩大。

直到我们无法区分"他们"和"我们"。

谈到相对性,我们用一个简单、实用、稍稍令人毛骨悚然的演示来结束本章。请看下面图5.1的阿尔伯特·爱因斯坦照片,体会一下取景器原则怎样发挥作用。

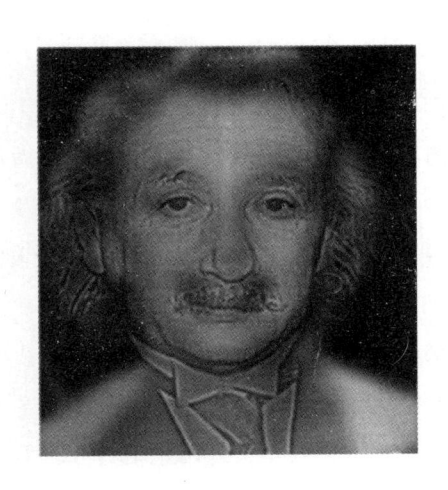

图 5.1
玛丽莲·爱因斯坦

然而……这**是**爱因斯坦吗?

答案完全取决于你离它有多远。或许你现在跟它一臂之隔,搞不懂我葫芦里究竟卖的什么药。请你把书翻到照片这一页,把它立在桌上,然后走到房间的另一边再看照片。如果你跟大多数人一样的话,你会突然看出另一个人的头像。

这张图片有力地说明了大多数心理学家和强硬派心理物理学家心目中的人类知觉**第一**基本原则。这条原则的适用范围极其广泛,从基本视觉过程的原理一直到家族之间、信仰之间、球迷之间、政党之间,甚至民族国家之间由来已久的相互评估和交往方式:我们看到**什么**在很大程度上取决于我们**怎么**看。

这张图片之所以能让人产生错觉,是因为它是由两个像素化水平不一的图像叠加而成的。玛丽莲·梦露图像里的像素远远少于阿尔伯特·爱因斯坦图像里的像素,所以前者只能从远处被分辨出来。换句话说,在近处看的话,玛丽莲被阿尔伯特压倒了。从像素的角度来说,阿尔伯特的肌肉更发达,身材更粗壮,所以他外貌特征的细节——一缕缕头发和密密麻麻的胡须等——一下子就吸引住了观察者的视线。

速度也发挥了作用。制作这个错觉图像的麻省理工学院研究人员把它拿给实验室里的同事看,他们看的时间有长有短,然后研究人员问他们看到了什么。一个非常清晰的模式浮出水面,看图时间较短的人(30毫秒)只看到了玛丽莲。与此相反,看图时间长达150毫秒的人能够破译出阿尔伯特的图像。

这个发现具有深刻的进化意义。当时间紧迫时,我们采用黑白思维。毫不夸张地说,我们的大脑看到西瓜丢了芝麻。当然了,我们的原始祖先的大脑必须这么做,否则的话就不会有阿尔伯特和玛丽莲了,就不会有金发女郎和偏爱金发女郎的绅士[①],也不会有相对论了。

不过,这个错觉的认知、社会和文化意义本身就受到彻头彻尾的像素

[①] 玛丽莲·梦露主演过一部名为《绅士喜爱金发女郎》(*Gentlemen Prefer Blondes*)的电影。——译者注

化。凑近一点，我们的大脑能分辨出些微细节。例如爱因斯坦脸上的皱纹和他那著名的海象般的胡须。但随着我们和图像之间距离的拉大，我们识别细节的能力**减弱**，直到图像面目全非。隔了一张桌子看，阿尔伯特·爱因斯坦变成了玛丽莲·梦露。隔着下议院的过道看，托利党人变成了不可触碰者。隔了一条街看，姓陈的、姓汗的、姓库马尔的和姓科瓦尔斯基的变得遥不可及。

第6章

简繁相依

深思熟虑吧,但行动的时刻到来时,不要再想,放手去做。

——拿破仑·波拿巴(Napoleon Bonaparte)[1]

---

[1] 拿破仑·波拿巴(1769—1821)是法国皇帝,他于1804—1815年间在位,1804年建立法兰西第一帝国。——编者注

我上学时学过应用数学，时间相当短，我学了一个小时就晕了。

老师一上来就给我们出了一道众所周知的题目。应该说，感谢谷歌，**如今**它众所周知，但当时它可不出名。这道难题通常被称为"德·梅齐里亚克的砝码问题"，因为1624年首先由法国数学家克劳德–加斯帕尔·巴歇·德·梅齐里亚克（Claude-Gaspard Bachet de Meziriac）在他那不拘一格、热情洋溢的手稿《有关整数的令人快乐与惬意的问题集》（*problèmes, plaisants et délectables qui se font par les nombres*）中提出而得名。题目如下：

有一天，一位香料商人的助理开着卡车行驶在路上。为了避开迎面撞过来的另一辆车，他紧急刹车。卡车嘎的一声刹住了，但车厢里有一个40千克重的砝码坠落到地上，被摔成四块。这位助理火冒三丈、心烦意乱。虽然事故责任不在他，但他的雇主会要求他赔钱，并从他的工资里扣。

然后，这位数学奇才灵机一动，想出了一个能够完美阐释我们最近一直在思考的最优范畴划分概念的说法：根据情境和实际需要把异质世界审慎划分为数量不等、功能"最优的"范畴。这位助理称量过四块砝码碎片后，很快判定他能够用这些碎片和带左右托盘的天平秤称出从1千克到40千克之间的任意整数磅的货物。

问：这四块砝码碎片的重量分别是多少？

听着，解答巴歇这道难题需要烦琐的数学证明，涉及括号、难以辨认的花式符号、各种军用级别的字母数字组合以及某些看上去特别重要的希腊字母。所以我建议我们开门见山直接看答案：1千克、3千克、9千克和27千克。

下面，我们随机选择了几个不同重量的货物，看看怎么称。

希望称出的香料重量	左托盘砝码	右托盘砝码（+香料重量）
2千克	3千克	1千克
5千克	9千克	4（3+1）千克
14千克	27千克	13（9+3+1）千克
20千克	30（27+3）千克	10（9+1）千克
25千克	28（27+1）千克	3千克
38千克	39（27+9+3）千克	1千克
40千克	40（27+9+3+1）千克	

跟放袜子的抽屉、火车速度和圆形片段一样，巴歇问题是高中数学老师们的心头好，其理由也很充分，你不需要像霍金或爱因斯坦那么聪明也能解答这道题。你只需要掌握基本要素：坚实的代数归纳方法和逻辑思维基础。

例如，为了称出2千克香料，你可以直接使用一个2千克的砝码。不过，另一方面，如果综合利用1千克和3千克两个砝码，你既能称出2千克香料，又能称出3千克和4千克香料。如果你用这个思路来求解的话，你已经答对了一半。

不过，巴歇难题的价值还不只在于它搭起了一座中级数学攀岩练习墙，它还优雅地阐明了几个世纪以来信息架构师们，特别是新型货币的设计者们，面临的一个两难困境——最优货币面值问题。怎样设计硬币和纸币面值才能在找零时用到的货币数量最少？

沿用我们解答上一道难题的思路，这里的答案应该是3的n次方（1，3，9，27分别是3^0，3^1，3^2，3^3）。例如，英国的货币面值是1，3，9，27，81……（便士），欧元的面值是1，3，9，27，81欧元。但问题来了，如今几乎所有货币都采用十进位制，因此从结构上来说同当初巴歇的分解不兼容。此外，3的n次方对黑暗中世纪某个手持砝码和升斗分配香料的被埋没的数学天才来说有用，但如果他是周五晚上当班的酒吧招待，他面前的酒客排起了长龙，这套手法可能不太招人待见，更别提效率低下了。

那么，替代方案是什么？货币面值怎样设计最方便使用？包括欧元、英镑和美元在内的大多数货币体系已经找到了同样的结构性解谜方法。1-2-5面值系列。

这是一个"优先"数列的例子。优先数列是一组一阶整数，乘以一个通常为10的公比的n次方后，可以在各种各样的环境下对物品、实体和数据点进行标准化和简化，将它们之间的兼容性提高到最大限度。货币面值或许是优先数列里最引人注目的例子之一。

1，2，5，10，20，50便士

1，2，5，10，20，50，100欧元。

你势必注意到，1-2-5数系跟巴歇的最优数列之间并没有天壤之别。事实上，它们几乎一样。唯一的差别在于，两个相邻整数之间的比率在巴歇数列里是1∶3，在1-2-5系列里是1∶2或1∶2.5。拿货币来说，这就意味着任何面值都必须是比它小一号的面值的两倍或者两倍半。这个经济模式有助于日常交易的便利性和准确性。如果你进商店用10英镑的纸币买一件价格为3英镑的东西，你拿回来的零头应该是一张5英镑纸币和一枚2英镑硬币，而不应该是14枚50便士硬币、7枚1英镑硬币或者3枚2英镑硬币加一枚1英镑硬币，虽然我们都拿到过后几种零头。

1-2-5数字系列的出处充分说明，如果我们有需要或者有意愿，几乎任

第 6 章 简繁相依

何东西都可以被简化，就连简单本身也可以被简化。不过，同巴歇问题共存的还有另外一个我们所有人在日常生活中都会遭遇的根本性难题。读了前面几章之后，我们已经认识到，需要对付最优范畴划分的不但是信息架构师和新型货币的设计师，还包括我们所有人。从图书馆员到昆虫学家，从囤积者到偏执狂，从政客到体育精英。此外，在日常生活中，数字一般更模糊，答案不一定像砝码和升斗那么干脆明了。

那么，我们在划分范畴的时候怎样才能知道何时该叫停呢？我们怎样才能在任何特定时间、任何情境下知道我们已经抵达"范畴划分峰值"？什么时候书架上的书籍摆放间隔距离和顺序最优？什么时候我们同目标画布、人或议题之间的距离最优，让我们能看到适宜层次的细节，充分欣赏到"画"的魅力？也就是说，拥有什么样的黑白思维水平最优？

自从我在珀斯从迈克·安德森那里第一次得知最优范畴划分这个概念之后，我一直在思考这个问题。我没有想出答案，但我知道有一个人能给我答案。

好好想想，但不要想太多

奥里耶·克鲁格兰斯基（Arie Kruglanski）是美国马里兰州大学的心理学教授。

他是犹太人大屠杀幸存者，恐怖主义及应对策略全国研究联盟（START）的创始人暨联席主任，一辈子都在研究敌人的心智，奋力破解暴力极端分子的思维过程。他提出的**认知闭合**概念，相当于我们所有人或多或少都有的耐克式的"想做就做"的需求、把事情办完翻篇的需求，这使他得以比大多数人都更接近黑白思维最优水平。

他坐在华盛顿特区四季酒店的餐厅里，他抓脑袋，摆弄着他的眼镜。我向他提出了我的问题："什么是对现实分类的秘诀？怎样才能确保收集到的信息数量恰到好处，垒出来的沙堆数目不多不少，沙堆的大小合适，沙堆间距完美？"见面前我猜答案很可能就蕴藏在奥里耶的毕生研究成果里，在他的认知闭合原则里。事实证明，我的直觉是对的。

他给我解释了认知闭合的意思。

"基本上来说，它是我们每个人或多或少都有的一种欲望，为了抑制生活中涌现的不确定性、混乱和暧昧，坚持某些固定不变的信念，"他告诉我，"它是通过自然选择进化来的。好好想想，但不要想太多！

"思考是好事，对吧？斟酌不同选项很重要。但如果你没有一个关掉思考机器的开关，没法到一定阶段后叫停思考，告诉自己'够了，我已经进行了充分考量，现在该做出决定采取行动了'，那思考对你有什么好处呢？一点好处都没有。"

奥里耶的话让我想起疯狂大卖场，就是《辛普森一家》里那个庞大如迷宫般的超级市场。它的口号"在此购物是一场令人困惑的折磨"说明了一切。产品选择无穷多，货架高耸到亲密接触天花板。肉豆蔻12磅一盒，"哦，12磅肉豆蔻才这么点钱，太合算了！"玛吉惊叹说。快速结账柜台的告示牌上写着"1000件及以下数量商品"。

很搞笑，对吧？但是，正如《辛普森一家》里的许多其他内容，疯狂大卖场蕴含着些许真理，虽然没有整整12磅这么多，不是吗？从鞋子到洗衣粉，到学校，到约会对象……数量越多就越能讨我们喜欢，这难道不是常识吗？

嗯，事实上，不是这样的。真相是，我们可能**以为**我们喜欢，但实际上我们备感压力。如果选择太多，我们的思考机器就会瘫痪、死机，最终关闭电源。还记得那个果酱研究吗？范畴划分过度这个沙滩排球开始绕着我们的大脑一刻不停地旋转。

"请不要误会我的意思，"奥里耶继续往下说，"斟酌沉思能力的的确确是脑容量大的好处之一。逻辑、推理、创意……我们所有的高级官能都归功于我们的比较和对比能力。但如果没有一个停机键，我们会怎样？

第 6 章　简繁相依

我们会陷入一个无休无止处理和分析数据的迷离境界。

"如果我们只做研发不生产最终产品,如果我们不停地给引擎加速但哪儿也没去,那么人类拥有这么大的脑容量根本算不上优势,反而是拖累。这个愚蠢的错误会玷污我们这套堪称精妙的系统。这个错误要是发生在千百万年前,我们早就完蛋了。人类都不会有机会进化。"

这些年来,奥里耶一次又一次地展示了认知闭合的需求怎样迫使大脑停止思考。做到这一点不太难。噪声太大、时间压力过高、倦怠和疲劳都能夺过我们那笨拙的认知之手里的毛巾,把它扔到地上,让我们早早认输。

底线就是必须设定底线。我们的大脑橱窗上必须挂一块"停止营业"的牌子,但不是一直都挂,而是有时候挂,在大厅满座、所有包间都预订一空的时候挂。当我们面临众多迭代信息时,当我们巡视甚嚣尘上的替代方案时,我们需要在前台挂一块牌子,牌子上写着大大的"客满"。

巴赫的砝码和升斗问题的美体现在它那用毫无情感色彩的数学符号写就的解答上。数字们的行为看似从不会出格,然而奥里耶指出,生活并不总是那么彬彬有礼、令人放下戒心。生活这本书很少会正正好好翻到答案那一页,因为生活往往没有答案页。即使有答案,也不是最优的、绝对正确的答案,我们必须想方设法应付。在形形色色的决策领域,我们必须"估量"选项,为我们的判断"找平衡"。我应该买哪一种果酱?我应该招聘哪一位申请人?我应该送孩子去哪所学校上学?

这样一来,认知上的代价极其高昂,高到离谱。所以,几十万年前,在我们的进化过程中,一个羁绊信马由缰的思绪的上限形成了。我们的大脑装上了一个有失效保护的心理切断开关,这开关一方面管对准确性的高要求,另一方面充分提升速度和效率。

自然选择一点都不蠢。当初它就非常清楚,如果不事先规定好,我们的大脑机器会持续不断地轰鸣,无休无止地收集关于有待解决问题的琐碎数据,反复分解,层层分类,把越来越微小的残余物拨拉进越来越细碎无意义的思维片段中。

"就像谚语里的那位一次又一次潜入画廊，"我问，"总觉得自己的画还没画完，需要继续润色才能成为杰作的画家？"

"完全正确！"奥里耶说，"所以必须有所作为，必须采取行动绕过瓶颈，必须使出某种手段，某种可靠的、先发制人的关停机制，在形势大乱前控制形势。这种机制就像某种高效的、上足油的索具，万一演员们被舞台机关卡住，它就能迅速降下幕布。"

但这手段、这机制究竟是什么？几百万年前，我们的史前祖先变成其他动物盘中餐的概率远远大于他们用餐的概率，人类大脑面临过类似的两难困境。我们之前已经讨论过，如果林下灌木丛里窜出一条蛇、山洞角落里挂着一只蜘蛛，我们需要多少证据才能判断它们是否无害？

于是，自然选择开始行动。它必须奋起应对挑战，它也做到了。事实上，由于原始人类必须在电光石火间做出生死攸关的决策，一种大灌篮式的适应能力逐渐被进化出来。随着时间的推移，它成了高风险冲突和几乎所有冲突领域里刀尖对抗的代名词。从战场到赛场，从非洲、亚马孙流域和澳大拉西亚树冠蔽日的丛林到贝尔法斯特、巴格达和布朗克斯的水泥丛林。

打还是逃？

这种本能的、普遍的反应类型会不会也是制约过度思考的蓝图基础：奥里耶口中的计算断路器——"认知闭合"的需要？两者之间似乎不可能没有某种关系。毕竟，自然选择可是很节俭的。选配，即在一组条件下生成的物质结构在保持原有特征的同时可以承担起其他职能以促进生物体转型、适应新情境或环境的过程，这一过程是进化的标准操作程序之一。假若正如达尔文所发现的那样，适应一般而言不是突然发生、一蹴而就的大爆炸式的宏大变形记，而是一系列循序渐进、润物细无声的调整，要是某个时点上因为某个原因进化出来的特征后来不能稍稍修正已有结构，从而改变功能的话,"中间态"或者"过渡"形态怎么存活得下来?①

历史给我们上了一堂振聋发聩的课。人类大脑的"强行退出"功能让我们领先一步。在我们满心希望悠闲度日的认知背后,有一把神经干草叉不断戳着我们加快脚步,所以我们才没有沦为别的动物的盘中餐。如果在档案馆里找得到第一代"闭合需求"软件——打还是逃——的原始进化设计印样的话,第二代技术迟早会从中脱胎而出。

不过,这不等于我们不应该继续小心谨慎、不再需要头脑清醒。我们必须明白,如果认知闭合的需求让我们的思考商铺**过早打烊**就会产生问题:带偏见的、心胸狭隘的、包含过度的成见,无心或无力透过树木看到森林,无法辨别出必要水平的微妙性、复杂性和多样性;无法枚举足够多个范畴来为知情理性决策铺路。认知闭合的需求给我们带来清晰明显的优势——奥里耶过去三十年来的研究成果令人相信这一点,只要到股市交易大厅里随便问问某位交易员下决心买卖需要花多长时间即可;但它也有被滥用的时候,只要问问任何刻板印象滥用受害者即可。今天,在二十一世纪,灌木丛发出窸窸窣窣响动的次数不及以往的一半,我们日常所做的许多决策比我们史前先祖们做的决策更复杂,不那么生死攸关,影响范围更广。

通常**他们**只需要划下一条界线,而我们必须划好几条。

我问奥里耶,有没有个体差异?要是我们每个人都天生自带强制退出功能,要是自然选择为我们所有人都配备了认知闭合原始需求来防止我们在认知意义上反复推敲至死,那么它是不是对我们当中某些人更重要?我

---

① 在《物种起源》里,达尔文称已有结构改变功能为进化发展进程中"一个极其重要的过渡手段"。他接着写道,生物体的某些特质和特征属于除自然选择之外的其他进化过程(例如,"复杂的成长法则""神秘的器官相互关联法则")的附带产物,它们乍一看没什么用,但实际上在这些生物体的进化过程中发挥重要作用,因为它们未来有可能获得某种在新环境下生存所必需的功能:"但此类间接获得的结构,虽然刚开始的时候对物种并无裨益,但后续有可能在新的生命环境和新养成的习惯下为其经过修正的后代所用。"——作者注

们每个人划下界线的速度、自信和果断程度有没有差异？会不会有一个认知闭合连续统，而我们每个人在其中都有各自的站位？

我给他讲了一个我听来的有关阿尔伯特·爱因斯坦的故事。或许道听途说不足为信，但谁知道呢？故事是这样的。一天早上，有工人来爱因斯坦家修水管。伟人在门口迎接他，然后应后者的要求带他走马观花地参观了全屋上下。一进书房，看到那一架又一架散乱摆放的书籍，水管工目瞪口呆，不敢相信自己的眼睛。

"这么多书，"他摇头，"您一定读了好久才读完……"

爱因斯坦面露微笑。"大部分书，我连翻都没翻开过，"他坦白说，"要知道，我读书速度很慢。"

水管工困惑不已。这样一位天才，这样一位智力无双的名人，怎么可能读书速度慢呢？他实在不明白，于是爱因斯坦给他解惑。

"嗯，"他解释说，"我喜欢彻底搞懂我读的东西。所以我一次挑一段话，把它读完，合上书，然后琢磨上一个星期，再把书打开读下一段。"

奥里耶明白我的意思了。"跟其他任何需求——例如对刺激的需求、成为众人关注焦点的需求、和他人在一起的需求——一样，对认知闭合的需求因人而异，"他说，"事实上，正因为如此，我开发了一个量表来评估人和人之间认知闭合程度的差异。"

我很想告诉他，我不需要做问卷才得知我不是一个认知闭合的人。我**就是知道**。但我还是接受了他的邀请，做了一遍测试。（如果你也想做，我自己编制的，比他的短很多的量表可以在本书的"附录二"里找到。）此外，我还得知，自我报告量表不是量化我们对不确定性和模棱两可性的容忍程度的唯一方法。还有一些实验室的实验也研究了某个叫作"知觉固着"（人脑初次暴露在某特定刺激或影像之下后能记住它多久）的东西的个体差异，提供了既让人伤心又让人清醒的额外证据。

七十多年前，"二战"结束后没多久，在伯克利任职的犹太裔心理学家埃尔斯·弗伦科尔–布龙斯维克（Else Frenkel-Brunswik）就做过此类实验。这个实验如今实至名归地成为心理学经典，它揭开了历史上最为黑暗、最为邪恶的人格之一的面纱，一窥立志灭绝某个种族的独裁者被仇恨击中的头脑。

弗伦科尔–布龙斯维克1908年出生于波兰。在童年和少年时期，她四处飘零，居无定所。1914年，她和家人为了逃离种族大屠杀越过奥匈边境来到奥地利。1938年德奥合并后，她和许多同代犹太流亡者一样，辗转来到美国。后来证明，那一年，1938年，从许多方面来看是弗伦科尔–布龙斯维克的职业转折点。自由和新世界的新希望——爱、财务稳定、终身学术职位——在向她招手。但同年，由德国心理学家、纳粹狂热分子埃里克·杨施（Erich Jaensch）撰写的可鄙著作《反类型》（*Der Gegentypus*）的出版预示着旧世界的幽灵将逡巡不去。鉴于历史后来见证的那些造成严重伤害的事件，这部令人憎恶的论述将会对埃尔斯的思想产生深刻影响。

出于后见之明来说，《反类型》的中心思想出乎意料地反映了时代精神。而从实证角度来看，它错得不能再错。它断定，根据视觉刺激被移除后其影像在人的脑海里遗留的时间长短，我们可以划分出两种基本的原型人格。这个对立二分体是一个连续统中遥遥相对的两极的基础。按照杨施那反常的、有毒的、危险的思路，正极上是神出鬼没的"旧事物重见者"（*Eidetiker*）（字面意义是"超强记忆者"），一种几乎只有纯种德国人才具备的心智，其特质包括坚定、一致性和规则性。另一极上是"反类型"，其典型特点包括不稳定性、个体性和对模棱两可性的容忍。杨施主张说，这种"自由主义"形式主要体现在犹太人和外国人身上。根据当时的民族主义思维，它对严丝合缝的德国文化构成严重威胁。

然而，弗伦科尔–布龙斯维克眼中的世界跟杨施的有所不同。用她的话来说，她不同意杨施把"精确的、机器般的、坚定不移的、毫不含糊的知觉反应"，即"旧事物重见者"在脑海里精确保留业已消失的视觉刺激之影像的无可比拟的能力吹捧成坚定恒久的原型，把那个原型的位置移动到

"旧事物重现者-反类型"连续统的中间点附近。她坚称，对模棱两可性的关注不是弱点，不是缺陷，不是精神异常，而有重大心理价值。

她在二十世纪四十年代进行的实验室研究发现了关键证据。如前所述，这个研究如今被认为具有划时代意义。实验参与者看到一系列渐变的素描画，刚开始是一只猫，最后是一只狗，两者之间夹杂着若干只越来越像狗的杂交品种（见图6.1）。

随着素描图像的渐变，参与者要完成一个简单的区分任务：指出哪张图上的猫不再是猫，而是积累了足够多的狗的特征，可以被命名为狗。

图 6.1
上：无疑是猫
下：无疑是狗
中：兼具猫和狗的特征

弗伦科尔-布龙斯维克希望通过这个实验来探索认知灵活性对无意识知觉的影响。按照平均律，总会有一些参与者比别人早很多或者晚很多"看出狗来"。但她想知道的是，其中有规律可循吗？除了自然变异，会不会有某些心理维度、某种关键人格属性或首要人格特质对这些个体差异产生较大影响？

该研究的唯一焦点是认知对新信息的敏感性，换一个角度来说，它关心的是认知对变化的抵制:"旧事物重见者"被纳粹分子吹捧的、不为变化所动的知觉。那些偏见水平较高的志愿参与者在完成这项任务时候的表现会不会有别于那些更能容忍冲突观点的参与者?更有甚者,会不会有别于那些通常更乐意接受模棱两可性和不确定性的人?狗之变形记在温和派人士大脑中上演的时间会不会早于在激进派人士大脑里上演的时间?

弗伦科尔-布龙斯维克发现,答案是肯定的,而且还是绝对肯定。"旧事物重见者"根本不是杨施起初想象的精神和心理健康的典范,事实上,他们的精神和心理一点都不健康。那些偏见水平较高的实验参与者将知觉心态从猫转换到狗所需的平均时间较长。不仅如此,其中有一部分人一直到渐变图系列的最后还固执己见,虽然那时候从猫到狗的转型已经无可辩驳。

面对哈巴狗图片,他们看到的**仍然**是波斯猫!

弗伦科尔-布龙斯维克实验给我们两点启示。第一,对模棱两可性的容忍程度因人而异,可以排列成一个整整齐齐的连续统。第二,在连续统上的位置越是靠近"不能容忍",就意味着越是同现实脱节。

黑白思维不是非黑即白,而是渐变灰

我做完奥里耶设计的认知闭合需求问卷后,他对照一个简单的计分标准算出了我的得分。事实证明,我既不是做爱因斯坦,也不是当盖世太保的料。不过,关于爱因斯坦的问题,奥里耶的态度还是很谨慎。他指出,即使那个水管工的故事是真的,但这位天才懒散的阅读习惯映射的或许不是低闭合需求,而是对某种其他东西的高需求。一种经常同闭合需求混淆,但其实大相径庭的需求,那就是对**认知复杂性**的需求。"认知复杂性同我们透过什么样的框架来看待世界息息相关,"奥里耶清楚地表述了他的观点,"它取决于我们如何使用从过往经验中习得的思维框架来感知我们的环境并做出响应。随着时间的推移，我们逐渐形成特定的框架，这些框架或者说人生观为我们的大脑节省了很多时间和精力。因为它们一旦到位，我们就能预测和解读那些可以直接插入某个框架或者花点力气就能插入框架的未来事件及遭遇，于是我们的大脑就能预料到结局。"[1]

换句话说，我们不需要动用第一性原则来推导发生在我们身上的每一件事情。应对多数事情的公式早已存在，已经存入我们的大脑。经验向我们提供看待某个问题的视角，怎么看它、怎么对它编码、怎么**框定**它，视角决定我们的应对。我们如何评估它、如何反应。

也就是说，范畴长大后离开家找了一份工作就变成了框架。或者我们还可以再来一个不那么严谨的组织结构比喻。如果说范畴像板条箱，我们朝里面放生活中发生的事情，那么框架就像贴在这些板条箱外面的标签。例如，在人类分娩情境下，我们或许把尚在子宫中发育的生命形式划入"未出生"范畴。"胚胎"和"婴儿"都可以作为标签贴在这个板条箱外面，但它俩迥然不同。

奥里耶详细解释了这些框架，也就是范畴标签的工作原理：它们之间相互串扰、相互作用。"每个框架同其他框架的关系、交相重叠和相互影响决定认知复杂性，"他告诉我，"有些人的大脑就像阿拉丁的宝库洞窟。一打开门，里面有成千上万个框架，它们全都夹杂在一起，这些人对认知复杂性的需求很高，比如爱因斯坦。这些人能够辨别出角度、方法、视角和解读之间的微妙差异并做出响应。他们往往需要很长的时间来思考一个问题，权衡某个想法的优缺点，形成对某事的看法或者得出结论，那天到访爱因斯坦家的水管工就发现了这一点，并且大吃一惊。

"另一方面，有些人大脑里储存的框架少得多，而且这些框架都像珠宝箱里的宝石一样分开独立摆放。这些人倾向于采用黑白思维，喜欢走极端。例如，一个论点或观点要么是对的，要么是错的。一个解决方案或一

---

[1] 本书"附录三"简要介绍从德国启蒙哲学家伊曼努尔·康德到当代的框架概念发展历史。——作者注

第 6 章　简繁相依

次干预要么是好的要么是坏的。我们说这些人的认知复杂性需求低。他们评估世界时用到的维度比那些认知复杂性需求高的人少。

"之所以认知复杂性需求和认识闭合需求经常被混淆，这是因为两者都直接同我们做决定、下决心的速度相关。不过，它们同这种能力的关系不太一样。我认为可以这么说，一个闭合需求高但复杂性需求低的人，即一个喜欢对事情比较有把握但又不喜欢想太多的人，不会因为决策而夜不能寐，他们将会相当枯燥无趣。

"但如果一个人的闭合需求高，复杂性需求也高——这并非不可能：认知复杂性需求可能取决于除闭合需求之外的其他若干因素，如享受思考，看重复杂性或简单性所蕴含的美学价值，具有综合分析复杂论证的智力——那么这个人损失惨重！一方面，他要答案，但另一方面他要细枝末节，他会忙个不停、找个不休。"

区分两者很重要。奥里耶提出，我们的大脑天生设定了黑白思维，而且几百万年来都是如此。但黑白思维比它表面上看起来要稍微复杂一点。如果说，我们的认知闭合需求决定了我们划出**底线**的速度和敏捷程度，那么认知复杂性需求关系到我们怎样划出其他界线，范畴和框架之间的界线、"婴儿"和"胚胎"之间的界线、"我们"和"他们"之间的界线。

我们所有人都天生装好了黑白思维的标准软件，因为我们所有人都需要划分界线。但至于怎么划、为什么划、什么时候划，我们之间的差异就大了。我们当中有些人划的界线比别人多、划线速度比别人快、划出来的界线比别人粗。

接下来，本书将探讨黑白思维的个体差异怎样影响人际沟通。我们已经确定，范畴划分在人类独一无二的推理能力中发挥关键作用，即评估无限复杂的环境中万花筒般千变万化的刺激之间的多元、多层面关系，接下来就把注意力从思维的**起源**转向如何着手**改变**思维。

也就是转向说服力和影响力的科学。

范畴是认知商品，有商品就有生意、竞争和贸易。只要有贸易，就会有流动，就影响力而言，态度、忠诚和视角在流动，在群体之间流动，在团队之间流动，在组织之间流动，但最基本的，也是最重要的流动发生在**人和人之间**。

奥里耶之前提到的框架的重要性就体现在这里。那些范畴"品牌"，那些贴在箱子上的标签，如果你学会怎样高效地把标签牢牢地贴在显眼的地方，如果你学会怎样向你的目标受众推销那些现成的审视世界的方法，你就能迅速变身，成为具有重量级影响的高手。你会发现自己比以前更轻而易举地心想事成。

举个简单的例子：是移民还是难民？目前多数移民政策都以这个二元的、非黑即白的范畴划分为依据。简而言之，难民之所以离开祖国，是因为他或她别无选择。移民之所以离开祖国，是为了追求更美好的生活。这是一道干脆利落的两分线，是两种不同类型的移民——被迫和自愿——之间的鲜明区别。世界各国的政策日渐趋同，它们都选择性地限制移民，同时积极地抵制难民。

至少表面上如此。然而在实践中，把人们硬塞进这两个非此即彼的范畴说起来容易做起来难。从炮火横飞的伊拉克、叙利亚和阿富汗等国，从非洲东部和撒哈拉沙漠以南的贫困或兵连祸结的地区拥来的多元化人口出于各种各样的原因寻求进入欧洲。他们的动机往往不止一个，而是需求、欲望和境遇的复杂结合。

这倒不是说划分界线不重要，不需要把那些逃命的人和那些希望改善生活的人区别开来。非常不幸，虽然希望可以比天高，绝望可能如同无底深渊，但资源却是有限的。我的意思是，这样一条界线划分出的两个范畴——我们目前对人口流动的看法所反映出来的"被迫或自愿""逃命或追求更美好生活"两分法——跟相对模糊粗略的现实在最好的情况下相切，在最坏的情况下完全不对称。

毋庸多言，这对寡廉鲜耻的政客来说很有用。事实上，这好似为他们

第 6 章　简繁相依

量身定做。范畴一旦被调用，其作用就类似独裁。如果你属于某个范畴，就不得加入另一个范畴，双重国籍被取缔。然而，虽然"移民"和"难民"之间**存在**差异，但隔开这两个相邻区域的界线模糊不清、很难辨认。它们之间的边境是人为指定的、武断的，它被随意地抛在一块遍布陷阱的心理无人之地当中，训练有素的标签和重型装甲的描述符在它两边巡逻。

这就意味着谁有话语权谁就在论战中占上风。

2018 年，当美国的反移民游说团体开始把那些从谋杀率在世界上名列前茅、极度贫困、帮派暴力肆虐的洪都拉斯乘坐大篷车逃往美国的男女老少——其中有的人只穿着短衫、短裤和人字拖——称为"入侵军队"的时候，他们绝对是有意为之。他们试图篡夺对"移民"和"难民"之间**语言**国境线的控制权，从而加固美国和墨西哥之间的**地理**国境线。如果你希望自己立的界碑扎得牢，你就用言语来结绳打桩护住它。范畴就像肌肉，它在鼓起前并不显眼。

日常生活受到的冲击极其深远。简单来说，如果我们没有语言，我们什么都没有。语言让我们的生活有了色彩。很快我们会发现，这句话不只是一个隐喻，事实也是如此。之前我们已经读到，颜色有七种不同类型，红、橙、黄、绿、蓝、靛、紫。虽然听起来似乎难以置信，但如果我们突然之间失去了描述其中一个颜色的词，例如红色、蓝色或绿色，那我们就再也见不到彩虹。就算还能见到，也不再是完整的七色彩虹。我们的词汇里缺了哪个颜色词，彩虹的哪种颜色就会断档。

据说事实有时比虚构更离奇。彩虹就是一个很好的例子。缺了颜色**词汇**，我们就没有颜色的**颜色**。

没有了颜色词汇，不但我们的思维非黑即白，我们的视界也非黑即白。

第7章

彩虹的另一种命运

1802年前,卷云、积云和高层云都还没有被命名。在1802年前,这些无名的形状就在天空卷舒,缥缈出尘,朝生暮死,或许从宇宙大爆炸开始就一直这样,但它们没有名字,直到它们必须有名字。为什么呢?世界在有名字之前,并未完全为人所识。

——琳恩·提尔曼(Lynne Tillman)[①]

[①]琳恩·提尔曼(1947—)是美国当代女作家,代表作有《纽约女人未眠夜》等。——编者注

几年前我们刚搬到牛津时，我和太太去过当地的DIY建材商店。我们在装修卫生间，想找一些涂料。我们已经有了心仪的颜色——蓝色，因为我们在该店几周前散发的广告传单上看到过。广告图片里，一家子年轻的北欧人从他们极简主义的摩登生态小屋旁边打理得完美无瑕、绿树成荫的车道上推出来一条船，船体被漆成了蓝色。

　　到店后，我找到一位店员，从裤子后兜里掏出那张皱巴巴的广告，抚平，指给他看。"这个有吗？"我问。

　　店员接过传单，仔细端详，然后走向电脑工作台。"不确定，"他嘟哝着在键盘上敲击了几个数字，"我们查查看。"

　　我太太和我相互使眼色。这家店大得很，到处都是涂料，怎么可能没有蓝色的？

　　"你是说，店里东西这么多，但你想不起来有没有蓝色涂料？"我的手虚划过店堂，出声问他。

　　他键入了更多数字。

　　"在这儿上班话可不能这么说，伙计。没有'蓝色'，"他眼睛盯着屏幕，他戳戳图片说，"你要找的是丝绒轻风。"

　　我抓过广告目不转睛地看。船体是蓝色的，就是蓝色的。

　　"好吧，"我说，"或许它的专业名称**叫作**丝绒轻风，但本质上就是蓝色，对吧？"

第 7 章　彩虹的另一种命运

他摘下褐色——不，还是说马达加斯加摩卡色比较好——老花眼镜朝我的方向挥舞了一下。

"听着，"他说，"我在涂料这一行已经干了二十五年。你要知道，如果你跟涂料打了这么长时间交道，蓝色就毫无意义。我从1989年起就没见过蓝色，我见过爱琴海奥德赛、天堂薄雾、蔚蓝狂想曲，但是蓝色……"他摇摇头。他戴上眼镜，把电脑显示屏转向我："那么你确定想要丝绒轻风吗？因为店里还有很多其他你可能没想到的颜色。比如说，长春花宫殿就是一个很好的替代选择。而且，如果是用在卫生间的话，棉积云色绝对不难看……"

每一次步入我那青金石水潭色的淋浴房，我不知怎么地就想到，我们人类真正看到的世界实在有限。我们的大脑受到来自环境的感官、认知和情感刺激的连续不断的轰炸，而且这些刺激中包含的信息浩渺如沙滩上的沙粒，或者说，沿用颜色这个话题，纷繁如色谱上的色调。我们受到与日俱增的细节和复杂性的攻击。鉴于某种"类型"的刺激——涂料、意大利面、工作、约会对象、特价优惠——之间无穷多的精妙差异，负责从我们脑海深处的混乱中召唤出图像清晰、结构分明、前后连贯的主观"现实"来的认知过程像风车般转个不停，根本没有逻辑终点。因为从理论上来说，面临任何问题、困境或难解之谜，我们可以无休无止地收集越来越详尽的情报，但永远不决策。

不过，我们还是决策了，对吗？之前已经讨论过，自然选择为我们装备了一个强制退出功能，好让我们在神经沙滩上划下界线；这给我们足够的信心和肯定，打消我们进一步斟酌的念头，防止我们的大脑不停运转，越转越慢，最终宕机。前仆后继飞流而下的输入积累到临界质量后被截断，大脑计算出不同相关数据点之间的**具有实质意义**的最小公约数：涂料的"蓝色"，寻求政治庇护者是"移民"还是"难民"。

不过，语言有罪，它有一个不为人知的秘密。词语不但**界定**我们看到了什么，还影响和决定我们看到了什么。有两个经典实验提供了最好的例证——虽然如果只看实验主题的话，你可能会以为它们是从物理学年鉴而不是心理学年鉴里摘录来的。这两个实验一个是关于温度的，另一个是关于速度的。两者都牵涉到语言以及语言那恶魔式的、马基雅维利式的思维花招。

第一个实验是1950年在美国耶鲁大学做的，研究我们如何感知他人，如何形成对他人的印象。哈罗德·凯利（Harold Kelley）将实验结果写成论文发表。他是一位**货真价实**的教授。在实验中，他让两组学生读两位杜撰出来的教授的情况介绍，其中一位被描写为"相当冷淡"，另一位被描写为"非常热情"。接着，"两位"教授——其实是同一个人扮演的——走进教室，给两组学生分别上二十分钟的讨论课。凯利想知道的是，两组学生见到"教授"后会有什么反应？

结果如他猜想的那样，两组学生的反应差异显著。首先，那些期望见到热情教授的学生比那些以为将要见到冷淡教授的学生更积极地参加讨论。其次，第一组学生对教授的评价高很多，称赞他很幽默、会交际、受人喜爱，比第二组学生眼中的教授好多了。

事实上，后续研究已经揭示了这个预设在人体中枢神经系统里的又热又冷的东西究竟是什么，它的作用不仅限于书面文字。研究发现，我们身处温暖房间时对他人的评价高于身处寒冷房间时。这样的差别存在于各种各样我们一般不会想到的情况下，例如手持热咖啡和冰咖啡这两种不同情况下。真的，如果我们手暖和了，对他人的好感似乎也会增加。

然而，语言不但固定了我们的思维，影响了我们的感受，还控制了我们**看到**什么，我们过眼了什么。心理科学史上没有哪一项研究比二十世纪七十年代美国记忆专家伊丽莎白·洛夫特斯（Elizabeth Loftus）进行的研究更能证明这一点。这项研究如今被广泛认为首次解密了人类已知的最强大的认知偏差之一：误导信息效应。

该研究的焦点是洛夫特斯播放给两组实验参与者看的一段轻微交通事故录像，一辆行驶中的轿车和一辆静止的轿车发生了碰撞。看完录像后，她向两组人提了同样的问题：行驶中的轿车撞上另一辆车的时候，它的时速是多少？

令人难以置信的是,虽然两组人看的录像一模一样,但他们给出的答案大相径庭。其中一组认为(小组平均值)是每小时31.8英里,另一组却说是每小时40.8英里。①

两个小组的看法之所以不一样,是因为洛夫特斯设问的措辞有些微妙差别。她问其中一组:"甲车**碰**到乙车时,时速是多少?"她问另一组:"甲车**撞**到乙车时,时速是多少?"悄悄换了一个字,得到的答案就大不相同。

此外,提问时听到"撞"字的那组目击者还声称在事故发生那一幕看到了碎玻璃,虽然视频里根本没有。

无怪乎在法庭上"误导证人"会引起对方律师迫切且激昂的异议。我们记忆的可塑性很强,我们的大脑很容易被误导。如果说我们无法在想出两个标签前划出界线来,那么我们也无法在不划界线的情况下想出标签来。

语言决定论

十二月某个黑沉沉下着雨、寒意逼人的夜晚,我去了伦敦西区的学院俱乐部。这个小小的楼上空间是已故记者奥伯龙·沃(Auberon Waugh)在大约三十年前创办的,供文人墨客喝酒聊书。我去那里见一个朋友——伦敦大学金史密斯学院"认知、计算和文化中心"主任朱尔斯·达维多夫(Jules Davidoff)。朱尔斯是颜色知觉领域的世界顶级专家之一,专攻颜色知觉上的文化差异。用他的话来说,多年来他一直试图弄明白为什么我们看到的彩虹不都一样,为什么世界上某些地方的某些人群有时候看到的颜色和你我有别。

他相信,答案在于语言和我们为范畴贴的标签。作家乔治·奥威尔(George Orwell)曾经评论道(在《政治与英语语言》里,该书出版时间比伊丽莎白·洛夫特斯著名的撞车研究早三十年左右),如果说思想使语

---

① 实际速度只有每小时12英里。——作者注

言堕落，那么语言也能让思想堕落。①他指的是语言懒散，懒洋洋的现成短语——陈词滥调，或称认知停车标志——导致懒洋洋的拿来主义思维，例如"普通工人阶级群众"或"上帝做事很神秘"。②但在颜色世界里，朱尔斯的研究更进一步。在红色和橙色之间划下界线不难。可是为了划这条界线，你得首先知道"红色"和"橙色"长得什么样。你不但得了解埃莉诺·罗施所说的"世界级"红色和"世界级"橙色，那个还比较容易，你还得了解"劣质次等"的红色和"劣质次等"的橙色，尤其是在红橙两色边境通道上以及通道附近，你得知道什么时候某种"劣质次等"红色**真的**是劣质次等红色，而不是"劣质次等"橙色。反之亦然。奥里耶·克鲁格兰斯基会说，你的大脑必须让红色在遭遇橙色时强制退出，让橙色在遭遇红色时强制退出。然而，如果没有一个指代红色的词，也没有一个指代橙色的词，那么问题来了：我们怎么知道要"找"什么？如果我们不知道嫌犯的特征，我们怎么找得到？

朱尔斯给我上了一堂颜色科学前沿研究的辅导课。1671年，艾萨克·牛顿爵士发现白光透过三棱镜后分解成组成可见光的七种颜色。直到现在，这仍然是科学史上最重大的发现之一。然而，朱尔斯认为，还有一点更重

---

①哲学家们和心理学家们一直以来都在辩论语言和思想之间的关系。是思想影响语言，还是语言影响思想？大体来说，两大对立范式在这个辩论中处于强势地位。第一个范式强调语言的沟通功能，它辩称，语言独立于思想，仅仅是一个长期进化而成的用于表达我们的想法和感觉的工具。与之相反，第二个范式最早由美国语言学家爱德华·萨丕尔（Edward Sapir）和本杰明·李·沃尔夫（Benjamin Lee Whorf）于二十世纪四五十年代提出，现称萨丕尔-沃尔夫假设或"语言决定论"——认为语言和思想相互依存，语言有能力或多或少地塑造人类的心智。——作者注

②奥威尔评论说，这种现成短语往往"听上去很对"，但对独立思考者和追求真理者来说没什么价值，因为它们的唯一作用是阻止人们围绕任何既定议题进行有意义的讨论或批判思考。例如，"上帝做事很神秘"一方面安慰那些沮丧失望的人，另一方面为运气好的人找理由，手法如出一辙：在两种情况下均让人放弃分析，从而无从知晓结局是否源自判断失误或知识运用失误等人为"可控因素"和神圣意志之间的相互抵消。毋庸置疑，这种思维懒散如果不被抑制的话，可能导致刻板印象，例如工人阶级群众真的"普通"吗？跟谁比普通？"普通"究竟是什么意思？而且，如果受到极权主义政治体系的鼓励，这种思维懒散可能导致精神控制：正如奥威尔所预言的那样，人要是不会思考，别人就会代劳。或许二十世纪五十年代文鲜明（Sun Myung Moon）在韩国创立的统一教的口头禅"你想多了"最能概括奥威尔的评论。——作者注

第 7 章 彩虹的另一种命运

大。如果牛顿摆弄三棱镜的地点不是他在剑桥大学三一学院的实验室,而是在巴布亚新几内亚的雨林,并且他没在林肯郡乡村长大,而是巴布亚新几内亚原住民Berinmo游猎采集部族的成员,那么现代物理学课堂就会大不一样,对彩虹七色的知觉也会有别于我们如今给它们贴的标签。

为了理解他的意思,我们回到古希腊人沉思冥想的问题,回到哲学家欧布里德和他那高深莫测的沙堆悖论。你们应该还记得,沙堆问题围绕一堆沙子展开。更精确地说,沙堆问题探讨的是沙堆何时成堆。如果新加一粒沙永远不能把非沙堆变成沙堆,那么要是我们从一粒沙开始积累,怎么可能积沙成堆?我们都知道眼前的是不是沙堆,我们都知道沙堆和一把沙子、一点点沙子之间的区别。但是,从理论上看,从纯粹逻辑思考的角度来看,沙堆是个幻象,是一个无法看透的哲学谜团。

沙堆悖论适用于一切,它不只适用于沙子,也适用于颜色。下列练习可以说明这一点。假设我们把10 000张色卡排成一行,一头是鲜红色(色卡1),另一头是亮橙色(色卡10 000)。任何两张相邻色卡之间都没有显著差异,换句话说,任何色卡和它左右两边的色卡之间的色相变化不超过觉察变异所需的"可觉差",所以在这个序列里,每一张色卡都看似跟下一张色卡一模一样。

在此基础上,我们可以构建以下论证:

> 色卡1为红色。
> 如果色卡1为红色,那么色卡2为红色。
> 如果色卡2为红色,那么色卡3为红色。
> 以此类推,直到色卡10 000……如果色卡9999为红色,那么色卡10 000为红色。但显然色卡10 000非红色,它是橙色。

沙堆诅咒再次降临。

朱尔斯和同事黛比·罗伯逊(Debi Roberson)在若干不同文化里做了一系列独创性实验后,发现颜色空间解析中存在显著异常现象。例如,说

灰度思考

Berinmo语的原住民当年去寻找彩虹尽头的金子①的时候，行程不知怎么地被缩短了，他们的多色彩只跨越了五个颜色空间。而在英语里，多亏了牛顿，我们跨越七个颜色空间。这其中的原因之一是Berinmo语里没有区分"蓝"和"绿"，而是把它们合在一起形成一个上位范畴"nol"。这个现象是否独一无二？算不上，因为其他文化也有等效的颜色命名体系。②但这个现象是否值得注意？朱尔斯认为绝对值得。因为虽然它从表面上看无足轻重，跟质量指标里的一节内容差不多，但它的实际意义深刻得多。它不但大大影响了Berinmo语的词汇，还影响了以Berinmo语为母语的人对蓝-绿色谱上的颜色的知觉，也就是说，影响了他们的实际**所见**。

想象一下，十二个绿色方块在电脑屏幕上排列成一个圆形，其中十一个方块一模一样，还有一块跟它们的差别非常小（我们说的小，是彩通③色卡上一个或两个色号之间的差异④）。你觉得你能把这一块挑出来吗？如果你和大部分挑战过这项任务的人一样的话，你挑不出来。更有甚者，这个任务会把你逼疯。然而，以Berinmo语为母语的人轻而易举就能挑出来。

反过来，如果我把那个差异微乎其微的绿色方块去掉，换上一个宝蓝色方块，那么把有差别的方块挑出来这个练习就不太难了。除非你以

---

① 根据爱尔兰传说，每条彩虹的尽头都埋着一罐金子，并且还有一个狡猾的小精灵守候。"彩虹尽头的一罐金子"通常用来比喻可望而不可即的财富。——译者注
② 蓝、绿二色在赫雷罗语（辛巴语）、朝鲜语和藏语等若干语言里是同一个词，即"绿蓝"（grue），语言学家们称之为共词化。例如，在藏语里，sngon po一般用来描述天空和草地两者的颜色；在朝鲜语里，pureu-da可以是蓝色、绿色或者蓝绿色。在其他语言中，如越南语，把天空和叶子视为参考点，例如他们可能会用"像天一样蓝（xanh da trời）"或者"像叶子一样蓝（xanh lá cây）"来区分这两种颜色。同样，在与藏语相近的高棉语里，指代蓝色的词（bpoa kiaw）隐含蓝绿两色，而指代绿色的词，如bpao sloek chek srasa（字面意思是："鲜嫩香蕉叶的颜色"），参数设置较为严格，不包含蓝色。——作者注
③ "潘通"因为读音同Pantone相近，所以常常被误以为是Pantone的中文译名，但其实Pantone的正式译名是"彩通"。——译者注
④ 彩通配色系统是颜色界的电话号码簿。它为不同色相和色度分别标号，色号已经有成千上万了，有点像你在涂料产品目录里看到的色卡。两个相邻彩通色号可能让人很难区分：想想看，如果两个十一位数的电话号码只差一位数，那多容易让人搞错呀。——作者注

Berinmo 语为母语。要是那样的话，这个练习就太棘手了：跟你我做上一个练习时一样令人光火、完成无望。

朱尔斯清楚地表述道，究其原因不在生理学，而在语言。以 Berinmo 语为母语者和以英语为母语者的大脑都配备了一模一样的知觉神经硬件，都一样能够"看见"周身世界无处不在的颜色，但他们**注意到**的颜色不同。为了注意到我们环境中的**任何事物**，我们必须感知到它的不同。我们的感知对象必须鹤立鸡群。但紧接着我们还需要一种方法来界定和识别那种不同，把它的独特鲜明之处分离出来、为它精确定位。

语言实现了这个功能。

朱尔斯对语言**如何**实现这个功能的解读是他的观点大受欢迎的真正原因。他辩称，标签起到划分界线的作用。语言对五花八门、竞相争夺人的注意力的体验进行限制、认证和鉴定，它既管理又追踪预期。朱尔斯提出，以 Berinmo 语为母语者的大脑之所以能够迅速从几乎一模一样的绿色展示屏上找出异色来，这是因为它在固有语言的颜色范畴的影响下已经习惯成自然。它有很多用于描述不同绿色的词，也就是说，它的取景器在看绿色的时候调整到超近距离设置。然而，它不习惯区分蓝、绿二色，因为它没有指代蓝色的词汇。以英语为母语者的大脑遭遇的难题则正好相反。我们苦苦辨别近似绿色而不能。但是，我们在绿色的海洋里识别出蓝色易如反掌。

我们从日常生活中再找一个例子来说明这个原则。想象一下，你去研究一个有三十名孩童的班级。这些孩子外貌都差不多，没有谁特别与众不同。但接着，他们的老师随手指出一个孩子，对你低语说："那是克里斯托弗。"下次你进到这个班级的时候，你就会密切关注克里斯托弗。而且，神奇的是，他在你眼中很容易辨认。同样地，再想象一下，就在那位老师向你指出克里斯托弗的同时，另一位老师把我叫到一旁，向我指出一个叫罗宾的孩子。

下一次**我**进到这个班级的时候，一下子就吸引我的将会是罗宾，正如克里斯托弗吸引了你的注意力。而你不会"注意到"罗宾，我也不会"注意到"克里斯托弗。

131

在上述例子中，环境的物理结构有没有发生客观变化？没有。在那个班级教室里，罗宾和克里斯托弗依旧泯然于众，跟其他学生没什么差别，一般外人依然不觉得他们起眼。然而，词汇景观**已经**有了变化。我的语言世界和你的语言世界已经发生了变化。在客观现实里，在老师们把两个孩子分别介绍给我们之前，"克里斯托弗"和"罗宾"这两个范畴早已存在。他们一直坐在课桌旁边没动过。然而，如果名字这种语言学狗哨没有吹响，那么他们那可以互换的外形根本不会如同听到狗哨的狗一般紧跟上来。他们没能力应答我们注意力的召唤。

再以知更鸟为例，红襟知更鸟。瞥一眼这种知更鸟的胸部，你就会发现一个令人震惊的真相，它根本不红，它是橙色的。那么，为什么我们叫它红襟知更鸟而不是橙襟知更鸟？追本溯源，答案还是藏在语言里。英语中的"橙色"（orange）源自梵文中的水果nāranga。（没错，橙色因橙子得名，不是橙子因橙色而得名。）这个名称后来演化出了阿拉伯语和波斯语形式，分别为nāraj和nārang，十四世纪的时候经由古法语中pomme d'orenge进入晚期中古英语。不过，直到1512年，"橙色"才登堂入室，被正式收录进英语词典，成为官方认可的颜色词。它的前身是复合词geoluhread，字面意思是"黄–红色"，它是一种已经灭绝的古代橙色物种，曾经安居中世纪颜色词汇表若干个世纪未受语义学捕食者的侵扰。

这样一来，1512年前的人类就碰到了一个问题。那时候，橙襟知更鸟已经存在，可是指代橙色的词还不存在。那时候已经有红色和黄色，但没有橙色，至少在英国没有。更确切地说，**橙色其实存在，但我们不需要看见它**。七百、八百、九百年前，在坦格香橙味汽水、廉价航空和移动电话服务提供商①出现前，橙色有什么必要呢？根本没有，或者稍微有一点点用处。直到橙子这种水果出现。

是的，橙子这种水果原产于中国，罗马人在罗马帝国全盛期引进了橙

---

① 橙色是英国廉价航空易捷航空的标志色。英国有一家电信运营商名字就叫Orange。——译者注

子，他们从公元前2500年开始种植。但真相是，当五世纪罗马帝国覆亡时，橙子与其说是禁果，不如说是被人遗忘的水果，至少在西欧如此。400多年后，摩尔人入侵伊比利亚半岛，从北非横渡直布罗陀海峡的海船不但带来了伊斯兰教的货物，还带来了一些奇特的、颜色鲜艳的、圆滚滚的东西。直到那时，橙子的命运才终于改变。这一次，它学会了拉关系，总算在这里站住了脚。

语言授予我们的每一个标签从本质上来看都是强制退出键。我们已经读到，在电磁光谱中，"蓝色"遇到"绿色"就强制退出，"橙色"遇到"红色"就强制退出。在寻求政治庇护者的连续统里，"移民"遇到"难民"就强制退出。在同一间教室一大群长得差不多的学童里，"克里斯托弗"和"罗宾"遇到匿名的同学就强制退出。这就好像通过认知魔法——在经验和预期的作用下，由于经年累月积累保存下来的感知、评价和判断之间的隐性关联——给某个标签划下了界线。一旦有了界线，就有了差异。

美国语言学家本杰明·李·沃尔夫对此有过更为简洁的表述。他早在1940年就评论说："我们解剖自然的时候沿着由我们的母语规定的界线下刀。"

朱尔斯·达维多夫面露微笑。

这就是为什么他不带一丝尖刻或讥刺意味地告诉我，如果牛顿没有在剑桥大学三一学院某个静谧、遁世的角落做研究，而是跑到巴布亚新几内亚偏远的北方前哨的某块热气蒸腾的丛林空地去，那么苹果公司的标识[①]里就会少那么一两种颜色。

词汇和需求之间

在Berinmo人的文化调色盘里只有五种颜色，造成这种现象的确切原因还是可以追溯到我们大脑天生对最优范畴划分的偏爱：把物品和刺激分成

[①] 在1976—1998年间，苹果公司的标识是一只彩色苹果。——译者注

一堆又一堆，效率越高越好。想想看，丛林里不太有蓝色，不是吗？但肯定有许多绿色。所以在你面对蕨类植物、树林和这两者之间千千万万种不同高矮的植物的同时，何必费心区分天蓝色和青金石的颜色？另一方面，对最优范畴划分的界定可能大相径庭，无论是在情境之间，还是在文化、社会、文明，甚至物种之间。

英国哲学家路德维希·维特根斯坦（Ludwig Wittgenstein）曾经写道："如果狮子会说话，我们也理解不了它。"直到今天，谁都不确定维特根斯坦写下这段出了名神秘的评论时在想些什么。但有一种解读是明摆着的，典型的丛林之王会愿意为了成千上万差别细微的气味兴奋得咆哮到永远，但我们人类嗓门没那么大，也很难理解气味的重要性。我们的嗅觉取景器的取景范围要大得多。事实上，无论在过去还是现在，我们的大脑从现实中召唤出来的现象学范畴不但反映我们周身世界的结构，还揭示各个社会和文化独特的认知重点，远远不只是在我们谈论颜色的时候。

例如，阿根廷高乔人有200多个描述马的毛色的词，但仅仅把植物世界划分成四个类别：pasta（饲料）、paja（寝具）、cardo（木质材料）和yuyos（所有其他植物）。同样地，虽然反复被人传扬的"因纽特人有几百个描述雪的词"的说法已经被全世界大为光火的语言学家多次辟谣，但它有一定的真实性。因纽特语里没有水的泛称词，但确实不缺描绘各种凝固的水的术语。此外，当然还有我们的涂料专家，他们有丰富的蓝色同义词表，他们的取景器擅长捕捉高深莫测、难以识别的色差。

另一个很能说明问题但也同样奇异的例子是空间意识。辜古依密舍（Guugu Yimithirr）是一种澳大利亚土著语言——英语里的"袋鼠"（kangaroo）一词就源自这种语言。这种语言缺少一个极为特殊的、普遍存在的词汇范畴，即描述相对人体位置的空间定位词，例如"左"和"右"、"前"和"后"。用该语言给别人指点方向时，以对方的位置为原点，报出东南西北来。例如，以该语言为母语者可能会说"梳妆台东面的镜子"或者"站在你南面肩膀那儿的男人"。而且他们回忆过往事件时

第 7 章 彩虹的另一种命运

也会时不时地提到四大基本方向。

这是否意味着在澳大利亚某个偏僻的角落里生活着一群方向感超强的人,他们的方向感比我们大部分人的都强?完全正确。研究表明,以辜古依密舍为母语的人具有所谓的"绝对方向感"。无论他们在哪里,能看到什么,不管是在行进中还是静止不动,他们总能指出北方来。

值得一提的是,颜色是一种特殊的范畴。颜色跟马、植物或冰不一样,甚至在这个问题上,它跟方向也不一样,它的重要性并不局限于少数几个与世隔绝的文化中。它是所有视觉中不可或缺的成分,而且能够担当所有文化都通用的三个重大心理需求的信号功能:警告(停车标志),应急(伪装色)和便利(想想体育运动:有没有试过打斯诺克的时候全部用同一个颜色的球,或者踢足球时让两队穿同色队服?)。

不过,并非所有的颜色都生来平等。在进化意义上,有的颜色特别是"古老一点"的颜色,有比其他颜色更值得耀武扬威之处。如果我们追溯一下现在或历史上任何语言中不同颜色出现的时间,也可以说它们的出生顺序,我们就会发现一个明显的规律。在任何语言里,绿色不会先于黄色出现,黄色不会先于红色出现,红色不会先于黑白二色出现。①蓝色出现在绿色之后。

原因可以追溯到每种色相在远古自然环境中的出现频率和显著程度。最早的脊椎动物是寒武纪和奥陶纪(大约4.5亿—5.5亿年前)的无颌鱼类(脊椎动物无颚类)。它们生活在浩瀚海洋边缘清浅的小环礁湖里。它们吃什么同它们的审美偏好没多大关系。它们从混浊的泥浆底层里吸食营养物质,视力没什么用。事实上,它们的视觉同变形虫的视觉一样,主要用于监视环境光线的简单变化,警惕捕食者的接近:例如辨别出一块突如其

---

① 值得强调的是,并非所有语言都具有同样数量的基本颜色词。例如,英语里有11个基本颜色词(黑、白、红、黄、绿、蓝、粉、棕、橙、灰和紫),斯拉夫语里有12个基本颜色词(淡蓝和深蓝被区分开来),而生活在巴布亚新几内亚的丹尼人的语言里只有3个基本颜色词(黑、白和红)。不过,一种语言里的基本颜色词的数量与这些颜色词的出现顺序毫无关系。——作者注

来的阴影的移动。对无颌鱼来说，如果有什么"颜色"比较重要，那就是明或暗，黑色或白色，躲起来还是去捕猎。

快进到两百万年前，我们的穴居祖先的视觉系统已经发育到能够觉察到直接可视范围内的快速意外变化并做出响应。本书此前提到过，岩洞口突如其来的庞大长牙肉食动物让洞里光线一暗，也可能让洞里的人再也见不到天日。无论从现实还是比喻意义看，情况十分明确，这是一个非黑即白的决策。所以黑白两种颜色总是率先进入语言也毫不令人奇怪。虽然颜色对我们的史前祖先来说很重要，但明暗对比更重要。

十九世纪德国哲学家、语言学家拉扎勒斯·盖格（Lazarus Geiger）沿着电磁光谱的波长排列看向更远的地方，他受到当时英国财政大臣威廉·格莱斯顿（William Gladstone）发掘古希腊文本中的颜色的启发。格莱斯顿发现，在荷马的《奥德赛》里，"黑色"一词出现了将近两百次，"白色"出现了一百次，"红色""黄色""绿色"各出现了不到十次，而"蓝色"根本不见踪影（例如，荷马在《伊利亚特》里将爱琴海描绘为"深酒红色的大海"）。他在一些别的作品中发掘出类似的规律，其中包括冰岛萨迦、《古兰经》、中国古代寓言和古希伯来语版本的《圣经》。

他的结论非常独到。在颜色联邦中，黑色独步天下，红、黄二色盘踞高位；而在语言中，这三个描述符也相应地占据突出地位。盖格提出，其原因在于我们原始祖先同黄昏、黎明和日出的远古幽会。[①]

例如，盖格注意到印度教《吠陀经》有下述特点：

> 这一万多行诗句充斥着对天空的描绘，几乎没有哪个主题出现的次数比它多。太阳和黎明时分的红霞、日和夜、云和闪电、空气和苍

[①] 还有许多其他假设。红色是血的颜色，是皮肤受刺激后的颜色，所以：（1）它是一个可靠的情绪指示器；（2）它代表受刺激的人血氧饱和度高、肤色健康、适应进化过程。红色和黄色是成熟的水果的颜色，而水果是我们灵长目树栖祖先的重要营养源。——作者注

天，所有这些一次又一次地展现在我们面前，但有一点没人能从这些古老的颂歌中知晓，那就是天空是蓝的。

神经科学证据趋于支持这样的理论。例如，研究表明，颜色词在所有语言和文化中出现的顺序同我们大脑视皮质对可见光不同频率的反应呈正相关。换言之，人脑对某个颜色的频率的反应越强，即该颜色的波长越突出，这个颜色就越早进入语言。

"红色警戒""红色危险信号""激怒斗牛的红布"等耳熟能详的短语似乎证实了上述研究成果。既然如此，在几乎任何社会或文化里，人类预警信号采用的颜色组合——黑、红、黄——跟自然界用于宣告危险生物到来的颜色组合一样，这只是巧合吗？还有蓝色，一种自然界相对少见的颜色，它不但是任何语言中最后出现的基本色，而且还表现出同率先出现的红色截然相反的精神物理学作用，这也只是巧合吗？[1]远非如此。警戒色（即动物行为学家们所称的"警戒态"）本质上同伪装对立，它的功能是让某种动物，如黄蜂或珊瑚蛇，被想要捕食它们的动物一眼就看到、注意到、记住并且有意识地避开它们。

这一策略通过经典条件反射起效用。潜在捕食者把"非条件"刺激（警戒色）的存在同"条件"刺激（刺蜇、咬伤或产生毒素）关联起来，从而学会规避。如果后续时运不济，猎物与捕食者不幸遭遇，只要猎物那令人避之不及的警戒色登场，就足以威慑进攻者。非条件刺激越是显著，教程就越有用，教育意义就越大：要害击中得越狠、越快，记忆就越持久。

这一切都归因于一个简单的问题，而它正迅速成为本书反复出现的中心主题。我们的世界**要求**我们具备多少个颜色范畴？或者就此而言，无论

---

[1] 例如研究表明，红色倾向于增强皮肤电反应（心理应激的一种标准衡量方法）、刺激大脑情绪、升高血压；而蓝色似乎有相反的作用，它倾向于削弱脉搏率及与情绪处理和压力反应相关的大脑区域的活动。同样地，研究还表明，住在蓝色房间里的人设置的室内自动调温器温度通常比住在红色房间的人设定的温度高，平均高出4摄氏度。——作者注

是什么事物，它被划分为多少个范畴最合适？蓝色的前世今生并非众所周知，正如格莱斯顿和盖格发现的那样，这种天空及无数个卫生间内部的主导颜色比我们以为的要年轻。事实上，它要足足年轻几百万年，古希腊人和古以色列人的语言里都没有它，当时的北欧和印度支那文化里也不见它的踪影。他们都不需要这个颜色，正如我们在十六世纪之前不需要橙色那样。是的，古代的天空是蓝色的，但它既没有威胁性，也没有营养，更是无利可图。再说了，天**真**的是蓝色的吗？①

不过，古埃及人不一样。他们在早期文明中鹤立鸡群，为蓝色设立了独立指称，而理由也很充分。埃及古王国时期（公元前2686—前2181年）的文化中有一个独特元素使蓝色变得必要。它在生态上或进化上没有什么特别重大的意义，却是冷静的商业命题。四千年后，这个商业命题把李维斯牛仔裤、吉百利糖果公司、纽约巨人橄榄球队的喜好同"有企业家精神"的法老联合起来："埃及蓝"颜料的原料得到开采、生产及大规模出口。

起初，古埃及人开采青金石这种宝石是为了装饰帝王陵墓和艳后克娄巴特拉的双眼。后来他们发现，单单依靠青金石来提炼精妙的天空色既无法量产，成本也过于昂贵。于是他们搬出他们那个时代的试管、本生灯，披上他们那个时代的实验服，戴上他们那个时代的护目镜，着手研究替代方案。

他们大获成功。石灰、沙子和铜煅烧后形成硅酸钙铜，硅酸钙铜经过研磨变成粉状，复现天空和海洋色泽的颜料就诞生了，而且它拥有毋庸置疑的世界上第一种合成颜料的称号。它被用在绘画和墓饰上，也被用在陶器、纺织品和珠宝的生产上。它声誉卓著，逐步传播到整个新月形的利凡特地区，经由埃及、美索不达米亚和希腊扩散到罗马帝国最遥远的角落。

---

① 《话/镜：世界因语言而不同》（*Through the Language Glass: Why the World Looks Different in Other Languages*）一书的作者盖伊·多伊彻（Guy Deutscher）曾经在家做过一个小实验。他一直很注意，从没有跟小女儿讲过天空的颜色，直到有一天，他问女儿抬头看到什么颜色，她说不上来。天空没有颜色，多伊彻宣告，最终她断定天空是白色的，直到后来她才改口说是蓝色的。我们之前读到的拉扎勒斯·盖格对古代经文中望天沉吟的分析揭示了类似的颜色的不明确。——作者注

第 7 章 彩虹的另一种命运

描述埃及蓝那富丽的、广受欢迎的色泽的名字也声名远扬。

先有需求，**再**有词汇。毫不夸张地说，蓝色在利凡特地区还有古埃及的市场上一举成名。每当我同人说起蓝色的来历，他们看我的神色就好像我在开玩笑，好像我全盘捏造。

我没有开玩笑。

虽然难以置信，但语言是一种致幻药。它不但让我们看到**不存在**的东西——还记得撞车录像研究里的碎玻璃吗？还让我们看到**本来就存在**的东西。

2018年，一个貌似无伤大雅的推特民调引发了一场辩论，把网民们分成两个针锋相对的阵营。如同打网球一样，它乍一发球就把一个高深的哲学议题发进了公共意识这个球场，像温布尔登网球公开赛上的一个争议重重的边线球那样导致激烈尖锐的辩论。

网球是什么颜色的？

推特用户们给出的答案五花八门。黄色、绿色、柠檬绿、黄绿色、反光背心黄和荧光黄是其中几种。有谁能比罗杰·费德勒更适合一锤定音呢？在击打网球这件事上，他可是史上数一数二的高手。

就在这位21次赢得大满贯的网球选手向芝加哥的球迷打招呼的时候，人群里有个声音喊道：" 嘿，罗杰，网球是绿色的还是黄色的？"

费德勒眼睛都不眨就打出了一个他以为必然得分的反手球。"黄色！"他微笑着大声回应。

然而，费德勒的回答不但没有得分，反而激起更热烈的辩论。我们都知道"黄色"长什么样，我们也都知道"绿色"长什么样。但我们能否在色谱上扎下一枚大头针、在彩虹上划出一条精确的线，把黄、绿交界处标记出来？那些黄色沙粒在哪里变成了绿色沙粒？绿色山丘在哪里长成黄色高山？答案是，我们标记不出来。或者，如果我们标记得出来，那么明天它的位置又会移动。而且我们划的标志线跟别人在柠檬黄-柠檬绿之间划下的界线不是同一条。

那为什么我们标记不出来呢？很简单，因为我们不需要标出来。从来就没有这个必要。我们在进化史上从来没有因为环境使然不得不细致切分黄、绿颜色空间，高度精密地对每一个细微差异、每一个色度、每一个色相逐一分类编目。①如果**有过**这样的情况，那我们不但可以脱口解答网球颜色难题，还能达成一致意见。不但就颜色的构成——黄色还是绿色达成一致，还能就颜色的型号达成一致：是莫吉托苔藓色还是柠檬水草地色。

我们的日常取景器并没有设置在量子微观级别上，识别不了裸眼**或许**可见的10 000 000种颜色，而是设定在裸眼的确可见的"基本色"级别上。在这个级别上，颜色判断错误的代价跟颜色判断正确所需的努力之间取得最优平衡。借用美国认知科学家赫伯特·西蒙（Herbert Simon）的话，这是一个"满意度最高的"级别，让人恰好满意的级别。

想想电影里的镜头或场景。它们的数量要足够多，这样才能推进故事情节。但它们的数量不能太少或者太多，否则的话我们会看得云里雾里，不明所以。在一定的距离之外看黄色和绿色，它们看起来是黑色和白色的。而这个距离，这个取景范围，是由自然选择之手设置的。我们只能站在最佳射程上，被获准对颜色进行二分。

---

①不过，目前这一点可能有变。近来越来越多的品牌求助法庭，为同品牌有关联的标志性色相申请商标保护，希翼能够在全球颜色海洋里买下一些私人小岛。或许这方面最知名的案例是吉百利公司为了享有某种紫色调——彩通色号2685C，绰号"吉百利牛奶巧克力紫"——的独家使用权而打的旷日持久的官司。但其他的品牌也有类似举动。早在2004年，移动网络运营商Orange为了同易捷航空抢颜色地盘夜不能寐，因为它担心这家航空公司采用的彩通色号021C标志色同自己采用的彩通色号151C商标色过于接近。同样地，2018年，欧洲法院宣布一项判决，法国鞋履设计企业克里斯提·鲁布托（Christian Louboutin）寻求对其标志性的大红底高跟鞋的保护成功。这个在比利时、荷兰及卢森堡注册的商标提到了"鞋底用的红色（彩通色号18-1663 TCX）。"该色号更为人知的通俗名称是"中国红"。判决一出，想必竞品鞋履制造商不得在它们的鞋底上用这个颜色，但它们还可以用彩通配色系统里与其相邻的颜色：例如18-1662 TPX（火焰猩红）或18-1664 TCX（火红）。如果连后者也不可以用的话，Orange同易捷航空之间的战火就会重燃，那么我们在哪里划界线呢？红什么时候变得不够红，不再称得上红？因为除非你是一个拥有500个描述不同红色的词汇的火星人，中国红也好，火焰猩红也好，火红也好，看上去都只是红色。——作者注

第8章

框架游戏

> 我突然意识到，那颗漂亮的蓝色小豌豆是地球，我举起大拇指，闭上一只眼睛，于是我的大拇指就遮住了地球。我没觉得自己像巨人，我感到自己非常、非常渺小。
>
> ——尼尔·阿姆斯特朗（Neil Armstrong）[1]

---

[1] 尼尔·阿姆斯特朗（1930—2012）是美国宇航员，他实现了人类首次登月。——编者注

某一天将近中午时分,我溜进系大楼,正好被系行政主管叫住:"嘿,凯文,过得好吗?"

"我**快死了**,"我答道,"你呢?"

他的表情非常惊讶,我想他以为我是说真的。

他问:"嗯,在你长辞前,什么时候能把那些研究报告的分数给我?考试委员会这周五开会,要是成绩没有录入,他们会怪我的。到时我会转达你的歉意。"

我举手投降,上楼去我的办公室,他不会有机会在报纸上开"为你解忧"专栏的。但接着我开始反思我刚才的话。快死了,那语气可是相当强烈,当时我的感觉真有那么糟吗?经过再三考虑,我得出结论,没那么糟。我那时或许有点不爽,但我有过感觉更惨的时候。所以我为啥跟他那么说呢?

不久之前,当我还在剑桥大学的时候,我做过一个研究,每天监测四十名本科生的言语模式一小时,持续一周。这个研究很简单,每位学生只要连续七天在随机指定的六十分钟里录下他们的谈话,然后上交录音文件供分析即可。我感兴趣的是**他们**使用夸张语气的频率。

研究结果真的是意想不到。所有学生在他们的言语被监测的每一天每一个小时里都用到了至少七个或"黑"或"白"的描述符。极好的、恶心死了、怕极了、欣喜若狂的……这些最高级的形容词和词组随随便便就从他们的口中被说出。

吃惊吗？或者说，**震惊**吗？你不需要感到吃惊，做一做下面这个练习，你就会明白为什么。这个练习里有十组"非黑即白"的描述符。它们都是我们大多数人一直在用的日常词。把这些词抄到一张纸上，然后在每一组词旁边写下一个准确描述这两个极端词之间的灰色地带的词。这个练习有时候容易，有时候比较难。

举例来说，如果给出的一组词是"黑"和"白"，那么显而易见的答案就是"灰"。（如果你不明白这一点，或许这一节就跳过不读吧，直接读下一节。）

1. 上和下
2. 内向和外向
3. 好和坏
4. 被动型和攻击型
5. 大和小
6. 粗糙和光滑
7. 左和右
8. 醒着和睡熟
9. 高和矮
10. 开心和抑郁

运气好的话，现在你面前的纸上已经写下了十个词。要是这样，瞄一眼你的答案。有没有看出什么共同点？如果你的反应跟我测试过的那些剑桥学生近似的话，你应该能看出共同点来。你写下来的所有折中词是不是都流于平凡？

我们来看看有哪些可能的答案。嗯，要是你既不在上面又不在下面，你显然在中间，所以这题答对了没奖品。要是你既不好又不坏，那你可能被描述为平庸。如果你既不穿大号也不穿小号,那你大概穿中号正好。如果你在政治上既不左倾也不右倾,那你可能是温和派。如果你既不高又不矮,那你可能身材中等。

以上你有没有答对?我相信你答对了一两题。但是咱们就此打住,再看一眼这五个词。中间、平庸、中号、温和、中等,不太激动人心,是吧?事实上,在公关和广告界,这些词差不多是禁忌词。

还有一点,你有没有觉得编号为偶数的那几组有点难?如果有,那你和很多人一样。我测试过的学生没有一个能用一个英语单词填补被动型和攻击型、粗糙和光滑之间的空白。他们中有的人可能写一百个词都仍然不得要领。这令人担忧,如果英语语言里没有唾手可得的术语来充分描绘某些非黑即白的反义形容词之间的灰色区域的话,这种语言饥馑会迫使我们用两极分化的、非黑即白的术语来说话和**思考**。这后果令我们始料未及,影响深远。

记住,标签划分界线。

例如,回忆一下,最近一次你跟朋友讲述让你稍觉尴尬的体验时,你说到过这事"可怕""恐怖",你"恨不得死掉",当时你真的希望地上裂开一条大口子把你吞下去吗?还是你其实只想躲到一个安静的角落里假装什么事都没发生?要不想想最近一次你在电影院看完电影后对电影里的"坏人"评头论足的场面。"坏人"真的坏到没治了吗?他们肯定都有闪光点吧?从蝙蝠侠的死敌小丑到《沉默的羔羊》里那个从精神科医生变身连环杀人犯的汉尼拔·莱克特(Hannibal Lecter),小丑信心爆棚,而莱克特是位风度翩翩的天才。

2020年3月,我把自己的担忧告诉给词典编纂者、词源学家和作家苏茜·登特(Susie Dent)。过去几十年来,数百万英国人在电视上看熟了苏茜的脸,因为她是第四频道智力竞赛节目"倒计时"(*Countdown*)的词典类题目的首席裁判,目前仍在任。我们本来打算在牛津市中心的圣母玛利亚教堂的一家咖啡馆见面,但因为新冠肺炎,咖啡馆关门了,就连上帝都在自我隔离。我只能给她打电话。

"你是心理学家,所以你懂的比我多很多,"苏茜告诫我,"但我最近读到一个研究说,性格外向的人比内向的人用的极端词汇多。比如,他们会说'闷热',不说'热'。或者如果他们在讨论你写的书,他们会说它'才华横溢',而不说'信息丰富'!"根据这项研究,究其原因,外向人格者的大脑需要更多的皮质刺激才能达到跟内向人格者大脑同等的应激水平。而增加皮质刺激的途径之一是语言,他们用更极端的语言给自己注射兴奋剂。

"你认为语言在更广义的层面上也一样吗?我是指在整个社会层面上。现在人的注意力都太分散,为了让别人在一片语言噪声中听到我们的声音,我们必须用大词、哗众取宠的词,我不知道,或许可以说耸人听闻的词。比如广告里就经常这样。为了吸引眼球,广告都变成奥运会项目了。"

这股风潮并非仅限于广告界。苏茜说得对,我们对夸张语言的嗜好无处不在。旧时的天气预报会告诉我们,明天气温低、下雨、有大风。现在,天气预报里满满都是气象学狗血情节,宣告各种不祥的怪兽风暴和快速形成的风暴,下雨变得"有组织",刮风好比"轰炸"。政府不再聘用专家,转而招募"大腕"。如果你想应聘理货员或者清洁工的工作,那么祝你好运,这些工作说是"补货专员"或"路面技师"还差不多。如果凝神想一想,事实真相发人深省。我们成天调用这些两极分化的、非黑即白的言语模式:无论是讨论电影(给人印象极深)、食物(天赐美味)还是假期(一生难求),一切如此。所以当我同事问我"还好吗"的时候,我很自然地告诉他"我快死了",我夸张地描述了自己的身体状况。我有没有故意向他撒谎?当然没有,我干吗要为自己的不爽撒谎?但另一方面,我当时**的确**不知不觉地就诉诸极端语言。我夸大了自己常有的那种懒洋洋、没精神的感觉。而且怪了,这样一来,我很可能自我感觉更加弱不禁风,更加无精打采,更加虚弱。我们使用的词汇不但影响**他人**对事物的看法，还影响**我们**对事物的看法。①

为了说明这一点，请允许我向你们介绍我做过的另外一项简单研究。我把一群本科生分成两组，然后发给每组一张词汇表，词汇表上有十个他们必须连续一周、每天五次插入日常谈话的形容词。一组学生拿到的词汇表上都是类似"非常棒""太可怕""不可救药"的"极端"形容词，另一组学生拿到的词汇表上是"一般""平衡的""正常"等"中庸"的描述语。

一周结束时，每位学生都在电脑屏幕上看到一个带有游标的灰度连续统（连续统不是单独拿出来做测试的，学生们还做了好几个"诱饵"测试）。他们必须把游标分别移动到他们认为渐变灰"进入黑色地带"和"进入白色地带"的精确位置。

实验结果本身就相当黑白分明。一周都在使用极端词汇的学生为"黑"和"白"设定的阈值都很低，即他们标出来的黑色和白色区域起点相比那些接受过更温和、更保守的语言调适的学生标出来的起点更接近连续统的中点。

看起来，**我们**看见了我们说过的话。

再看一眼那张词汇表。你在日常谈话中使用"开心"和"抑郁"的频率

---

①本书第2章曾经简要讨论过美国心理学家丽莎·费德曼·巴瑞特的情绪粒度理论。她的研究表明，使用较为丰富的词汇来表达情绪对人有一些出乎意料的生理和心理好处。用多样化词汇表达情绪的人不但不会在生气时失控、在情绪低落时借酒浇愁、在觉得滑稽的时候放声大笑——这些都是同较强情绪调节能力挂钩的抑制性行为——他们也更善于在逆境和情感困局中学习、成长以及看到光明面。他们看病的次数也较少。只要稍稍研究一下其他语言里带情感色彩的术语，就会证实词汇不但主导我们的言语和思维（记得吗？之前我们讨论过以辜古依密舍为母语者的超强方向感），还主导我们的感受。举个例子，那些喜欢丹麦式"hygge"（舒适惬意）概念的人不太容易罹患季节性情绪失调，他们在隆冬的烛光下，用毯子搭成堡垒，壁炉里火焰熊熊，马克杯里热巧克力蒸汽腾腾，他们浑身上下包裹着羊毛衣物。全年都在践行这个概念的丹麦人也不太容易情绪失调，他们手写感谢信，多走五分钟的路去那个出售异常优秀的咖啡豆的商铺，在海滩上燃起篝火，年复一年地被各类调查评选为世界上最快乐的民族。而另一方面，德语单词Backpfeifengesicht——通常被翻译成"一张让人恨不得痛打一拳的脸"——是否让德国人更有侵略性？我觉得这个研究很有必要。——作者注

有多高？非常高！今天你可能就在不经意间用过了，理由也很充分。要是有人驻足询问我们过得怎么样，而我们拿出这样的锚定词直奔主题，把人生的小玩意扔进黑白两色的折扣商品区，不但我们自己轻松些，对方也轻松些。

然而，久而久之，麻烦越积越大。只要我弓腰驼背地在电脑上写这本书，我这种糟糕的书写姿势（Linguistic posture）①肯定会在将来某个时点导致躯体压力、损伤，在某些情况下甚至会导致畸形。"抑郁"本身就是一个很好的例子。因为无处不在的误用和术语磨损，这个医学名称在普通大众的心目中已经变成"厌倦"和有点"不舒服"的同义词，而那些**真正**抑郁的人——被临床抑郁这种令人衰弱的心理疾病折磨得丧失行为能力的人往往会被视为意志薄弱。我们都曾因为永失所爱哀痛过、晋升时被忽略过、感情关系破裂过。我们时不时地感到情绪有点低落。嗯，有点抑郁。但我们迅速恢复过来了，不是吗？挺过来了，重整旗鼓了。因为抑郁这个往日的医学描述符现在被滥用，而且似乎人人可用，于是我们被误导了。既然我们能恢复过来，**他们**为什么不能？

"'太棒了'和'伟大'这样的说法也一样，"苏茜评论说，"在当代用法里，它们已经成为我们描述根本称不上'太棒了'和'伟大'的事件和体验的多用途必需品，变成了稍微有那么一点用处或者用起来还算方便东西。'明星'和'英雄'这类词汇也一样。如今我们把每个人都叫作'明星'或者'英雄'，给我们买咖啡的人，让我们搭便车回家的人，没有因为我们更改了会议时间就大吵大闹的人。

"'悲剧'和'灾难'也是很好的例子。'真不敢相信他连罚点球都罚不中。真是悲剧！''哦不，我没茶喝了。真是灾难！'要是真有悲剧发生、真有灾难降临，我们该怎么办？我们的词汇货架全空了，因为我们在惊慌失措之下已经把所有最高级的词汇抢购光了。"

她接着说道："或许这就是这几年表情符号大行其道的原因。它们就

---

①作者在此处使用了双关。"posture"在此处既可理解为"姿势"，又可理解为语言学"立场"。——编者注

像我们从超市货架上取下的一块块小小的、充满语义学糖馅的语言巧克力,好用来应对语言学……"

"……危机?"我插嘴说。

苏茜笑了。

"需求,"她还没说完,"这真是一件……"

我又想插嘴,但这次她抢先一步。"憾事,"她告诫我,"不要**想把它叫作悲剧**。"

这事要怪就怪我们人类早期的祖先。在语言刚刚出现之际,出于区分原始人工制品和体验——明、暗、快、慢、利、钝——的基本属性的需求和沟通这些差异的需求,我们的史前先辈创造了大量非黑即白的词汇。我们已经讨论过,这个二元词汇表直到今天还在控制我们的思维和谈话,依然占据着我们从书架上取下的任意一本词典的大多数篇幅。它不但向我们周围的人传达我们的感受——我们的情绪、欲望、意图和态度,还影响并维持这些内在有机的、易受暗示的状态。它的精确起源我们当然无从知晓,但有可能它来自"具身认知",不是头脑对身体的影响,而是身体对头脑的影响。我们的远古祖先刚开始给他们所在的原始好辩的世界里的"这个"和"那个"赋予人格的时候,会不会纯粹以他们自身的生理对称为依据,比如双眼、双耳、双手、双脚?这是一个别出心裁的想法,但也并非全无根据。例如,发展心理学中的"二重性"概念指的是帮助婴儿获得"自我"和"他人"概念的天然存在的成对元素,正如"小数"概念来自"十个一组"(源于拉丁文decem)和数手指。[1]说真的,左撇子这个概

---

[1] 计数系统的拟人化起源的痕迹可在许多不同语言中看到。例如,因组特语的"五"是talimat,"手"是talik;瓜拉尼语(巴拉圭、阿根廷东北部、玻利维亚东南部和巴西西南部土著语言)单词po既可以翻译成"五"也可以翻译为"手";阿里语(中非共和国西南部的一种语言)中的"五"和"十"分别是moro和mbouna:moro是"手",mbouna是moro("五")和指代"二"的bouna的缩写式(因此"十"就是"两只手")。——作者注

念会不会很能说明问题？对左撇子的偏见、歧视和污名化会不会起源于与生俱来的基本手灵巧度差异这么一件琐碎随机小事？

这也并非不可能。我们的祖先和我们一样，使用右手者居多。牙齿考古学记录表明，远古人类劳作的时候喜欢用右手，或许吃东西的时候也喜欢用右手。① 如果远古的工具是为使用右手者设计的，那么左撇子使用这些工具时表现出来的笨拙很容易招致嘲笑和奚落，这也不算想象过度。几百万年后，紧随工业革命的脚步，左撇子们再次遭受嘲笑，因为他们操作那些为貌似更手巧且人数众多的使用右手者们设计的机器时同样笨拙。

语言中可能埋藏着一个线索。英语里的"左"（left）源自盎格鲁-撒克逊语词lyft，其意为"弱"。英语中的"阴险"（sinister）来自拉丁语"左边的"。我们不但可以在兼收并蓄的英语词源中抽丝剥茧发现这一线索，还可以在法语、汉语、西班牙语、意大利语、德语以及北欧和斯拉夫方言等多种语言里发现"右"和"好事"、"左"和"不幸"之间的隐晦关联。

无论他者化、二元认知和黑白思维的根源在哪里，世界上没有哪本分类词汇汇编或常用语手册不带有对立语言学指纹的印迹。事实上，因为我们的词汇表的内在情感的两极性经久不衰，所以我们可能会提出一个论点，而有些人曾经竭力鼓吹过它，那就是认为我们的语言能力不仅是按照常识观点或其他观点所暗示的那样进行演化，即是为了协助沟通，为了逐步提高信息传导的准确性、系统性和情境完整性才演化出来的，语言能力还可以用于欺骗、诡辩和托词。语言被当作劝说工具，那些有说服力的人能利用语言篡改、伪装和夸大真相，从而占那些言辞不利的人的上风。

---

① 堪萨斯大学的科学家研究过穴居的原始人牙齿化石上的磨损。后者显示，虽然我们的远古祖先脑子不笨，但身体不太灵巧。研究人员发现，我们的史前先辈处理兽皮时，先用嘴巴咬住畜体的一端，然后用优势手拿工具进行切割。他们前门牙上暴露秘密的划痕为他们用哪只手稳住肉块、哪只手挥刀提供了确凿证据。有趣的是，左撇子在尼安德特人群中的占比跟现今人口中的左撇子比率惊人相似，都在一比十左右。——作者注

跟许多从进化角度解释心理功能的观念一样，这种视语言进化为"上帝的诈骗"的论点具有争议性，正反方证据均存在。但除了进化起源存在争议外，很少有人会否认语言是说服力的关键或者否认书面语和口语是一种不可或缺的后意识社会的影响力媒介。

我们可以动用其他工具来说服他人，然而语言具有显著优势。第一，很重要的是，它是合法的。至少在大多数情况下合法。第二，语言具有民主性。大部分人信手拈来。第三，或许最重要的是，正确的人在正确的时间用正确的语言能够让他人在审慎评估后真正地、持久地改变思想、视角和态度。用枪指着他人的脑袋的效果达不到这一点。

语言在这方面效力最强的一个属性在于它能像金属在电路的两极之间导电一样，在争论的两极之间传导立场和观点，从而展现不同或者相反的视角。如果继续沿用这个比喻，那么我们还可以用"事实"替代"电子"，用"推理过程"替代"电流"。就这样，语言把信息从被认为知识更丰富、理解力高人一等的一方传递给信心相对不足或不太确定的一方，在后者知情认可的前提下改变其心意。换句话说，在语言的助力下，我们得以积累、整理、选择和呈现信息，同反对意见展开辩论。它让我们得以构建一个替代的、对抗性的、表面上看"更胜一筹"的现实，用它去挑战、质疑我们试图说服的个体或群体的"相形见绌"的事实，并在理想情况下取代后者。

我们在第7章里讨论过，我们说了什么影响我们看到什么。我们说了什么还可以影响**他人**看到什么。但这两者不一样，后一种是说服。

然而，看见不等于把显而易见的东西摄入眼底就够了，无论这些东西是构成我们所处的物理环境的实物，还是构成我们所在的社会环境的心理制品——价值观、信念、意见和意识形态。我们站在哪里观察、占据了什么有利位置进行观察，这些给我们大脑感知到的现实和我们心智所接受的真相带来的影响跟观察对象本身对认知造成的影响一样大。

几年前，在伦敦林肯法学协会的广场，我在一位英国顶级御用大律师

第 8 章 框架游戏

豪华的、内墙镶橡木的律师事务所里向他解释了我的电路比喻。他听懂了，还对它进行了改良。他说："确实，信息在大脑里流转就像电子在电路里流动。但你得记住一点，信息同电流一样，哪里的阻力最小就往哪里流。最好的律师是那些能够把诉讼案件的事实整理得井井有条、把证据碎片拼成完整拼图、在评审团成员的脑海里生成最清晰连贯的全景图的人。也就是说，他们让陪审团觉得他们对案情的解读比反方的版本更容易接受。"

你可以称这些人为框架设定大师。他们在包装整齐的论证板条箱外面贴标签，这些论证通常是数据、细节、要点和细微差别，而这些标签对装在里面的案情的描述不一定最正确，但最能迎合审判员的认知情绪和心理情感。

如果范畴是产品，那么框架就是商标和品牌。

当然，框架设定不只发生在肃静神圣的法庭上。它在我们的生活中随处可见，人们使用它的原因五花八门。

几年前，我和曾经在英国空军特种部队服役的畅销书作家安迪·麦克纳布（Andy McNab）都有一点担心我们共同的一位朋友。那位朋友在伦敦以北的赫里福德郡乡间经营一家报刊店。他把家安在离报刊店大约五英里①的一个村子里，每天搭公共汽车上下班。你可能会想，他不是什么马克·扎克伯格式的人物，但他日子过得不赖。只有一件事令人忧心，这位朋友有个大毛病。他在英国军队服役时成就斐然，声誉卓著，但退役后染上了酗酒的毛病。在一周的七天中，每天上午十点左右，他必定喝得醉醺醺，全靠身前的柜台撑着才没躺倒，随便逮着一个人就胡说八道。要是人家不爱听，他就咒骂连连。

当地人开始抱怨了，要是他们能插得进嘴的话。有的人用脚投票，宁可跑远路去隔壁村子光顾另一家书报店，那里的老板没这位朋友那么爱喝

---

① 五英里约合八千米。——编者注

酒。在我们这位朋友的财务地平线上,乌云开始集结。这怎么办?

一天午后没多久,安迪和我有事路过便顺道去他店里看望他,请他吃个饭。安迪有个想法,当时我觉得他疯了,但事实证明这是一个天才的想法。

安迪问那位朋友:"你有没有想过,要是你骑车上下班,每天能省下两张车票钱,相当于三英镑。存到星期天晚上,你就有钱多喝五品脱[①]啤酒了。"

后来,车上只有我们俩的时候,我提起这件事。我说:"真新鲜!为了让人戒酒,叫人存酒钱。"

安迪面露微笑,他说:"迈克以前是个壮小伙,咱们等着结果吧。"

第二天,迈克果真按照安迪的建议骑车上下班。他告诉自己,这么一来,存钱罐里就多了三英镑,星期天就可以在女王头像酒吧喝上"免费"啤酒了。为了让自己直观地看到省钱的妙用,他从外套口袋里掏出三英镑硬币,放进厨房窗台上的一个旧咖啡罐里。第二天早上,他又放进去三英镑。第三天也如此。到了周末,正如安迪所预言的那样,他的旧咖啡罐里有了二十一枚一英镑硬币,随时都可以兑换五品脱得来不易的啤酒。他把硬币全部倒出来,走进酒吧,升级到酩酊大醉高级版。

在下一个星期,他做了一模一样的事,再下一个星期还是如此。直到最后,他在某个周日吃午餐的时候改变了想法。几个月的自行车骑下来,他开始感到自己比以前稍微多了那么一点活力,头脑也"清醒"了一点。此外,他还注意到自己的**外形**也好看起来了。事实上,骑车上下班让他重新审视自己的生活、冷静清醒地直面现实。安迪说的没错,他一直以自己的健壮身材为傲。改变开始了,他更加认同"以前那个迈克",那个被他放弃的自己,那个被千杯不倒的酒鬼抹杀掉的百发百中的神枪手现在愿意努力变回去。

安迪是对的。从那一刻开始,迈克再也没有回头。这一切都是因为他为了多喝啤酒放弃了乘坐公共汽车上下班。

[①] 一品脱约合零点六升。——编者注

第 8 章　框架游戏

视角决定所见

安迪一直很擅长这种小花招。与其说他让人看到了不一样的东西，不如说他调整了照射在同一样东西上面的灯光的角度。与其说他让人重新思考一个局面，不如说他重新框定了局面。虽说指出这一点让他很伤心，但这个技巧不是他首创的。最早认识到这个奥妙的影响力真理的是公元前四世纪写下《修辞术》的亚里士多德。他不但是西方哲学之父，也是说服科学之父。有时候，改变一个人心意的最有效、最强大、最轻而易举的方法不是改变现状，而是改变这个人看待现状的角度。

举个例子，想象一下，一位在男子学校教英语的老师走进教室，在黑板上写了一句话让学生们断句：Awomanwithouthermanisnothing。与此同时，在隔壁一所女子学校教英语的他的朋友也让学生对同一句话断句。后来，他俩比较了两个班级的断句结果，震惊地发现它们大相径庭。

男生们断出来的句子是这样的：A woman，without her man，is nothing（一个女人，没了她的男人，什么也不是）。而女生们断出来的句子是这样的：A woman：without her，man is nothing（女人：没了她，男人什么也不是。）

组成句子的单词没有改动。不但单词一模一样，语序也一模一样。然而，这两句话的句法**不一样**。也就是说，"看"单词的角度不一样。就这样，标点符号位置的小小差异造成了语义的大不相同。

先哲亚里士多德洞悉成功影响他人的关键秘诀——如果一个人不能改变世界，那就退而求其次改变**看**世界的角度。经科学验证，这个洞见被今天的说服专家们奉为圭臬。但或许我们向古人的先见之明致敬的最突出表现不在于修辞或语言习惯分析，而在于前景理论。前景理论是在风险和不确定性条件下的概率性决策模型，由美国认知心理学家丹尼尔·卡尼曼（Daniel Kahneman）和阿莫斯·特沃斯基（Amos Tversky）于二十世纪七十年代末提出。这个理论很简单，一点都不高深莫测，但正是凭借它，2002年12月一个白雪皑皑的夜晚，在它诞生将近四分之一个世纪，特沃斯基英年早逝六年后，丹尼尔·卡尼曼站到了斯德哥尔摩音乐厅的舞台上接受诺贝尔奖。

卡尼曼和特沃斯基通过前景理论挖掘出了形而上学的炸药：一个跨文化普遍存在的，但在他们之前无人觉察的，从我们的远古祖先时代就开始框定我们日常生活中各种选择、决定和判断的倾向。

我们规避损失的欲望强于我们追求利得的欲望。

或者换一个说法，我们喜欢赢，但更憎恨输。

卡尼曼和特沃斯基合作多年。他们共度了漫长的快乐时光，在收集各种或真实或虚构的精巧独特的场景案例的基础上著书立说。其中一个真实场景案例是卡尼曼和另一位诺贝尔奖得主、行为经济学家理查德·塞勒（Richard Thaler）共同设计的。他们随机选中某些学生，向其赠送马克杯，同时要求另一些学生向前者购买马克杯。从表面上看，这似乎无伤大雅。

然而，在实验结束时，两人对比了潜在买家的出价均值和马克杯主人或卖家的要价均值之后发现一个显著差异。卖家的平均要价约为七美元，而与此形成鲜明对比的是，希望买到马克杯的学生的平均出价约为三美元。卖家心目中**失去**马克杯的前景比买家心目中**得到**马克杯的前景分量重。

在卡尼曼和特沃斯基的虚构场景案例中，最著名的或许是所谓的"亚洲疾病"问题。实验参与者们面临一个两难困境，需要在官方提出的两套公共卫生计划中选出一套来，用来应对某种危及600人性命的流行病。两个选项如下：

选择治疗方案A，拯救200人的生命。

选择治疗方案B，有三分之一的概率拯救全部600人的生命，但有三分之二的概率一个人都救不了。

哪一种方案更好？

在这个两难困境版本中，绝大多数实验参与者偏好治疗方案A，即**保证能拯救200人性命的那套方案**。在一般情况下，有四分之三的被试对象赞同这个解决方案。

然而，这个问题还有另外一个稍有不同的版本。其内容如下：如果采用治疗方案A，400人会死去。但如果采用治疗方案B，有三分之一的概率谁都不会死，三分之二的概率600人全都会死（见下图的总结）。哪一种方案更好？

框架	治疗方案A	治疗方案B
正面	拯救200人生命	三分之一的概率拯救全部600人生命，三分之二的概率一个人都救不了
负面	400人会死	三分之一的概率谁都不会死，三分之二的概率600人全都会死

正面和负面框架效应（引自卡尼曼和特沃斯基，1981）

正如前景理论所预测的那样，卡尼曼和特沃斯基对这一次迭代的分析揭示出一个全然不同的结果。在得知这两个选项后，只有不到百分之二十的实验参与者选择了治疗方案A，虽说在总共600名病人中，"200人获救"和"400人丧生"这两种结局其实是一样的。

这其实是马克杯大战再次上演了。用决策科学家的话来说，"损失框架"击败了"利得框架"。在实验参与者心目中，400人丧生的前景（前景理论由此得名）亦即**失去400条人命分量太重，救下200人生命的前景无法抵销这个后果**。

那么，认知框架究竟**是**什么？框架效应是怎么来的？它那无与伦比的说服力广泛为人称道，但这个力量在实践中究竟来自哪里？

说服：说出别人认为自己怎么想的艺术

去年，我接受一家总部设在英格兰西北部的跨国保险企业的邀请，在其高管团队的外出一日拓展活动上发表主题演讲。他们安排我在那天下午发言，那个时段是当天活动的最后一场。早上开场演讲嘉宾另有其人，她叫克莱尔·史密斯（Claire Smith）。

我猜克莱尔的年纪在六十五岁上下。她身材瘦小纤弱，留着男孩子气的灰色波浪短发，好比阿加莎·克里斯蒂（Agatha Christie）笔下的马普尔小姐和《007：大破天幕杀机》里朱迪·丹奇扮演的代号M的英国军情六处首脑的混合体。在创办专攻仲裁和风险管理的咨询公司之前，她是某些圈子的传奇人物。克莱尔把当年的自己描述为极端情境谈判专家，不带一点沽名钓誉、夸大其词的色彩。她曾经在中国和巴基斯坦等地方参与谈判，她说一口流利的中文，911恐怖袭击事件后，美国进入一级防范戒备，她在伊斯兰堡担任英国和巴基斯坦政府的顾问，处理备受瞩目的"国际社会共同关注的"问题。

我们在活动组织方安排入住的高尔夫温泉度假酒店的大堂里喝茶、吃饼干，大堂的家具都是柚木的，软装都是青色的，四下散放着厚重到一般人难以拿动的东欧人体艺术作品集。我们慢慢地就聊到了集艺术和科学于一身的说服。克莱尔擅长说服艺术，我专攻说服科学。我提到了框架效应以及它在塑造影响力过程中发挥的重要作用，她点头同意。你说什么很重要，但你怎么说更重要；你想传达的信息**内容**很重要，但信息的**包装**更重要。

她评论说，任何谈判的成功都有点像说服小孩子吃药，关键在于提前确定你的说辞或者你计划给孩子服用的药物的最优形式，药剂和糖衣一样重要。她还说，极端情境下的谈判，事实上是任何谈判的主要目的都是在困难、危险有时甚至致命的情况下同对方建立关系。克莱尔解释说，这是因为建立起关系、有了默契之后，谈判人员才有可能探索对方最看重的信

第 8 章　框架游戏

念和价值观体系，然后用感同身受的恰当方式框定自己的言论。

我问她，可不可以这样说，你得先偷来对方的价值观体系，刻上自己的标识，再把这些价值观卖回给他们？

她眯起了眼睛，模棱两可地答道："我不会那么说，反正我肯定不会跟塔利班这么说！但我明白你的意思。我觉得像我这样框定比较好：优秀的谈判专家沟通，差劲的谈判专家广播。"

克莱尔给我讲了一个她在巴基斯坦发生的故事，我立刻把它放到了我听说过的**最好**的框架效应故事的杆位。这个故事用无与伦比的方式展示出，如果把用正确的心理框架呈现的正确的说服性讯息在适当的时机以高超的技巧插入沟通中——重温一下我们在第5章里用过的美术馆比喻，就能让人的头脑拉近取景器，对画布进行更友好的、不那么挑剔的审视。

在巴基斯坦和阿富汗交界处的群山里，新的一天开始了。"阿赞"（伊斯兰教的祈祷召唤）回荡在云杉、杜松和白松交错的森林的上空，老鹰在喀喇昆仑山脉积雪盖顶的尖峰之间翱翔。突然，在一所冰冷的、用烛光照明的学校里恐怖来袭，这所学校摇摇欲坠地高踞在一个陡峭的、从岩石里凿出来的村落的岩架上。一名惊慌失措的妇女上气不接下气地跑进学校，她告诉那里的两位老师，一队塔利班士兵正朝学校方向而来。众所周知，塔利班反对妇女受教育。

恐惧笼罩在三十三名女学生头顶，而男孩子们都在对面山口上学。谁都不清楚这群塔利班士兵的情绪或来意，但很可能他们不是来送蜡笔的。事实上，他们很可能是决意前来关闭这所学校的。

塔利班很可能会把她们关起来。

老师们平静温和地送女孩子们离开学校去她们各自居住的村落。身穿天蓝色长衣、长裤、长围巾套装的女孩子们爬坡而上，回到她们云雾缭绕的家里。但两位老师没有撤退到更安全的地方，而是决定待在原地。过了大约半小时，士兵们的靴子把校园地面踩得震天响。她们端出来一盆盆玫瑰果豆蔻茶，还有一碟碟奶制软糖和甜面球。

她们的做法让指挥官和他的下属们放松下来。

两位老师带他们参观教室和操场。她们很乐意打开橱柜让他们端详内里，鼓励他们察看其中的教具，还有整整齐齐摆在桌子、架子上的学习单、教学挂图、抽认卡和故事书。在介绍学校的课程和日常活动时，她们向指挥官解释说，女孩子们学会读写能推进伊斯兰教义的学习，深化对《古兰经》的理解；学会算术可以让她们成为更好的妻子，在市场上更会讨价还价，不容易被差劲的无良摊贩蒙骗或承受缺斤少两的损失。

这次即兴而为、有茶点加持的校园开放日活动取得了成功。第二天清晨七点，校园钟声在渐次苏醒过来的兴都库什山脉迷蒙的山间悠扬响起。女孩子们一大早就安安心心地坐在课桌前，准备听第一堂课。她们有希望，有学上，有未来。因为老师们选对了框架，迎合了深深植入好战精神的原教旨伊斯兰文化基因中的一种激进、极端的价值观，所以保住了学校，挽回了局面。虽然胜算极低、风险极高，但她们用塔利班的逻辑说服了塔利班。士兵们一进校，老师们就控了场，做足了准备，以至于在这些男人的心目中，这所学校没有玷污、诋毁、攻击伊斯兰价值观，反而是一个灌输、培养和推广伊斯兰价值观的智力产品商店，一个伊斯兰意识形态训练场。

她们是不是很机敏？是的。她们的做法新颖独创吗？算不上。随便问问某位市场营销大师、品牌经理或者广告高管，他们都会告诉你同样一点：抢先一步在知觉上劫持我们大脑的决策航线的作用不容小觑。事实上，为了确保那些我们希望对他们施加影响的人能够安全、成功、在心理上高效地从**他们的**视角飞越到我们的视角，我们立即占领大脑的视角控制驾驶舱至关重要。而且这种稍纵即逝的第一印象不仅适用于我们对他人的评估。多次研究已经表明，第一印象在我们评估判断数据、信息和劝说性论证时起到的支配作用等同于在我们感知陌生人时起到的支配作用。

这一点在丹尼尔·卡尼曼和阿莫斯·特沃斯基的"亚洲疾病"范例中

显现无疑。该研究以令人信服的方式揭示了流行病学逻辑推理中的"注意力绑架"。还记得吗？从"利得"到"损失"的微妙框架转换瞬间起效，大大影响了实验参与者对哪一套治疗方案更合适的认知。

这样的例子不少。例如，研究表明：

> 海报宣传时用到"90%有效"字眼的避孕套被认为比"失败率仅10%"的安全套可靠得多。
>
> 面对两个包装一模一样的肉制品，我们中的大多数人会选择贴有"75%瘦肉"标签的那个，而非贴有"25%脂肪"标签的那个。
>
> 如果面临在通胀率为12%的情况下**加薪**5%（"利得"框架）和在通胀率为零的情况下减薪7%（"损失"框架）这两种选择，我们中的大多数人愿意加薪。
>
> 在足球比赛高压环境中的"突然死亡"的点球大战中，如果罚球未中就会导致本队失利，那么球员的表现（罚球命中率约为60%）一般会差于点球命中就能为本队赢得胜利的球员的表现（罚球命中率约为90%）。

框架是范畴世界的舆论导向专家，亦即公关专员、宣传从业人员、戏偶大师。如果范畴是负责划界线的，那么框架就是负责塑造市场视角的。

事实上，在2016年英国国内有关是否脱欧的辩论中，"投票脱欧"运动打出了"夺回控制权"的旗号。这个拉票宣传主题强化英国人民对失去的厌恶，淡化利得的分量。事实证明，它为"投票脱欧运动"赢得选票，是制胜的关键一环。

"投票脱欧"运动的拉票宣传负责人多米尼克·卡明斯在公投六个月后反思说："当时，我研究过针对欧元的民意，我们能想出来的最好的口号是'保留控制权'，所以我就考虑怎么在它的基础上调整。许多人表扬我想出了一句好口号，但其实我只做了一件事，那就是倾听。"

然而，改用"夺回"字眼是货真价实的影响力天才之举。规避损失跟扳平比分、**根除**损失完全是两码事。"夺回控制权"的强大之处在于，它射出一发修辞子弹，只用五个字（三个英文单词）就激活了利得和"夺回"、"控制"和损失两个框架。就这么一个原因，脱欧派赢了，留欧派输了。卡明斯的评论再次表明，言辞可以影响心理状态，用言辞这种改变思维的材料构建出来的框架可以不动声色地塑造我们的视角和判断。

例如，堕胎辩论的重点究竟是妇女的"选择权"还是"蓄意谋杀"？提倡堕胎合法者鼓吹前者，而反堕胎游说团体强调后者。毒品是"法律与秩序"问题还是"公共卫生"问题？你"看"问题的视角决定你应对问题的方式。

例如，在荷兰，几乎每隔一条街的街角就有一家烟雾腾腾的所谓"咖啡馆"。许多人以为它们是作为合法吸毒窝点应运而生的，但其实并非如此。它们是一个预防及治疗项目的一部分，旨在保护吸食大麻者，不让他们暴露在更加致瘾的毒品下。项目理念有逻辑且有自由主义色彩，完全**不是**黑白思维。不分青红皂白地禁用毒品会制造出二元亚文化，把使用习惯大相径庭、个人历史各不相同的吸毒者一刀切地全部放进一个群体分类中。很自然地，随着时间的推移，他们真的有可能**变得**毫无差别。此外，也有人担心，年轻吸毒者原本打算浅尝辄止，但背负犯罪记录之后，他们或许会自暴自弃，在药物滥用的连续统上走得更远。

菲律宾的情况正好相反。该国总统罗德里戈·杜特尔特（Rodrigo Duterte）同样不愿意让吸毒成瘾者背负犯罪记录，但他毫不犹豫地就让他们走向刑场。2016年，杜特尔特高举"勇气和怜悯"的大旗夺得政权。他不但承诺消灭成千上万的吸毒者，成立专门的"特种部队"来行刑，还呼吁选民们动用私刑。因为没有独立收集的可用数据，所以我们很难断定自从他上任以来有多少人因此丧生，但该国警方宣称，在一年多时间里，他们的各项抓捕行动已经消灭了3400人。

杜特尔特在一次记者招待会上列举道："希特勒屠杀了三百万犹太人，现在有三百万吸毒人员，我很乐意屠杀他们。"

当然，语言是最能成瘾的毒品，而我们人人都上了瘾。太有讽刺意味了。

注意力糖果

不过，框架给我们带来的不只是视角。除了让我们透过它们看世界，框架还起到另外两个基本但同样不可或缺的心理功能。第一个功能同强调有关。框架把我们的注意力吸引到一个议题的某个方面上，让我们心心念念的都是它的优点、缺点、好处和坏处，忘掉同一个议题的其他方面。换句话说，框架提示我们注意某些显著之处。更确切地讲，框架的制造者想要让我们**相信**这些是显著之处。有时候这对我们有益，例如健康广告或者环保、气候变化方面的宣传。但在别的时候它对我们无益，我们沦为不实信息的受害者。框架就像《哈利·波特》里的魔法，要么是黑魔法，要么是白魔法。

为了帮助读者快速理解显著性，我们再次欢迎两位英语老师入场。他们又给我们布置了一份语法作业。这一次，我们的任务是把"only"这个英文单词插入下面这个简单的断言句：She told him that she loved him。

实际上这个单词可以插在句子的八个不同位置上。所有因此形成的句子都符合语法：

  ONLY she told him that she loved him.
  （只有她告诉他，她爱他。）
  She ONLY told him that she loved him.
  （她只告诉他，她爱他。）

She told ONLY him that she loved him.

（她只告诉过他一个人，说她爱他。）

She told him ONLY that she loved him.

（她告诉他，一切都是因为她爱他。）

She told him that ONLY she loved him.

（她告诉他，只有她爱他。）

She told him that she ONLY loved him.

（她告诉他，她只爱他。）

She told him that she loved ONLY him.

（她告诉他，她爱的只有他。）

She told him that she loved him ONLY.

（她告诉他，她只爱他一人。）

不过，随着单词插入位置的变化，这个句子的意思发生了变化，有时变化还很大。这要归功于那个不起眼的单词"only"与生俱来的说服力。一旦被引介给句子里的其他七个单词，它马上就成了造句领军人物，用胳膊肘为自己开道，一路挤到天真无邪的词汇队伍前列。我们的大脑就像一块铁，瞬间被它这块吸铁石吸引。它的语言学明星特质让我们的注意力聚光灯追着它跑。无论它去了哪里，无论它做了什么，都是头版新闻。

它在文体和读者的心理上都很显著。

早在二十世纪九十年代，美国行为科学家埃尔德·沙菲尔（Eldar Shafir）做了一系列决策研究。在其中一项实验中，显著性表现出来的操纵能力着实令人震惊。沙菲尔告诉实验参与者一个虚构的两位家长争夺孩子单独监护权的诉讼案件。实验参与者只得知基本必要的家长信息，总结如下：

家长 A	家长 B
平均收入	平均以上收入
健康状况良好	有小毛病
跟孩子尚算投契	跟孩子非常亲近
平均工作时间	经常出差
相对稳定的社交生活	社交生活极度活跃

阅读完上述信息后，参与者们分成两组回答不同问题。对第一组的提问是："你会把单独监护权**判给**谁？"对第二组的提问是："你会**拒绝**谁的单独监护请求？"

差别很大，是吧？

然而，令人难以置信的是，虽然这两个提问正好相反，但两组受试对象都偏向家长B。第一组有64%的人决定把监护权**判给**家长B（也即家长B应当获得监护权）。第二组有55%的人**否决**了家长A（也即拒绝家长A的监护请求）。

为什么？

归根结底，还是因为"显著性"。设问的措辞直接影响实验参与者评判家长所用的标准。它从一开始就框定了被试对象对两位家长的二元印象。仔细重读一遍上面的信息，你会注意到一个简单的规律。家长A在每一个项目上的表现都"平平"。家长B正好相反，在有的项目上出彩，在其他项目上丢分。在日常监护权大战中，双方家长相互指责，非分出个好歹是非来不可，而上述差异正是决定成败的关键。

记住这个显著差异后，实验参与者才被要求审理案件。很自然地，那些需要决定把监护权**判给**谁的被试对象把注意力集中在每位家长表现出来的**有利于**照料孩子的属性上，需要决定**拒绝**谁的监护权请求的被试对象则聚焦**不利于**照料孩子的属性。但无论案情摘要怎么写，对判决的影响都不大。家长A得不到监护权不是因为人坏，而是因为太平庸！划分界线的不是回答，而是设问。无论是有利属性还是不利属性，普通、平常、中庸的妈妈、爸爸跨不过界线，吸引不了被试对象的注意力。

我们再用之前讨论过的堕胎辩论来举例。结论取决于你的立场，你通常可以借助两种描述模式中的一种招徕听众。**胚胎**和**未出生的婴儿**，从表面上看，这两种定性似乎可以互换，但仔细审视后，你会发现它们传递了截然不同的讯息，且为辩论设定的框架也大相径庭。

胚胎是一个解剖学名称，不带情感色彩，可以用于描述智人和其他任何哺乳动物的尚未出生的后代。它用客观的、分类学的、明确的生物学术语框定被讨论的主体。这种对我们早期生命成型阶段"非人化"的处理小心谨慎地、轻言低语地、不自觉地诉诸了一个强大的、经久不衰的先例，人类社会长期以来存在一个普遍共识，那就是我们可以出于各种合理正当的原因杀害动物。既然如此，承认在某些严重程度不等、社会心理复杂性不同的条件下可以终止尚在子宫内的人类"生命"就不需要飞跃跨度非常大的伦理信念。"胚胎"这个词强化了堕胎的公正性和功能性，弱化了它在道德上令人反感的一面。

与此相反，"未出生的婴儿"可谓双重打击，没有哪个说法比它更能煽动人们对堕胎的反感情绪。它调用的不是一个框架，而是两个，并且这两个框架都同其胚胎说对手所唤起的不带感情的、蜻蜓点水般的复调对立。

想一想"婴儿"这个词。在堕胎情境下，婴儿这个词把"后代"这个概念框定为人类原型，而非寻常哺乳动物。例如，我们不会把羊驼、袋鼠和鸭嘴兽等其他物种的后代称为婴儿，甚至也不称它们为婴幼儿，而是叫它幼兽、吃奶小兽（看看它们的照片，你会明白为什么！）。

"未出生"这个形容词把"在制品"这个鲜明但相关的内涵拿到台面上来。它没有强买强卖地让人接受这个内涵，只是含沙射影地指了出来。无声无息地、不动声色地、旁敲侧击地，它在我们眼前展开一个想象中的平滑线性递增的人性连续统，一头是不存在争议的出生后即为人的状态，另一头则是充满争议的出生前的状态，其含义同"胚胎"一词的含义截然相反。既然杀人只有在极少数异常情况下，亦即战争和自我防卫情况下才被接受，既然在子宫内的"未出生"状况成了其反义词"出生"的一个逻辑外延，一个连续不断的范畴学动态调节生物变光开关，把柔和的胚胎阴影调亮到刺目的、给人迎头一击的强光，于是堕胎就被诠释成邪恶的事情，一种可耻的、不可逆转的、缓期执行的死刑。

只不过是字眼的选择，影响却如此重大。

野马

滚石乐队的吉他手基思·理查兹（Keith Richards）讲过一个关于米克·贾格尔（Mick Jagger）和乐队鼓手查理·沃兹（Charlie Warts）的故事。二十世纪八十年代中叶的某天晚上，贾格尔拨打沃兹所住的酒店客房的电话。那时已经凌晨了，贾格尔喝高了，沃兹已经上床，但他接了电话。

贾格尔口齿不清地问："我的鼓手在吗？"电话那头一时寂静无声，然后就挂断了。贾格尔觉得没什么大不了的。

沃兹的想法却不同。他起了床，然后他刮了胡子，穿上衬衫和西装，打好领带，蹬上擦得锃亮的皮鞋。最后他下楼，贾格尔在楼下，沃兹径直冲他走过去。

砰！沃兹往贾格尔脸上揍了一拳头。

沃兹斥责道："不许再说我是你的鼓手。"他潇洒地转身折返上楼，顶级手工定制的乔治·克莱弗利牌皮鞋颇为出彩。

"你是我的主唱！"

此后十年，要是米克在头脑清醒时反思过他那天晚上是怎么向查理发问的就好了。"我的鼓手"这几个字清楚表明了这位主唱对乐队内部动荡多变的等级秩序的**视角**。它们还把人们的眼光集中到这两人之间的相看两厌大于相亲相爱的关系上。换句话说，这几个字让这个关系的特定性质变得**显著**了。不过，对贾格尔来说，真正出问题的还不是视角和显著这两个方面，而是框定的关键心理作用推论的第三个，也是最后一个成分。

它对我们的**判断**的影响。

通过向世人展现我们对某个特定议题的视角，加上对其中一个或几个重要部件的显著性的操纵，我们邀请听众对我们所信奉的世界观或观点分析和理解，并且相应地捍卫、废除或调整他们自己原有的结论。

如果进展顺利，同我们互动的人改变视角，与我们的观点更加一致，这就叫说服。框定功成身退。然而，要是进展不顺利，我们想灌输的视角和我们想突出的显著之处同我们试图对其施加影响的人的主观倾向相去甚远，无法形成任何一致，还导致了彻底的公然反感，那么正如我们在米克和查理的故事中所看到的那样，有时候就会引起轩然大波。一个人不可能永远心想事成。

当然了，如果一个"创造性差异"连续统的两极于夜半时分醉眼蒙眬地在酒店大堂里对决，那么谁都赢不了。两者都称不上是对方的理想目标听众。双方的认知和情感迥异，鸿沟分明，最具说服力的论调荡出的最大、最远的涟漪也无法冲上对方的思维海岸。原有的信念不改，原有的观点不变，原有的判断依然成立。但有时候，涟漪真的冲上了对面海岸；两种对立的意识理念不再被浩渺的心理洋面分隔成两块不同的态度大陆，说服变得可能。如果真有这样的情况，我们另当别论，它们表明说服者技巧高超，创造出条件使双方立场尽可能接近。为一个论调设定框架，让它落在某听众或某个体的**接受范围**（与**拒绝范围**相对）内，这是有效地、成功地施加影响力的一个要件。

我们给这个比喻装上发动机，把我们的大脑想象成过劳的认知出租车公司。它让环境中的各种零碎信息上车，比如观点、口号、口头禅、小段言论摘录、使命宣言，然后让它们在我们两耳之间的无数个不同地点下车。像所有的出租车公司一样，它会有一个服务区，也就是一个预先设定的方圆若干距离的服务覆盖区，区外叫车恕不搭载。

说服正是如此：当我们遇到的某件事或某个人试图改变我们的思想时，当电话铃在我们大脑深处摇摇晃晃的神经活动房屋里响起时，这个房屋人手不足、超负荷运转、稳定性越来越差，我们面临一个选择。我们要么记下地址，派车前去载上对方的论调；要么婉言拒绝，接另一个叫车电话。

如果想直接体会框定作用那强烈影响心绪的属性，甚至"目睹"它的影响力，我们不必舍近求远，只要看看视觉科学里某些令人瞠目结舌的强大视觉错觉即可。在见证过数字、物体和景观在我们眼前的神奇幻化之后，我们再由此及彼地想一想论证、解释和推理的魔法变身。在这个物理世界而非认知王国里，我们近距离地体验视角、显著性和判断如何相互结合发挥作用。如果说，成功说服的目标是让那些你试图说服的人用不同于以往的视角来看待事物，那么"一幅图胜过千言万语"这句古老的格言再合适不过。

请看以下图8.1a中的素描图。它被称为"谢泼德错觉"（Shepard Illusion）：

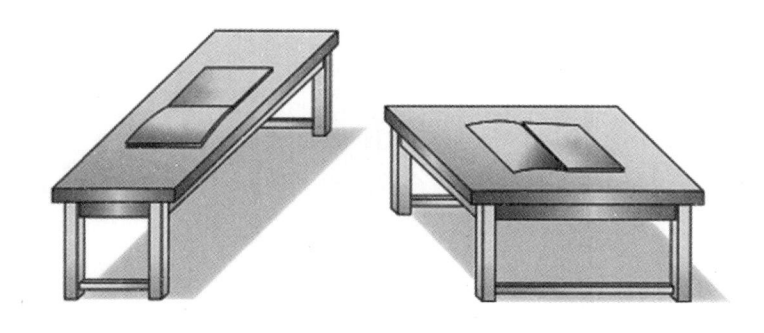

图 8.1a
竖长横短

该错觉以其设计者、美国心理学家罗杰·谢泼德（Roger Shepard）的姓命名，位列史上最非凡错觉榜。即使你事先得知内中诀窍，你还是很难反应过来。

那么究竟**是**怎么回事？说起来令人难以置信，这幅图里的两张桌子大小一样。你不信？证明就在下面：

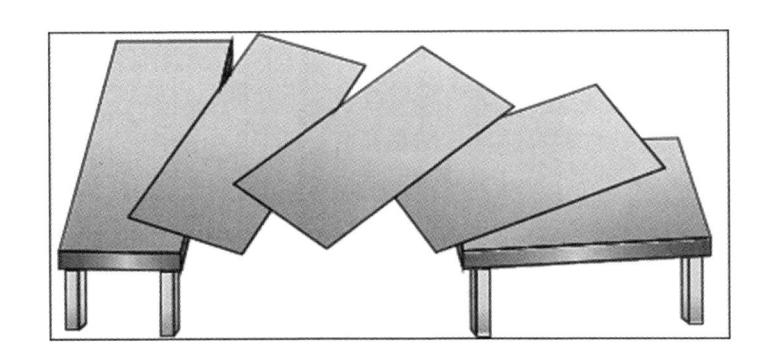

图 8.1b
翻转桌子

这一错觉的产生首先来自另外一个令人瞠目的错觉：垂直和水平错觉（见下图8.2）。

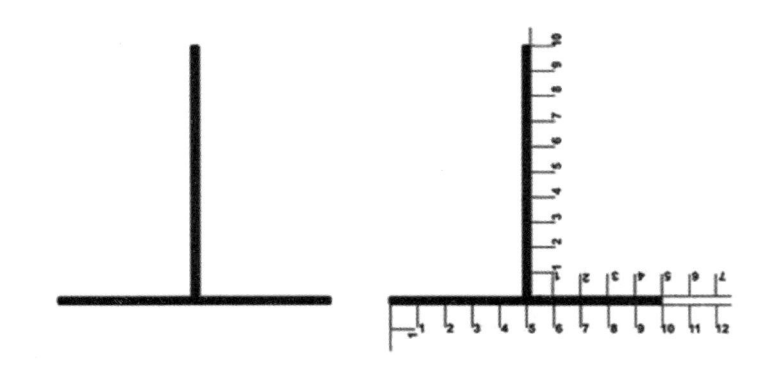

图 8.2
垂直和水平错觉

简单来说：我们倾向于放大和高估高度。大多数人认为上图左倒"T"字形状的一竖比一横长。同理，他们认为图8.1a中左边桌子比右边桌子长，因为它在画面上"高一点"，直一点，几近垂直。然而，你从图8.2右边的"T"字形状可以看出，就像之前图里的两张桌子一样，一横和一竖长度相同。

为什么我们这么容易被垂直和水平错觉蒙蔽？解释五花八门。有人认为，它代表大脑试图弥补我们视野的高宽差。电视机屏幕的外形更是强调了这种高宽差，横向拉长以便将我们的左右周边视觉最大化。

然而，我们之所以被谢泼德错觉骗到，还有另外一个原因。这个原因同两张桌子本身有关，更具体地说，我们的大脑选择把它们**解读**成桌子，因为它们确实不是桌子。实际上，这个错觉**真正**展示的是二维空间里被巧妙摆放成倾斜对顶角的两个几何形状，就是这样。但问题当然还是有的，这些轮廓性的几何构造有附件，它们有"腿"。平行四边形有"腿"之后会变成什么？那就是桌子。

要是这些平行四边形没有"腿"，而是发展出精心配置的阴影边缘并跻身于其他着色合宜、排列巧妙的平行四边形行列的话，同样的学习、熟悉和意义获取原则也适用。在这些少见而逗趣的场合中，紧随超凡脱俗的第一轮转变而来的是第二轮变形记。不久前，冰岛西北部的渔业小镇伊萨菲厄泽就发生了这样一幕。一组平行四边形诡异地石化了，它们变成悬浮在空中的又大又沉的石块，让驾车人不知不觉地就停下车来（见图8.3）。

图 8.3
这道立体斑马线让行人感觉如同凌空漫步，还把驾车人吓得魂飞魄散

效果太惊人了，但究其原因却简单得很。一旦大脑决定了它想拿这样的图像怎么"办"之后，它就情不自禁地把后者当作三维物体来处理。因为在日常生活中，我们的初级视觉系统就是这么学会处理**真实的**桌子和**真实的**混凝土块的。事实上，它就是这么学会处理一切的。为了搞明白周边三角学，大脑调用自己所有的知觉经验。如你所料，这全部知觉经验里包括大脑的所有视角知识。它得在分析完所有线和角之后尽其最大能力向我们呈现一个逻辑理性的画面，方便我们的后续分析。在我们的两耳之间召唤出对我们眼睛所摄入的"外部情况"的最合理的、信息最丰富的阐释。

于是，我们看到那些视觉内容。我们观察到道路中间的那些立方体超自然地悬浮在空中。于是，在图8.1a里，我们观察到左边的"图案"比右边的"图案"离我们远。也就是说，左边的"图案"更长。

不过，要是你重温图8.1b，错觉就会消失。一旦我们的认知把桌子的表面同底座分开，逐步旋转它们，把它们挨个排成处于同位角的队列，我们就会觉察到它们那被巧妙隐藏的真实尺寸，用客观真实的数学标准来衡量它们。

因为在这个过程中，我们**的的确确**换了另一个框架。

为了一探究竟，让我们重新回到框架的三大认知功能——视角、显著性和判断，思考它们如何发挥作用。首先，去掉桌腿，完全改变我们看这个图像的**视角**，而视角是制造这一错觉的首要活跃因素。其次，通过调整桌面的角度让它们逐渐趋同，我们一步步消除两个表面之间的空间方位差异——同一个图像的垂直和水平因素之间的知觉对比的**显著性**，缩小"桌子"的高宽比失调，其结果是**判断**的变化。这两张貌似比例有误的桌子不再让我们觉得一大一小，错觉消失了。

当然了，稍稍调整一下家具的位置跟改变思想、态度和意见是两码事。但说服的核心很可能不比基本的心理操纵复杂。它就是要让人从不同的角度看事物，换一个更符合说服者需要的视角来处理手头的议题、问题或事务。然而，即便如此，讨论影响力三角学真的有意义吗？翻转桌面和扭转局势之间真的有关系吗？

简单回答最后一个问题：是的，有关系。事实上，不只有关系，两者还可以视为同义词。说服就是心理几何学，就是细心拆掉桌腿。它就是把桌面调整到适当的角度。这里说的不是真的桌面、真的桌腿，不是形状或斜垂线在纸面上的投影，而是概念、论据、立场和意见的投射。由此而生成的装置无论在长宽比还是构图上都更为赏心悦目，其结构和方位均符合影响者的设计意图。

说服就是改变视角，就是调节显著性的明暗。归根结底，它就是设定框架，就是篡改和操纵判断。

如果三点都做到了，你不仅能翻转桌面，你还能踢翻桌面。你将能够颠倒黑白，把硬核信念和一度坚守的思维模式偷运过重兵把守的心理边境，长驱直入，视若无阻。这就好比你说的话语都是魔咒，而且你的影响力是不可抗拒的。

第9章

只要找到理由，就会有办法

他的做法是优秀律师的惯常做法。他视听众意愿的变化调整陈词。

——杰弗里·图宾（Jeffrey Toobin）[1]

---

[1] 杰弗里·图宾（1960—）是美国最出色的法律记者之一。——编者注

早在2005年，我写过一本叫作《四两拨千斤：瞬间说服的艺术》（*Flipnosis: The Art of Split-Second Persuasion*）的书。从标题可以看出，这本书讲的不是正当法律程序和谈判中那种较为字斟句酌的算计，而是灵机一动、瞬间起效的影响力。我在那本书里写道，这种说服不是一针见血，而是四两拨千斤。那本书在英国军事情报界颇受好评，业内人士对它的追捧程度堪比宗教狂热。我并不吃惊，考虑到他们所肩负的任务的紧迫性，它正中目标。

《四两拨千斤：瞬间说服的艺术》出版后没多久，我为英国广播公司制作了一个广播纪录片，很荣幸地采访到了专攻说服的世界级学者罗伯特·西奥迪尼（Robert Cialdini）。我向他提的问题之一是："咱们姑妄言之，您觉得任何人都可以被说服去做任何事情吗？还是您认为社会影响力的作用有极限？"

罗伯特迟疑了一下才作答。他说："我觉得或许有极限，但当你看到琼斯镇惨案这样的悲剧时，你的确会纳闷这个极限在哪里。"[1]

此前，我曾经向另一个人提过同样的问题，那个人就是我父亲。我父

---

[1] 1978年11月18日，自封为人民圣殿教先知和领袖的牧师吉姆·琼斯在圭亚那西北部丛林中的一个偏远公社里说服900多名信众喝下掺有氰化物的果味饮料集体自杀。死者包括约200名婴儿和儿童，他们等于是被父母或牧师的助手杀害的。——作者注

第 9 章　只要找到理由，就会有办法

亲没上过多少学，他或许不像罗伯特·西奥迪尼那样在社会影响力原则方面博闻强记，也没有后者那卓然超群的学术地位。但他很有悟性，有人曾说他精明得要命。遗憾的是，父亲不再与我同行。但他**在世**时，曾在市场上摆摊。他卖的东西大多有些毛病，全都很劣质，他**一定**要很厉害才卖得出去。事实上，让我告诉你一个小秘密。要是有机会让西奥迪尼教授和我父亲一起在二月末某个阴沉的星期天早上在西伦敦某个市场上摆摊较量，比赛谁能卖出更多一文不值的破铜烂铁，我会给你一个内幕消息，不收你的钱，我赌我爸会赢。

爸爸跟罗伯特不同，他听了我的提问后张口答道："不，我认为没有极限，只要看看"二战"时候的德国就知道。但你必须做到一件事。"

"什么事？"我问。

"**无论对谁，让他做什么事**，都要让他**心甘情愿**，"他说，"说服不是让人去做他们不愿做的事，"他把话说完，"而是给他们一个理由，让他们做**自己愿意做的事**。"

换句话说，任何情况下，如果你要别人为你效劳——帮你的忙，为你投票，甚至替你杀人——在很大程度上你的请求能否实现取决于一个基本细节：为你效劳的人能得到什么好处？

没有比这更黑白分明的了。这是比自然选择还要年长、还要睿智的普遍范畴——感知到的自身利益范畴。

有人说，伟大的老师以身作则。如果真是这样，我爸一定跻身最伟大的老师行列。苏格拉底、亚里士多德，凡是你能说出来的老师，我爸和他们比都不逊色。他常常试验各种花招，看自己能否侥幸成功。十次里有九次他能功成身退。

我一直记得这么一件事。我和他在澳大利亚的一个海滩上漫步，看到有个男的在太阳伞下面安安静静地读书。他趴在一块大毛巾上，脚后头放着一个塞满啤酒的冰桶——悠闲午后的太阳浴完美伴侣。

"想喝点酒吗,儿子?"我们走到这家伙身边时,爸爸问我。我以为他指的是去当地某家酒吧喝一杯,于是点点头,但爸爸另有打算。

"别动,伙计,"他边说边蹑手蹑脚慢动作靠近那个突然僵住的书呆子,"你两腿中间有好大一只蝎子。"

那家伙的脸白了,就好比一下子把够擦一个月的防晒霜全抹到脸上了。看到他那副模样的人会以为这里不是悉尼,而是西伯利亚。

"天啊!"他尖叫着不敢动,"您能……您能弄死它吗?"

"嗯,要是你闭上嘴当木头人,我弄死它的概率比较大。"爸爸拼命忍笑,边说边悄无声息地从冰桶里拿出几瓶沁凉的嘉士伯啤酒递给我。

"眼睛向前看,一动都别动,我们应该就没事了。"

他挥手示意我往前走。

五分钟之后,他还在暗自发笑。

"明白了吧,"他说,"我一直跟你说什么来着?让**他**愿意做**你**想要的。"

所以,或许我爸说得对,但罗伯特也没错。有没有极限这个问题的答案或许内含在他俩的观点中。如果你说服他人做**违背**他意愿的事,极限的确存在;但如果你能把他人争取到你这边来,情况就截然不同。

我爸提到"二战"是有原因的。在他和他那一代人眼中,发生在达豪和奥斯威辛集中营等地的暴行代表着人类心理之极恶。要是他有生之年经历过911恐怖袭击,或许他的想法会改变。在那悲剧性的重大日子里,哈尼·汉珠尔(Hani Hanjour)、穆罕默德·阿塔(Mohamed Atta)、马瓦·沙辛(Marwan al-Shehhi)和齐亚德·贾拉(Ziad Jarrah)分别劫持并驾驶美国航空77号、11号、175号和93号航班[①],飞机在几小时内先后撞击五角大楼、纽约世贸中心南北双塔和宾夕法尼亚州斯托尼克里克镇空地,这些人真的愿意完成他们那令人发指的、让生命灰飞烟灭的使命吗? 他们

[①] 原作信息有误。坠毁航班不全是美国航空公司的航班,应当是美国航空77号、11号航班和美国联合航空175、93航班。——译者注

第 9 章　只要找到理由，就会有办法

真的不受最基本的人类天生同情心的影响，真的暴虐到脱离了日常生活中由理智和情感主导的道德轨迹，自发地赴死吗？还是被迫行事？这是一个悬而未决的问题。然而，鉴于他们在那个最黑暗、最萧瑟的早晨所掀起的令人质疑人性是否荡然无存的惊涛骇浪，很难想象他们不完全认同自己的行动即将导致的灾难性后果。

为什么**你**应该做**你**想要做的事情？我给出的理由越充分，你就越可能做**我**想要你做的事情。如果我能说服你，让你认为驾驶波音767飞机撞击世界上最具标志性的大楼之一，并夺走成千上万人生命是个好主意，如果我能让你把我眼中的黑色看成你眼中的白色，那我就能驱使你做几乎任何事情。

进退两难

作为说服力和影响力工具的自身利益目前并不在社交媒体的热搜榜上。这个秘密已经公开一段时间了。试以《圣经·旧约》为例。在《创世记》里，当蛇诱使夏娃偷吃"知善恶树"上的苹果时，它的策略相当老派。它唤起了她的虚荣心，激发了她对地位和身份的欲望：

> 耶和华神所造的，惟有蛇比田野一切的活物更狡猾。蛇对女人说："神岂是真说不许你们吃园中所有树上的果子吗？"
> 女人对蛇说："园中树上的果子，我们可以吃；惟有园当中那棵树上的果子，神曾说：'你们不可吃，也不可摸，免得你们死。'"
> 蛇对女人说："你们不一定死，因为神知道，你们吃的日子眼睛就明亮了，你们便如神能知道善恶。"[1]

---

[1]《创世记》3：1—4。（中译文引自《圣经（和合本）》2009年版）

我们都知道**其**结局。

但我最喜欢的关于影响力、说服力和感知到的自身利益的寓言不是上面这个。我的心头最爱源起于十八世纪早期法国启蒙运动，通常被称为"石头汤寓言"，情节如下：

傍晚时分，一位通晓世事的智慧旅人行走在苍茫大地上。他经过一个小村庄，村民们戒备心十足，纷纷退居室内，关门闭户。

这位陌生人困惑不解。"你们为什么都这么害怕？"他问。"我只是一个微不足道的旅人，想要找个地方解乏，吃上一顿热饭热菜。"有人打开护窗，露出脸来。"这附近方圆几英里一口吃的都没有，"一脸刻薄的老太尖声说道，"我们都几天没吃东西了，我们的孩子都饿坏了。你还是接着走，翻过山到下一个村子去的好。"老太手指远处一座大山，一脸不屑地瞪着他。

他放下行囊，抬头凝视掩身于歪歪斜斜村舍檐下的她，冲她露出一个热情安抚的笑容。"啊，"他说，"您别担心。我不求您的东西。我自己都带了。事实上，**我**本来还想为**您**做点什么。我做的石头汤可好喝了！"

他从斗篷深处掏出一个大锅，在小气老太锐利的视线下从附近小溪里灌满水。后来，又有别的村民打开护窗，探头张望。他抱来树枝丫和落叶——小麻秆、细枝条，有什么捡什么——开始生火。小火苗蹿起来之后，他把锅安置在火上。

锅里的水开了，他郑重其事地从小溪里取来三块表面光滑、中等大小的圆圆的鹅卵石，把它们丢进锅里。

"哈……"蒸汽上冒，消散到清凉的夜空中。"我真喜欢石头汤啊！辛辛苦苦赶了一天路，没有比它更舒心的了。"

这时候，大多数村民都在密切关注他的一举一动。他们要么站在窗边，要么躲在半开半闭的房门口，最初的戒备已经被好奇心冲淡。谁都没有听说过石头汤，它真有陌生人说的那么好喝吗？

几分钟后，金乌西沉，汤锅在火上发出欢快的扑腾声。他拿出一把长柄勺从锅里舀了一勺汤。

"嗯……"他心满意足地舔舔双唇。"美味！当然了，石头汤已经很好喝了，但要是加点卷心菜就更妙了。"

他环顾四周，人越来越多。村民们对陌生人的异样观感已经消退了大半，而提到石头汤，他们觉得自己有点饿。果然，过了不久就有一位村民挤到人群前头，递给他一小棵白菜。

"太好了！"他赞叹一声，把白菜剁碎投进大锅。"正如我愿！你们绝对想不到，几年前我曾经喝过加了一点咸牛肉的石头汤，那可真是人间绝味……"

所有人的视线都转向村里的屠户。五分钟后，他拿来一块牛胸肉。"给，"他说着把用平纹细棉布包好的连骨肉递给旅人，"这个放进你的汤里应该不错。"

陌生人接过牛肉，放进混合汤里，对屠户不辞辛劳跑一趟的举动大加溢美之词。就这样，这个村民贡献一点那个村民贡献一点，胡萝卜、土豆、洋葱、蘑菇和花椰菜都有了，这锅汤越来越有飨宴的样子。

最后，锅里实在放不下更多食材。全村人都聚集在火边，大口呼吸美妙的芳香，盘碗瓢勺准备就绪。

说服力：一种统一理论？

时光飞逝，就说服力问题采访罗伯特·西奥迪尼十五年后，我在坦佩市中心一家咖啡馆[①]同他再次聚首，那时他是亚利桑那州立大学的心理学和市场营销学荣休教授，我们重温这个话题，继续二十一世纪初我们在英国

[①] 咖啡馆的名字叫作"戏法之家"——这个名字可没办法瞎编。——作者注

广播公司摄影棚进行的交流。

1984年，罗伯特出版了一部名为《影响力》（*Influence*）的畅销书。这本书真的很有影响力！他在书中揭示了"实现依从性的六大进化原则"。这些在自然选择紧急状态下应运而生的原则适用于我们所有人。它们分别是：

互惠原则——从他人那里得到恩惠（例如礼物、服务、邀请）后，我们感到必须给予回馈。

稀缺原则——越稀缺的东西我们越想要。

权威原则——我们听从那些我们认为可信和有见识的人。

一致性原则——无论过去、现在还是未来，我们力争行动前后一致无出入。

喜好原则——我们更愿意对我们喜欢的人言听计从。

共识原则——我们用他人的行为指引自己的举止，尤其在举棋不定之时。

我在《四两拨千斤：瞬间说服的艺术》一书里述及自己对社会影响力基因的研究时，提到过这六大原则。《四两拨千斤：瞬间说服的艺术》跟《影响力》的重点不同，但两者可以互补，因为我强调的是这些普遍存在的核心依从性原则**缺失**情况下的说服类型。例如，我关注的是，在同他人一次意外相遇中，如果对方没有欠我们人情、不喜欢我们、权力比我们大、比我们更有权威，我们该怎么办。

你心里要想着冲撞他们，而非温和地劝说他们。

跟《影响力》一样，《四两拨千斤：瞬间说服的艺术》提供了一组共五条方便好用的原则，并取每条原则的英语首字母将其总称为SPICE模型。它们都为提高说服有效性做出了独特贡献。此外，由于这些原则各自的进化论基础及其在原始生存中发挥的作用，它们纯粹出于个体的自利：

第 9 章　只要找到理由，就会有办法

S（简单性）——我们的大脑偏好处理简单而非复杂的信息。

P（感知到的自身利益）——我们的行为方式同个人利益挂钩（或者说我们认为自己的行为能带来个人利益）。

I（突兀性）——突如其来、出人意料的事件不但引起大脑的关注，有时候还让我们感觉良好。幽默便是如此。①

C（信心）——我们的大脑重视信念，希望确定自己做得对。

E（同理心）——我们的神经回路天生偏好那些能令我们产生共鸣的人，以及那些能和**我们**产生共鸣的人。

就说服力而言，SPICE模型回归本原。它是现代渐变灰度世界里的老派的黑白影响力，开门见山、不容置疑地证明了在某些情况下二元思考最佳，尤其在压力大、风险高、局势紧张、必须快速决策之时。我们既能在邪教分子和激进分子的行为中瞥见它的身影，为911恐怖袭击策划者等死

---

① 2019年，德国马克斯·普朗克研究所的科学家们进行了一项研究，希望能够揭开流行歌曲的成功秘诀。这些研究人员分析了取自1958—1991年间录制的登上美国公告牌榜的745首经典流行歌曲的80 000种不同和弦进行，利用机器学习，根据每一个和弦相比上一个和弦的"意外"程度为其打分。然后，他们选出由30首歌曲组成的代表性样本，去掉歌词和旋律以便掩盖原曲面貌，从而剔除与不同歌曲相关联的记忆的影响。在这之后放给39位实验参与者听。结果表明，当被试相对肯定下一个和弦应该是什么，实际听到的曲子突然转调，而让他们吃惊时，他们觉得这首曲子令人愉悦。但另一方面，如果和弦进行较难预测但他们预测对了，他们也很高兴。后续研究揭示，这种响应规律带有一个独特的脑神经特征。功能性磁共振成像发现，在可预测的和弦进行出现偏离以及无法预测的和弦进行出现后的两种情况下，实验参与者大脑的伏隔核——大脑奖赏系统中同音乐带来的欣快相关的区域——的活动均明显增加。"令我们愉快的歌曲是在让我们心知肚明接下来会发生什么和在某些方面出乎我们意料之间取得良好平衡。"该研究团队的负责人文森特（Vincent Cheung）解释说。由麦卡特尼（McCartney）创作、披头士乐队1968年灌录的 *Ob-La-Di, Ob-La-Da*——众所周知，约翰·列侬（John Lennon）骂它是"老太婆的音乐垃圾"——位居研究人员排列出来的金曲榜首。紧随其后的是创世记乐队的 *Invisible Touch* 和B. J. 托马斯（B. J. Thomas）的 *Hooked on a Feeling*。其他上榜歌曲还有杰克逊五兄弟（The Jackson 5）的 *I Want You Back*、The La's乐队的 *There She Goes*、范·海伦乐队的 *When It's Love* 和UB40乐队的 *Red, Red Wine*。——作者注

硬极端主义者所偏好的简单、带有个人色彩、戏剧化、强势、辉煌壮丽的叙事素材，也能在化解这些恶行的人的事迹中见到端倪，或许这当属意料之中。

举例说来，我曾经听说过拳王阿里这样一个故事。有一次，阿里乘坐的飞机即将起飞，但他没有扣好安全带。

"**请系好安全带！**"空姐一再请求他。

但阿里不为所动。"我是超人，"他宣称，"超人不需要安全带。"

他的辩论对手抓住了他的逻辑漏洞，反驳道："超人不需要飞机！"

砰！这位冠军挑选的对手显然跟他想的不一样。这位空姐堪称运用SPICE模型的典范。她的还击简洁明了、符合阿里自身的利益、出人意料、自信，无疑迎合了他一拳击倒对手的嗜好。只不过这一次，他是挨拳头的一方！

罗伯特论述的影响力厚积薄发，SPICE模型则加班加点，也就是说，它俩平行发挥作用，**共同起效**。如果把两套原则，我提出的原则和罗伯特提出的原则并排放在一起，你就有了适用于几乎任何你可以想象的说服场景的路线图。此外，这两者之间还有一定的重合，一个功能公约数。

仔细看一下我们俩人提出的影响力模型，你会注意到一个规律，它们之间有个共性，每一条原则都在某种程度上迎合我们的爱或憎，即迎合我们的自身利益。我们乐于趋利避害。在趋利方面的一个例子是，我们在自己所做的一切事情中都对"个性化"着迷，从政治竞选宣称资料上印有我们的名字到为我们点菜的服务员轻触我们的手臂。这当中就体现了**同理心**的力量。而同理心是**我**提出的原则之一。与此相反，我们当中有多少人觉得未能"回报"他人的恩惠的滋味很好？有多少人眷恋挥之不去的唯恐"错过"的情绪？它们分别体现了**互惠原则**和**稀缺原则**，这两条原则都是罗伯特提出的。下次你听人说"你帮我,我帮你"或者看到写有"库存有限!"的标志牌,你就知道是怎么回事了,可别像新冠肺炎来袭之初那样抢购卫生纸了。①

简单换言之,我们的行为规律和偏好源自双重动机。在我们放弃替代做法选择某个行动方案的过程中,有两个根本性超级原则在指导我们的决策:对欣快的期待,还有对苦痛的规避——暂时或永远推迟如果我们**不**采取必要行动就迟早会降临在我们身上的不良或不虞后果,暂缓承受与利得或成就截然对立的报复或惩罚。

罗伯特说:"同所有物种一样,我们受奖赏驱动,受让我们感觉良好的东西的驱动。这是非常基本的知识。想想看,你会怎么训练一条狗听你的话坐好。首先,每一次你叫它坐下,但凡它摆出某种程度的坐姿,你就奖励它。喂它小食,拍拍它,或者给它一块曲奇饼干。然后,随着时间的推移,你逐步调高标准。那狗必须多努力一点才能吃到饼干,某种程度的坐姿已经不够了。它必须摆出**明显**的安坐姿势来才行。以此类推。"

"换句话说,你循序渐进地奖励它。直到最后,一听到'坐下!'狗就立马坐好。就是那样。这被称为正强化——最古老的说服伎俩。而狗的

---

①2020年3月初,紧随新冠肺炎病毒传播而来的卫生纸抢购潮引人侧目。鉴于该病毒感染的主要症状并非体现在胃部,而是持续干咳和发烧,这一行为似乎不合逻辑。这个现象显然不分国界。略举数例,英国、美国和澳大利亚的多数国民一心一意囤积卫生纸。这是为什么?不列颠哥伦比亚大学临床心理学教授斯蒂芬·泰勒(Steven Taylor)博士在2019年12月出版的《流行病心理学》(*The Psychology of Pandemics*)中提出一个有趣的理论(出版时间非常微妙):流行病爆发期间,当人们面临感染威胁时,他们对厌恶的敏感性提高。他们更可能产生厌恶情绪并竭力避免它。他在接受《独立报》采访时解释说:"厌恶就像一种警报机制,警告你避开某种污染物。所以,如果我看到一段扶手上沾着唾液,我不会触碰它,我感到厌恶。这种反应保护我们的安全。因此,害怕被感染和厌恶之间的关系非常紧密,而消除令人厌恶的东西的最好材料莫过于卫生纸。我认为这就是卫生纸在条件反射下成为安全象征的原因。"除了害怕被感染,还有另外一个同样需要未雨绸缪但宗旨相反的需求——洗手。虽然洗手很重要,但在如此强悍的病毒面前总有点让人觉得这不过是个聊胜于无的姿态。双管齐下,抢购不可避免。事实上,任何在人们自觉无助、脆弱的情况下的过分补偿都不可避免。——作者注

主人是最娴熟的践行者!"为人父母者亦是。

我告诉罗伯特,英国人这段时间一直在辩论外卖茶杯和咖啡杯的事情。现在,越来越多的超市、加油站等零售商售卖热饮,而咖啡店的数量从二十一世纪初到现在已经翻了两番,据估计英国每年扔掉25亿个外卖杯。它们都有被循环利用的可能,但**实际上**其中只有0.25%被回收了。

之所以这个统计数字小到令人伤感,主要原因是技术实用,不是心理失衡。具体如下:为了盛液体并且保温,杯子内壁都有塑料涂层。回收后的杯子必须被送到特定的拆解工厂,把塑料跟纸分离开来。但问题在于英国只有几家这种工厂。所以典型情况是这样的,出于好心,我们把用过的杯子投进回收箱,不承想这样做就等于流放它们去到处都是槽道、装载机和无数机械手臂的某个不知名混合废物分类厂,让它们面临液压暴力肢解的命运。在那里,它们从生活垃圾传送带上被挑拣出来,但它们最后没能去成英国仅有的三个具备分离纸和塑料能力的处理实验室,而是进了垃圾填埋场。

可是还能怎么办呢?放弃集中回收利用制度,施行"局部"激励措施?一些零售商已经这样做了。如果客人自带**可重复使用的**容器到店喝加热水的玛奇朵咖啡,他们可以少付0.25—0.50英镑。但这无济于事,一份政府后续报告透露,只有1%—2%的已售出咖啡有过此类折扣。此外,公众对这个制度的接纳程度很低。与此同时,实现联合国可持续发展目标中的废弃物和污染减缓指标的难度一如既往地大。决策者们开始嘟囔,如果加甜味剂大家不买账,那么要不要来点酸的?或许还可以征收"拿铁税"?胡萝卜时代已经过去了,该拿出大棒了。

每个一次性杯子收费0.25英镑?咖啡一定要好喝才够本啊,罗伯特插嘴说。那些心存不满的决策者或许是对的,行为经济学家的研究可以证明这一点。

他说:"收税很科学,这基本上类似于二十世纪七十年代末八十年代初丹尼尔·卡尼曼和阿莫斯·特沃斯基做的损失规避研究。我们带着可重复使用的杯子去买咖啡获得0.25英镑折扣时感受到的**正面**情绪不如因为没有自带杯子而必须缴纳0.25英镑税款时感受到的**负面情绪强烈**。"

他顿了顿继续说道:"也就是说,顾客们规避支付额外费用的动力应当强于拿到折扣的动力。它再次证明了框架设定对影响力的重要性。说服性沟通光靠讯息不够,还要看讯息是怎么传递的;光谈论当下不够,还要看当下是怎么包装的。"

加的夫大学心理学教授沃特·普汀格(Wouter Poortinga)的一项研究清楚表明,纸杯收费可能是今后最好的办法。他在加的夫十几家咖啡店展开的系列研究的结果给人留下深刻印象。如果店家提供免费的可重复使用的杯子,那么要求把热饮装在可重复利用的杯子里的顾客增加近20%,与此同时店家还要对一次性杯子收费。

此外,正如罗伯特所言,英国已经有过一些此类推广经验。他问:"你们不是前段时间开始对塑料袋收费了吗?"

是的。塑料袋收费始于2015年,每只0.05英镑。到了当年年底,塑料袋用量大大减少,减少了80%多。

说服不是让人做他们不愿做的事,而是给他们一个理由,让他们做**自己愿意做的事**。

你知道吗?我觉得我爸说的有道理。

毫无疑问

同罗伯特告别之前,我还有一件事需要咨询他的意见。奖赏、自身利益和偏好在说服中扮演的角色让我对驱动影响力的因素有了发散性思考。我尤其想知道的是,有没有一个比已经包含在我们俩分别提出的行为变化模型中的影响力动因还基本的公约数。重读一遍构成罗伯特的依从性架构的六条进化说服原则和SPICE分类法的各个成分,你会发现第二个规律。这十一条原则中有很大一部分迎合我们天生的、承继自祖先的对不可预测、不确定的事物的低容忍度。正因为如此，所以我们需要将不确定性和模棱两可性造成的迷失感和格局不明感降低到最小。把灰色变得黑白分明。

例如，罗伯特的框架中的**权威原则**、**一致性原则**和**共识原则**分别旨在减弱社会互动中产生的心神不安、自我怀疑及自责等令人不适的感觉。换句话说，知识（权威）、习惯（一致性）和数字（共识）给我们安全感。

同样地，SPICE架构中的**简单**、**信心**和**突兀**原则分别旨在减少困惑、消除犹豫、维持认知一致性。这些过程全都在某种意义上直接指向缩减不确定性。虽然具有讽刺意味的是，在突兀这条原则上，不确定性的缩减是通过适当的非传统、不和谐手段实现的。证据或情绪安抚没有用武之地，惊奇的力量和对预期的主动**驳斥**大显身手。

哈佛商学院市场营销学教授乌马·卡玛卡（Uma Karmarkar）进行的一项独创研究完美阐释了我在上文中的意思。实验伊始，卡玛卡让参与者读一篇他杜撰的意大利小馆"斯卡罗拉"的好评。该评论者给这家饭馆打了四星，表示印象极为深刻，还给出充分的理由，夸奖它的食物绝佳、服务一流、氛围温暖欢乐。但卡玛卡在其中动了一点手脚。参与者们读到的有关评论者本人的介绍有两处差异。首先，他对自己写的评论的确信程度有别；其次，他本人的专业知识水平不一。

例如，有时候这位评论者似乎对自己的评价非常有把握（"我毫不犹豫地给斯卡罗拉打四颗星……"），而有时候他似乎谨小慎微、犹疑不决（我不能完全确定自己的意见是对的，但我想我可以给斯卡罗拉打四颗星……"）。

同样的策略也用在对他的资历的描述上。某些参与者读到，他是一位"全国知名的美食评论家，经常为一家地方大报的食品餐饮版面供稿"。而另外一些参与者则读到，他"在附近一所社区大学担任行政工作，同时开设个人网络日志"。

卡玛卡想知道的是，如果参与者们读到的评论在其他方面都一模一样，那这两个变量会影响参与者对饭馆的态度吗？

答案是响亮的"会"。然而，有趣的是，这两个变量单独不起作用，只有结合在一起才会影响态度，而且产生的效果颇为不同寻常。当参与者们相信这位评论作者是专家，而且他表明自己**不确定**时，他们对饭馆的印象比专家说自己很确信的时候好。相比之下，只有在评论者的美食家地位被淡化，给人以不太渊博、不太有经验的印象时，他的确定态度才会对不知情的潜在食客产生比犹豫态度更大的影响，造成后者对饭馆的总体判断同他们读到的美食盛赞更为一致。

这种差异相当奇特，怎么来的？正是卡玛卡所预料的动态，是一个惊喜，一种突兀，一股出其不意的力量。

想想看，在我们脑海中，多数专家以什么样的面目示人。一般而言，我们可能认为他们对自己的观点有把握。我们对非专家的假设通常正好相反，我们可能认为他们会对自己的观点表现出信心不足。无论是专家还是非专家，要是他们的实际表现证明我们的假设是错的，当专家犹豫不决而新手自信满满时，我们不由自主地得出结论，认为其中有不对劲的地方。于是我们的大脑决定重新审视这件事，它们眨眨眼睛，越发留意。这就导致我们更加仔细地研读评论，花更多心思分析和处理评论意见。

当然了，我们需要确定性已经不算新鲜事了。在第6章里，我们从奥里耶·克鲁格兰斯基和他的认知闭合研究中得知，我们对疑惑和决策暧昧那沉重低垂的大脑乌云的低容忍度有深刻、古老的渊源。我告诉罗伯特，蒙特利一位名叫阿奇·德贝尔克（Archy de Berker）的数据科学家在2016年做的一项研究正是用了这样一个范式来展现不确定性在我们生活中的力量。[1]更具体来说，即使在评估产生**负面**结果（例如受到令人痛苦的电击）的可能性有多大时，每次我们也都宁可选确定性而摒弃模棱两可。该研究让参与者玩一个把画面中的岩石翻转过来的电脑游戏。有的岩石下面藏着蛇之

---

[1]做这项研究的时候，德贝尔克任职于英国伦敦大学学院神经研究所。——作者注

类让人又惊又怕的东西，要是志愿者真的翻到了这样的岩石，他们就会被"咬一口"，其实就是被电击一次。电流较低，不会让人很不舒服，毕竟参加实验跟被关进死囚牢房不是一回事，但过程也不会很愉快。

随着实验的展开，参与者们推断出哪些岩石的危险性最高，哪些岩石相对安全。但问题在于，过了一段时间之后，概率出乎意料地变了。那些"蛇"开始四下流窜。这样一来，不确定性开始波动，参与者们的心理压力水平也相应出现变化。

至少一般人以为会有这样的变化，然而事实并非如此。德贝尔克和他的团队发现应激反应和不确定性程度之间存在明确联系。这一点从实验一开始就很明显。然而，令人好奇的是，在假定我们大多数人都不会翘首期盼被电击的前提下，两个变量之间的关系并没有一开始表现得那么明确。事实上，研究者们并没有报告压力和不确定性之间存在广义相关性，即随着不确定性降低，受到电击的概率变大，压力水平也走高。他们的发现相当奇特。

的确，在受到电击的概率从0上升到50%的过程中，被试的压力水平相应上升。但接下来，数据变得有点古怪。在受到电击的概率从50%继续上升到100%的过程中，他们的压力水平没有同步上升，反而开始下降。换句话说，压力水平在不确定性最高和最低的情况下分别达到峰值和谷值（即压力水平在受到电击的概率为50%时最高，在受到电击的概率为0和100%的时候触底）。

这个结论既不同凡响又不容置疑。我们如此厌恶含糊不明，以至于在我们的心目中，受电击的低概率比肯定会受电击还难受。

即便黑白分明伤人，即便黑白分明给我们造成实打实的身体创伤，预示着不可避免的痛苦和不适降临，我们也宁可要黑白分明，不要灰色地带。

罗伯特点头赞同，他说："我信这个结果，想象一下，你在看你最喜欢的运动队打一场关键比赛。你什么时候会更紧张？是胜算不大的时候，或者比赛结果铁板钉钉你方会赢的时候？还是看运气双方都有可能赢的

第 9 章　只要找到理由，就会有办法

时候？

"大多数人在双方都有可能赢、胜负未定的情况下最紧张。你去应聘和等待检查结果时也一样。要是你心里有数，或者至少你**以为**你有数，对故事的结局比较有把握，那你可能感觉更放松。

"不过，这个研究有意思的地方在于，结果被明确框定成负面的，即电击。我们会被电到，还是不会被电到？但我们的反应方式一模一样。它说明了不确定性对我们的影响有多大，也说明了我们愿意花多大力气规避它。

"如今，降低模棱两可性是件大事，一直以来都是这样。想想天气预报、交通运输时刻表这些东西。然而，技术进步把它上升到了新高度。你的苹果手机不仅仅是一台手机，它还是一台降低不确定性的引擎。即使没有应用程序来告知你，你呼叫的出租车行驶到了哪个精确的位置，你的航班最近一分钟有什么状态更新，你也能用手机打电话，而不需要'在现场'——无论这个'现场'在哪里——就可以远程传递或接收信息这个事实本身就是相比旧日只能干等的一个重大飞跃。那时候，一切都毫不夸张地'悬而未决'，直到你亲自完成旅行，到现场解决问题为止。"

未来达人们、说服大师们和思想领袖们记住了。如今只要抓住确定性市场，你就成功了。事实上，任何时候这样做都没错。这么多年来，发明诸神的人，还有宣扬天命和运数的人，都证明了这一点。

2020年新冠肺炎为我们上了一堂有关自由和同舟共济的漫长而沉痛的大师班课程。然而，在此次疫情给我们的教训中，排名第三、紧追第一名、第二名的是，如果学校关门、在超市外面的停车场上排队，还有政府向雇主支付员工工资属于不走寻常路，那么灰色就是人们最不能容忍的颜色。

在英国，我们被告知不得进入酒吧和餐馆，但酒吧和餐馆又获准得以继续营业。我们被告知，只有关键岗位的工作人员和在家无法完成工作的非关键岗位工作人员可以上班，但条件是在工作场所他们必须保持两米的

安全距离。然而究竟什么是"关键岗位"？医生、护士、药剂师、送货司机和食品商店显然是的，但哈福德这样的自行车和汽车修理连锁店是吗？政府认定其为"关键服务提供商"，但媒体对它在446家门店实施的"部分门店覆盖"措施大加抨击。持有卖酒执照但不提供堂饮的商店是吗？它们是超市酒类开始断档后被加入"关键服务"列表的。社交媒体红人呢？2018年，芬兰将这部分劳动力大军纳入关键服务提供者名单，因为该国应急物资局传播办公室具有诡异的先见之明，他们认识到在重大危机爆发之时，消息依靠传统媒体无法触及所有国民。那么美国的枪支商店是吗？特朗普政府认定它们是关键企业。

此外，两米安全距离怎么算？是一天工作下来，没有哪一位员工踏进过另外一位员工方圆两米范围吗？是一天里踏进过一次别的员工的安全距离？还是说有三位员工踏进过另外三位员工方圆两米范围各一次？沙堆悖论的幽灵再次从沙堆中复活。

我想传递的讯息一清二楚。如果你能找到减少我们的模棱两可足迹的方法，为我们从史前到现在一直挥之不去的怀疑过敏症调制出药膏，破译将灰色变得黑白分明的密码，那么无论你走哪条道路，通往权力之巅的马车随时恭候你。无论进入封锁隔离，解除封锁隔离，还是离开欧盟，你都可以。

第10章
超级说服力

如果一切不是黑白分明，我会说，为什么不是？

——约翰·韦恩（John Wayne）①

---

①约翰·韦恩（1907—1979）是美国好莱坞男演员。——编者注

房间一尘不染，毫无个性，没有窗户。灯光是暖色的，均匀地洒在房间里。一张桌子和四把椅子放在稍稍偏离房间正中处，同离门最远的那堵墙略微靠近一点，还有一把空置的椅子放在门边。

时间是十二月的上午八点，距离圣诞节还有十三个购物日。再上两层楼就是街道，全伦敦的人都在赶着上班的路上。公共汽车开开停停，百叶窗被卷上去。拎着提袋、背着双肩包、握着装满热气腾腾浓咖啡的泡沫塑料杯，人们向着商店和公司疾行。

这个地下世界却截然不同。厚重的沉寂攫住了墙面和天花板，咖啡、空气清新剂和家具清洁剂的气味掺杂在一起，又闷又热。这个办公室与众不同，地面以上洋溢着节日气氛的城市办公空间里的装饰品在这里统统不见踪影。没有圣诞卡，没有圣诞树，没有夜晚心满意足的照片，这里只谈公事。

有四个人围桌而坐，三名男子和一名女子。我之前见过那位女子几次，她是一位专门代理恐怖嫌疑人案件的知名律师。这位女子三十五岁左右，她的石墨色细条纹商务套装剪裁完美合体，她的发型跟希拉里·克林顿一样气场十足。坐在她旁边的是她的客户，二十岁出头的亚裔男子，脚蹬运动鞋，身穿霍利斯特运动裤和看起来很廉价的帕法外套。众所周知，他是阿布·哈姆扎·马斯里（Abu Hamza al-Masri）的下属，后者是一位埃及裔好战教士，因为在芬斯伯里公园清真寺传道，散布充满仇恨的思想而臭名昭著。英国安全部门已经注意他一段时间了，近来他们监测到可疑动向。当天早些时候,安全部门的工作人员造访这位年轻人位于东伦敦的公寓,问他是否介意对几件事情"做个说明",要求他去一趟城西,并且体贴地提供了代步车。

现在,他们知道谁是他的代理律师了。当然,这大事不妙。这位律师以爱吹毛求疵出名,在无关紧要的地方仍然不失精明。说服唐纳德·特朗普出镜"男士专用"的染发剂广告的胜算都比从这个潜在关键线人口中套出一点有价值的信息的概率高,这位律师同坦白的关系就像塔利班和须后水的关系。

我和另外一位心理学家坐在桌子的另一边,盘问已经坚持一个小时了,但什么进展都没有。有一段时间,角色发生颠倒,被盘问的对象当起了律师,让他的律师不要说话。

他举起一只手制止她说:"这个问题你不需要回答。"

如果这不是一个高风险场合,那么这番举动会让人忍俊不禁。但毫不夸张地说,这场面谈事关生死。

不久后盘问就终止了。他们没有继续扣押他的理由,更无法起诉他。于是,随着律师一声"就这样",面谈就这样结束了。虽然当事人不同意,但国安方面指出,派车送他回达尔斯顿属于滥用纳税人缴纳的税款。他们有礼貌地指出,地铁是他不二的选择。

律师猛地站起来,把文件塞进黑色阿斯普雷文件夹,并拉上拉链。她站在桌边的样子那么不屑,就像严厉的虎妈听到孩子练习《肖邦小夜曲》时拉出了一个走调音符。但当事人并不着急。他打了个呵欠,抬头看了看天花板。然后他低头看了眼左边桌上的录音机,上面有个红色的灯表明它已经被关掉了。他冷笑了一下。

"你们这些人根本不了解阿布·哈姆扎·马斯里那样的人,"他说,"你们觉得他是疯子、杀人凶手、罪犯,但他不是。他是圣徒、先知穆罕默德的目击者。你们谴责人体炸弹,说他们邪恶、得了精神病、被人洗了脑……但与此同时你们对那些在伊拉克和阿富汗杀害无辜穆斯林、炸死妇女儿童的英国士兵大加称赞。

"你们是伪君子、毒蛇。看着孩子们的眼睛,问问你自己:谁是英雄?谁是压迫者?谁是真正的信徒?谁不信神?阿布·哈姆扎·马斯里不怕你们。我也不怕你们,我们不怕挺身反抗,我们不怕为了安拉献出自己的生命。

"我们的神比你们的上帝神圣。

"我们的勇士比你们的勇士善战。

"我们的善比你们的恶深沉。

"我们全心全意为安拉献祭,我们坚定地走向死亡。

"有没有情谊比我们对自己兄弟的更伟大、更浓厚?"

超级框架自古有之,神秘莫测,它既是艺术也是科学

几年前,作为一个高度逼真的反恐培训场景的一部分,我应邀旁听并点评伊斯兰国嫌疑分子模拟盘诘。至于培训地点,我只能说在伦敦市中心一个不寻常的地下室。这是研究好辩、对抗框架最宝贵的机会,研究相悖的思维怎样导致误解和拒不妥协。

你在上面读到的是我那天目击的数场盘诘之一的录音文字记录,我在事后撰写的结构化复盘意见里也有引用这份材料,其中的角色扮演无与伦比。后来我才得知,有些部分根本不是角色扮演:恐怖主义嫌犯的结束语台词来自情报机关对真实伊斯兰国嫌犯的真实盘诘。它们之所以被选录进模拟,是因为它们呈现了极端主义极化框架:这个框架不但有别于英国安全部门正直的成员们通常采用的视角,还触动了愤愤不平的英国穆斯林青年的心弦。伊斯兰国利用了后者大量的认知缺陷。

请注意这段话里多次强调"我们的"这个词,也请注意这个词先是同"神"并列,然后同"勇士"并列,最后和"善"并列。接下来,把这段

话强调"你们的"一词的部分拿出来对比一下，看看后者是怎么同"恶"并列的。这组极具爆炸性的乌黑与纯白组合的框架糅合了斗争、美德、同志情谊和团结等主题，对心理状态的影响极大。它是为了发挥最大说服力而精心算计、细致校准的结果。它不但经常为政治极端主义者和宗教狂热分子所用，也是任何影响力领域的关键从业人员的常规武器，法律界、广告界、媒体甚至孩子们。

特别是孩子们！

几年前的一个圣诞节，我在朋友家吃晚饭。她十岁的儿子乔希借此机会在餐桌上正式宣布了他的新年愿望——他要留长发。妈妈对此不是特别热衷，也借此机会正式表明了她对这个愿望深思熟虑后的反对意见。

"我不同意，"她说，"你现在的发型不用变就很好，干净利落。"

乔希不为所动。"斯宾塞的妈妈答应让他留长**他的**头发，"他反驳说，"有一天我坐他们的车，他妈妈告诉他爸爸，强迫他剪头发就跟虐待一样。"

餐桌上的气氛陷入安静，然后有人夸西兰花好吃。后来，我得知斯宾塞的母亲是一位顶级人权律师。

当时，我对乔希的说服攻势没有多想，我们都知道孩子们善于操纵他人。可第二天吃早饭的时候我打开报纸，读到了一篇有关法国要投票禁止公民佩戴面纱——某些穆斯林妇女佩戴的面纱——的评论文章。这篇文章重点讨论了三大争议：安全问题，保护"法国价值观"，当然还有压迫妇女。三个事关基本人类紧急状态的二元分化范畴：

打还是逃，我们还是他们，对还是错。

我心想，写这篇评论的记者绝对有备而来。她知道怎样调动读者反应，按哪些按钮能激发舆情。然后我突然想到一件事，前一天晚上吃西兰花的时候，乔希不也按了同样的存在主义按钮吗？要不是为了让他自己的母亲感到不安——**打还是逃**——他何必提及斯宾塞的母亲？或者他这样做是为了利用他自己母亲的"内群体"价值观——**我们还是他们**：斯宾塞的妈妈和乔希的妈妈相知多年，几乎对所有事情都意见一致。而且"虐待"这个词起到什么作用？难道它没有明显的道德意味吗？或者说，这难道不是事关**对还是错**吗？

当然，乔希和这位记者可能纯属巧合地选中了这三个框架用于说服他人。但如果这不是巧合呢？如果事实证明，为了说服身边的人，应该在自己的说辞里面动用几个"超级框架"，我们对这个问题有一个心照不宣、天然形成的最优答案，那么情况会怎样？如果有一个依从性范畴中的黄金组合，我们只要往里面填充论据、诉求和请求即可，这些填充进的材料确定无疑地凸显了确定性、闭合和自身利益这三个我们早前认定的社会影响力进化论基石，那么情况又会怎样？

我们在第7章讨论色彩空间划分的时候提到了最优范畴划分这个概念：在一个无穷的沙堆式连续统上，排列着无数差不多的色相（例如：红色什么时候变成黄色？），但我们的大脑仅仅能感知到少数原色。如果这样的策略也适用于屈人意志、易人心智，那会怎样？如果整个已知的影响力连续统仅仅由三种原色组成——一条"超级说服力"彩虹，那会怎样？

我们来考虑一下唐纳德·特朗普那极尽分化之能事的修辞。他赢得了2016年竞选宣传，但特朗普究竟允诺要让什么样的美国"再次变得伟大"呢？这样的美国因愤怒和恐惧而失去理智，人们恐惧美国价值观以不正当手段被一些人侵蚀，而这些人可以是特朗普认为应该得到谴责的对象——穆斯林、移民、墨西哥人、"政治正确"群体。特朗普宣称，为了让美国"再次变得伟大"，美国人必须不惜任何手段将这些人排除在外，无论是建边境墙，禁止移民美国，建立趋于严苛的国家法律，还是讥讽、嘲笑他们。

打还是逃，我们还是他们，对还是错。

让我们重温英国脱欧辩论，审视最后获胜的离欧宣传拉票阵营的中心论调。这一宣传声称，欧洲对我们不利，布鲁塞尔对我们的要求损害了英国的国家安全、经济完整性和文化身份认同。让我们揭竿而起吧。

打还是逃，我们还是他们，对还是错。

让我们想想温斯顿·丘吉尔面对德国入侵威胁于1940年6月4日在英国议会发表的标志性演讲：

> 我们将战斗到底。我们将在法国作战，我们将在海洋上作战，我们将在空中愈战愈有信心，愈战愈强。我们将不惜任何代价保卫我们的岛国。我们将在海滩上作战，在登陆地点作战，在田野和街头作战，在山岭作战。我们永不投降，即使整个英伦本岛或大部分土地被占，我们忍饥挨饿（这一点我认为是绝不可能的），在英国舰队的武装和保护下，我们大英帝国的海外领地将继续战斗下去，直到上帝认为合适的时候，新大陆将挺身而出，以其全部力量支援旧世界，解放旧世界。

打还是逃，我们还是他们，对还是错。

当你围绕这三条二元分化的主轴构建你的论证，陈述你的立场时记得用这三个根深蒂固、源远流长的范畴程序来开启和运行你的想法。这样一来，你的说法就会像写在墙上的粗大的黑体字那样具有超级说服力。黑白分明在进化史上屡试不爽，无论你具体说些什么，也无论你怎么说，其他人都会侧耳倾听。

就连十岁的孩子都能得心应手地玩这个花招。

黑白思维的三大进化时代

来牛津任教后不久的一天晚上，我参加了学院的一个正式晚餐，坐在一位古生物学者朋友对面。开胃冷盘刚上桌的时候，他问我在忙些什么，到了主菜餐盘撤下去的时候，我已经向他解释完了从大洪水前就存在的超级框架、留在史前沙滩上的幽灵般的范畴学足印和影响力的原型超弦。乳酪盘终于闪亮登场,他也把自己的想法表露无遗。

"有意思,"他评论说,"真的很有意思,但你确定是你发现了这些超级框架?我是说,**你真的**发现了它们?我该怎么说比较好呢,它们真的**不是你捏造**出来的?"

他的话很有道理,值得认真思考。自以为发掘了某种原创性的东西,但其实这东西是你自己亲手埋下的,这种错误犯起来太容易不过。我想起几年前看过一个电视纪录片,讲的是一个人勇敢无畏、不知疲倦地追踪麦田怪圈,试图揭开谜团。他乘坐直升机悬停在一块麦田上方。突然,麦田里奇迹般地出现了一个图案,那是直升机的螺旋桨造成的。但他没明白过来,还以为自己运气好到爆棚。

我是不是犯了同样的错误?我有没有先臆想理论,然后寻找符合理论的数据?还是秉承科学方法,先收集数据,然后从中推断出理论?

幸运的是,这个研究我已经做了蛮长一段时间,我相信自己秉承科学方法。在三个超级框架中排在首位的"打还是逃"属于我们人类和其他现存物种共有。不过当然,这个框架有过翻新,如今变得现代了。我们的大脑把对我们的权威、自我概念和世界观的挑战诠释为机不可失、孤注一掷、生死攸关的紧急重要事项,在高阶认知中心拉响进化烟雾报警器,不再看得见大局、听得进理性论辩。结果熟悉得令人痛苦,我们先行动,后思考,而且通常还会追悔莫及。在情势最紧张、情绪最不稳定、我们最需要头脑清醒的时候,我们失去理智。

然而,如果说"打还是逃"属于所有有机体共有的超级框架,那么它的两个年纪较轻的同伴则完全为一种生物所独有。一旦自然选择把容量巨大、功能强劲的大脑安放到我们柔软、迟缓、孱弱的小小躯体上,它就得确保这具躯体不会散架。在我们的史前祖先刚刚开始小规模群居的时代,"我们还是他们"的作用在于促进内群体凝聚力。后来随着语言和意识的形成,群居规模变大,人数变多,"对还是错"进一步加强凝聚力被当作

第 10 章 超级说服力

社会控制的工具。这些简单的原始范畴原则构成三车道的认知通衢大道，我们沿着这条大道，在自然选择这个狂野莫测、盗匪横生的国度里进行公路旅行，历经艰难险阻，完成进化。

虽然道路颠簸，崎岖不平，但这条大道把我们带到了现在的位置。不过，近来这条道路的通行速度快了很多，车流也更为密集。支路指数级增殖，庞大惊悚的交叉路口一个接一个拔地而起。我们祖先所在的世界远远没有我们目前的世界这么复杂。它的直径只有几十英里。当时的社会规模很小，人数在五十到一百人之间，而且同其他群体相互隔绝。环境稳定，挑战简单且短期，范畴明了无疑。遇到羚羊就刺出长矛（**打**），遇到狮子就躲（**逃**）；对亲人要施以援手（**我们**），对入侵的部落要抵抗（**他们**）；猎物要分享（**对**），同一部落其他成员的伴侣要回避（**错**）。

换句话说，经过进化，我们的决策得以摆脱情境影响，成功划出清晰无误、黑白分明的运行轨迹；辟出一条通向安全、成功和生存的笔直不间断的路径。这条进化高速公路的效用显著，不但将我们人类从寒武纪史前黎明一直引入特朗普后真相时代的摇篮，而且依然运转如故。这三条起源于远祖认知必要性的范畴学车道惠益颇多，直到今天还能允许我们通行无阻，让熟悉地势的说服者和影响者对其加以充分利用。

不过，在今天我们身处的这个时代，"我们还是他们"的车道尤其堵塞。世界上各大"真相"批发商当中那些越来越偏狭、越来越短视的成员都在这条车道上通行，政府、说客、效忠特定政党的名人运输他们的话题标签，配送他们的句柄和关键词。这种二元分化的道路瓶颈和冗长的部落式纷争车辆长龙同以前的情况大相径庭。就在不久以前，愧疚和道德责任的运送还被局限在"对还是错"的车道上。在那条通往良心的高速公路上，有原则、肯担责的行动车队嘶吼轰鸣着驶向远方的道德地平线，可是后来，真相、现实和客观性如同步调一致的形而上车队一般转向了。例如，当前如果发生类似2018年政府军对叙利亚杜马镇反抗军进行化学攻击这样的重大全球事件，那些赞同如此暴行的人不会辩论它的对错，而会质疑这个事件是否发生过。他们会断言这事实上是叙利亚"自由军",即媒体常称的"白头盔"①,用心险恶的宣传伎俩,其目的是精准激励圣战者和恐怖分子。

其他例子也不难找,让我们试以美国共和党全国委员会在联邦调查局前局长詹姆斯·科米(James Comey)的回忆录出版之际专门建立的、同后者针锋相对的"说谎的科米"(LyinComey.com)网站为例。2017年春,特朗普以极其夺人眼球的非民主方式解除了科米的职务,因为后者的言行过于贴近一股从俄罗斯吹来的可疑的、居心不良的、诽谤中伤的歪风,也因为他们两人在俄罗斯和其他问题上公开不和。任何自传都带有形形色色的狂妄自大、自我吹嘘和自我开脱色彩,更别提一部明显属于秋后算账类型的自传了。然而,即便考虑到了这本自传发行前后的激烈背景故事,白宫回应中尤其值得人们注目的部分还是它对科米书中**事实**的既随便又坚决的驳斥。"说谎的科米"网站不但抨击科米和科米对事件的叙述,而且抨击了**所有**人对事件的叙述,它认为这些事件根本没有发生过。

自传出版前一两个月,类似的有毒意识形态在造成十七死、十七伤的佛罗里达州帕克兰市玛乔丽·斯通曼·道格拉斯高中枪击案的余波中亦见端倪。案发后,右翼人士觉得摆出维护美国宪法第二修正案的态度,对拟议中的控枪措施发表慷慨激昂但又有走过场嫌疑的谴责根本不够,于是决定将论调升级,齐声大放厥词,声称这场大屠杀根本没有发生过,而那些悲痛欲绝的家长和失魂落魄的青少年都是"危机演员"。

笛卡尔说错了,不是"我思故我在",而是"我在故我思"。

在这个人人可上推特、脸书、照片墙等各种社交媒体平台的时代,这种现象已经有了名号,在这种现象中,一段陈述的真假取决于陈述者是被视为"我们"还是"他们"中的一员,而非取决于它是不是可验证的。按

---

① "白头盔"是一个志愿者组织,在兵连祸结的叙利亚的反抗军占领区提供人道主义援助。他们在阿萨德政权发动攻势之后进行搜救,因为拯救了成千上万平民而广受赞誉。——作者注

照美国博主大卫·罗伯茨（David Roberts）的说法，这就是"部落式认识论"，它是一种偏颇的思维模式，"对信息的评估并非基于遵循证据共同标准或符合共同世界观，而是基于信息是否支持该部落的价值观和目标，是否受到部落领导人的赞许。'对我们这一方有好处'和'是真的'逐渐模糊成一片"。

罗伯茨可能意识到了点什么，但这个前提不是什么新鲜事物。实际上它和我们共存很久了。我们古老的部落主义能力一直都在发挥重大的直接影响，不但影响我们对世界的思考，还影响我们**看到**了什么样的世界。

从我们的穴居祖先开始，"我们"一直是"我"的另一副更为人接受的面孔。

分裂，决策，嘲笑

在1951年11月一个狂风大作的星期六下午，两支美国大学橄榄球队达特茅斯印第安人和普林斯顿老虎在普林斯顿大学的帕尔默体育场对峙。这是本赛季最后一场比赛，普林斯顿队保持不败战绩。开球几分钟后，形势就迅速明朗。这不是纯粹主义者们希望看到的比赛。球员们脾气暴躁，拔拳相向。在比赛进行到第二节时，普林斯顿队的四分卫因为脑震荡和鼻梁骨断裂不得不离场。到了比赛第三节，达特茅斯队的四分卫被踢断了腿。

几天后，普林斯顿大学一份名为《普林斯顿校友周刊》的小报称这场比赛为"令人作呕的表演"，认为"主要责任应由达特茅斯方面承担"。他们的球员可能手下、脚下留了情，至少《周刊》是这么报道的，但球赛报道和实际球赛是两码事。谢天谢地，比赛已经结束了，断腿和断鼻梁骨也已经接好并打上了石膏，但新闻编辑部之间的战争正要火热打响，编辑们打字的手已经摘下手套，准备决斗了。

说来奇怪，达特茅斯学院的校报《达特茅斯报》的观点很不一样。是的，它承认比赛中有暴力行为，这一点无可否认。但老虎队四分卫的受伤属于大势所趋。此外，它指出，在最好的情况下，普林斯顿队那伪善的单臂侍者的反复乐节（即他们挨了揍却忍气吞声不还手的论调）属于没说实话，而在最坏的情况下，这种论调是达特茅斯方面这一年来听到的最大谎言。大意就是这样。社论还声称，老虎队这一季是没输过一场比赛，但他们**的的确确**废掉了几支对手球队的明星球员。事后想想，这看起来很像是该队的战术之一。

终场哨声响起之后很久，双方的激辩仍在继续，相互指责的声音久久不息。不过后来我们得知，并非所有辩论都受怒气挟裹。这两个意见相左阵营之间的重大差异不仅体现在观点上，似乎还体现在基本的生理知觉上，即他们分别**看到**了什么。一些在高等院校供职的不和的心理学家们受到触动，决定进行一番研究，而且是联合研究，他们希望能够弄清楚，这两所知名院校的球员们在季末最后一场比赛这样一个本应遵照客观程序的全程波澜不惊的场合上究竟**为什么**差点群殴，**怎么**差点混战成一团。

在比赛结束一周后，他们对达特茅斯学院和普林斯顿大学的学生做了一个问卷调查：谁先动的手？真令人惊讶啊，大多数普林斯顿的受访对象意见一致，客队先动的手，而达特茅斯学院的受访对象说了公道话，认为双方负有同等责任。但是这种调查方法存在一个问题，这种观点差异很可能只不过是由变幻莫测的选择性记忆造成的，或者甚至是他们读了有偏见的报道后产生的，这谁能想到呢？

于是，研究者们又做了一件事。为了避免偏见和先入为主的想法，他们另请两组学生来实验室，其中一组来自普林斯顿，另一组来自达特茅斯。这一次，他们给学生们看的不是一份请后者依靠主观回忆来填写的空白"证词"，而是一份该场比赛的录像带。

现在看，谁先动的手？

学生们的回答令人震惊。即便事实就在他们眼前，尽管证据历历在目，两所院校的学生们却继续争论不休。研究者们真是目瞪口呆，他们在论文结语中写道:"来自橄榄球场的'同样'的知觉冲击通过视觉机制传导至大脑,但显然给不同的人炮制了不同的体验。"

事实上,他们推测说这场比赛"其实是多场不同比赛","每个人所记得的事件版本对那个人来说都是'真的'。"

不是眼见为实,而是眼见为**归属**。

领会社会心理学家所称的"内群体偏见"并不难。你只要去过几乎**任何**一场橄榄球比赛现场或者在脸书上逗留五分钟,很快就能掌握要领。然而,它在日常生活中的重要性和普遍性经常被低估。我们所属的群体,从朋友圈到家庭到运动队到政党再到国家,它们对我们如何感知、解读和响应周围人的行动有着深远持久的影响,其后果往往远非一次性的随机遭遇可比。

为了说明这一点,请回忆早前十岁的乔希说过的话。他告诉他母亲,"斯宾塞的妈妈"——他母亲从学生时代就结识的朋友,"答应让他留长**他的**头发"。话音刚落,他又适时补充了一句:"有一天我坐他们的车,他妈妈告诉他爸爸,强迫他剪头发就跟虐待一样。"

他在搞些什么名堂?他为什么要那样做?我们现在明白了,原因在于他是一位不容置疑的邪恶心理学天才。我相信,许多疲惫不堪的家长都能证实他们的孩子有这种天赋。他说上述那些话的时候,刻意激活了"最好的朋友"(斯宾塞的妈妈)这个社会身份认同和人际范畴。而最好的朋友们一般会怎样?以同样的方式看待事物,并且保持一致观点。

乔希凭直觉认识到的真相非常深刻。人们对归属感的需求强于做正确的事的需求,人们事实上如此,道德上如此,内心如此,身体如此,这种情况现实存在于感知者的思维中,这句话一点都没错。而感知者的思维往往存在于其他志趣相投的感知者的思维中。

"我们"和"他们"正如黑和白那样泾渭分明。

几年前,一支由美国耶鲁大学、天普大学、乔治·华盛顿大学和康奈尔大学的学者组成的研究团队进行了一个实验,这个实验同二十世纪五十年代那些学者在新泽西州常春藤名校神圣的大学球场上进行的实验极其相似。不过，这一次竞技目标是道德和意识形态上的球。坐在电视机前面的观众不是头脑发热的达特茅斯和普林斯顿球迷，而是冷静自持的共和党人和民主党人。研究人员为他们播放了一段按标准校准过的政治抗议视频，两党被试对象观看的视频一模一样。然而，你已经预见到了，除了视频，还有一个变量，无论是共和党人还是民主党人都被研究团队分成了两组。其中一个小组得知，抗议者是自由派人士，他们团结起来走上街头，反对不准男女同性恋者参军的禁令（当时的确有这么一个禁令）。另一个小组则得知，这些活动积极分子是反对堕胎的保守派人士，他们举行示威，反对堕胎合法化。换句话说，亲共和党和亲民主党的被试对象都观看了在他们心目中与他们各自的政治敏锐性一致和相悖的视频。

研究人员试图回答的问题当然是：上述变量会不会影响结果？政治面貌会不会像体育迷对某支运动队的忠心一样影响他们**看到了什么**？会不会让他们怀疑自己亲眼看见的证据？

答案是肯定的，一个大大的、二元分化的、黑白分明的"是，会影响"。实验结果表明，当共和党人以为示威者是自由派人士，这些人正在抗议征兵政策不公正的时候，他们更赞同警方干预，而当他们以为示威者跟他们一样是保守人士，正在举办反堕胎大游行的时候，情况则不同，他们民主党被试对象的观感正好相反。

跟达特茅斯和普林斯顿的球迷一样，跟乔希和他的妈妈一样，"我们"就是观看者心目中的"我"。

我们是谁决定我们看到什么。

说服混音

二十世纪七十年代早期，布里斯托大学已故心理学家亨利·泰弗尔（Henri Tajfel）做了一个实验。它迅速为此后几乎所有的群体研究定下了基调。毫不奇怪，如今它已经成为经典，社会心理学领域经常用到以它命名的范式，即最小群体范式。

泰弗尔先请一群高中生观看投影屏幕上的圆点，然后逐个询问他们："你们看到了几个圆点？"因为屏幕上的圆点比较多，而且只闪现了不到半秒钟，学生们根本不知道怎么回答才能接近正确答案。但他们还是猜了猜，完全不知道这个实验设置是研究者天才狡狯计划的一部分，是为了在他们之间制造临时分裂，这样做的目的是把他们划入两个随机指定的"最小群体"：低估者和高估者。之所以称为"最小"，是因为这些群体本质上属于无中生有；之所以称为"群体"，是因为他们的确形成了群体。

在学生们被任意划分成两个组、两个范畴之后，泰弗尔进入实验正题。他指令每一位学生给参与研究的另外两位学生分配积分。他告知学生，积分等同于金钱。他们不知道另外两位学生是谁，只知道后者的代码和下列两个标签之一："你们组的"或"另一组的"。

是否与接受积分的学生同组会影响分配积分学生的决策吗？正如泰弗尔从实验伊始就预测的那样，答案是肯定的。虽然实验参与者们在实验前互不相识，而且实验结束后很可能不会再见，但他们向同组学生许下慷慨的财务回报承诺，同时一个积分都不愿意分配给外组学生。

好东西被厚颜无耻地发放给自己人，外人连影子都摸不着，如此黑白分明，我这组同你那组泾渭分明。

要是你读了上面的文字没受到震动也不稀奇。环顾世界，你很容易就能看出来归属感和同他人相处融洽的需求对我们所有人的影响有多大。我们在第8章里读到，使用诸如"非常棒"和"太可怕"等黑白分明的词汇会让我们变得更极端。如果你对此表示理解，那么你也不难领会为什么诸如"我们"和"他们"的非黑即白的超级范畴对认知的激活也能取得同样效果。然而，如果说有什么东西**或许**会让你惊讶，那就是如果在一个我们—他们**框架**里，用一个我们—他们视角来呈现某个议题，能在多大程度上改变他人对这个议题的想法,而且能让他们认同我们的思路,以及坚定他们按照新信念行动的决心。

为了进一步说明这一点,请看昆士兰大学社会心理学家尼克·斯蒂芬斯(Nik Steffens)新近的一项研究。斯蒂芬斯查阅了澳大利亚宣布独立并正式成为英联邦成员以来澳大利亚主要政党领导人的竞选演讲稿,他从中发现了一个秘密讯息。最终竞选胜利的领导人们平均每隔七十九个单词就会使用一次代词"我们",而落败者每隔一百三十六个单词才会插入一个"我们"。此外,在他分析过的四十三次选举中,有三十四次胜利被其中较频繁使用"我们"的候选人夺得。①

在权力中心把这个消息悄悄传开,即不要讲**你**怎么想,而要讲**我们**怎么想。

我们再来看看另一个方面:当一个团队内部的"我们"动态被破坏,经过调整的心理舞台灯光把大部分常规演员掩藏在阴影里,让一两名高调的演员沐浴在价值聚光灯下之后,让我们看看会发生什么样的事情。如果

---

① 代词使用和人格类型之间关系的研究表明,领导人在演讲中使用"我们"较多并非其竞选成功的唯一影响因素。同"我们"这一代词的使用高度正相关的其他性格特质或许也能提高制胜概率。例如,研究显示,性格外向者使用"我们""我们的"等词汇的频率超过内向者,而内向者相比之下更偏好分离性的单数代词"我"和"我的"。此外,研究还证实,某些情境下"我"出现频率的增加暗示说话人感到威胁、觉得不安、起了戒心,而这些素质通常不与具有领袖魅力的人格以及鼓舞型领导力挂钩。2007年,美国心理学家詹姆斯·彭尼贝克(James Pennebaker)同美国联邦调查局合作,他仔细研读了基地组织领导人奥萨马·本·拉登在911恐怖主义事件之后的通讯,以及他的副手艾曼·扎瓦希里(Ayman al-Zawahiri)在2003年美国入侵伊拉克之后的通讯记录。两人当时均在潜逃途中。研究结果显示,这两名"圣战"头目展现的沟通规律大不相同。首先,本·拉登对"除了""但是""然而""没有"等所谓"排他性的"或性状词的使用在五十八篇按时间先后分析的录音稿中递增,他那更为"二元分化"的副手对这些词的使用却递减,而这些词通常和黑白思维朝认知复杂性转向挂钩。这个趋势或许意味着后者在压力状况下更加需要严格的意识形态闭合。其次,扎瓦希里对"我"这一代词的使用频率在伊拉克战争爆发后增加了三倍,而本·拉登对"我"一词的使用频率一直不变。这个趋势提供了一个独特视角,让我们认识到基地组织的创始人不但更具有愿景型领导力——他对大局的领悟更为深刻,而且也更沉着。(注:自从2011年5月本·拉登死后,扎瓦希里担任基地组织领袖至今。)——作者注

第 10 章 超级说服力

你是一家成功的大型足球俱乐部的主教练，有财力开出高额支票，那么这正是你在每个赛季转会窗口开启，你有权选用新球员这样一个关键但不确定的时期会面临的两难困境。在目前情况下，无论在体育界、商界还是学术界，多数文化和组织为了提高胜算、增强竞争力的首选战略都是外购人才。但是，请小心了，签下大牌球员有风险，有科研为证。

大约二十年前，美国圣母大学组织心理学家马特·布鲁姆（Matt Bloom）研究了美国和加拿大的二十九支职业棒球大联盟球队。他的发现不但应当让世界上所有喜爱足球和棒球的寡头们脊背发凉，还应当让那些试图发挥在其领导下的群体和个体的最大功效的老板们和团队领导者们心惊胆战：在该研究跨越的八年时间里，群体内部薪酬的高度不平等（通常源于几名高薪明星球员的到来）和个体及团队表现严重下滑之间存在显著相关性。这个教训总结起来容易，学会却不容易。**我们还是他们**很能调动**群体之间**的对抗，这对我们有利。但要是它激发了群体**内部**的对抗，那对我们就是致命一击。

不过，如果我们把这三个进化超级范畴（打还是逃，我们还是他们，对还是错）应用到屈人意志、易人心智上，除了**激发**人的最优表现，还可以实现其他目标。它们确实能有效地点火，但它们也可以用于灭火。作为个体、团队或更大型组织的一部分，无论你多努力，无论你做了多少次尝试，你迟早都会遭遇问题，团队成员的关系会破裂，困难和意见不合会浮出水面。届时这三个超级范畴还可以用于减少和解决冲突。

最好的例子莫过于最近发生在肖恩·戴彻身上的一件事。你们在第5章里读到过，他目前在英超伯恩利足球俱乐部担当重任。2019年9月，新赛季的比赛才进行了几场，当时在伯恩利效力的英格兰籍中场队员丹尼·德林克沃特（Danny Drinkwater）惹上了一点小麻烦。他在一家夜总会外面被十几个男人攻击，踝关节受伤，这令他有一个月不能上场。

德林克沃特没有跟伯恩利俱乐部签长期合同，他是伯恩利从切尔西俱乐部租借来的。此外，就在几个月前，他还被定罪酒驾。要是戴彻愿意，他可以申斥德林克沃特，谁都不会责怪他，但他没有这样做。当媒体询问他有无采取任何针对德林克沃特的措施时，这位主教练决定站在他队员的一边，承诺为这位身陷困境的中场球员提供必要的支持，让他的足球职业生涯重返正轨。

以下是肖恩当时讲话的录音文字记录：

> 首先，我希望弄清楚事实，这一点我做到了。其次，我接受现实，忘记他的足球运动员身份。
>
> 球员都是人，他们有私生活，但有时候私生活谈不上私密，人会惹上麻烦。
>
> 我认为他知道，二十九岁了，在这个年纪他必须注意自己的言行，要做正确的事多过做错误的事。
>
> 我的责任是给他一个机会，让他采取行动，给他制定一些指导方针，而他的责任在于说到做到。
>
> 他这几年球运不顺，比赛踢得不多。这要看他本人有没有动力、意志和欲望重新登上顶级球员的巅峰，而不只为了走出这一次困境。想要重新激发对成绩的渴望，他就得付出心血。这种东西不是招之即来的。
>
> 有时候，你在球场上不顺，出了球场也会不顺。这会让你乱套。
>
> 所以我会和他一起努力，让他恢复体能，帮助并引导他回归他想立足的位置。
>
> 一切顺利的时候跟球员共处很容易，但在事情不对头的时候跟球员一起努力，这给人的满足感更高。
>
> 每一位主教练都希望球员们个个态度端正、完美无缺，天天高高兴兴地来俱乐部踢球，然后回家吃鸡、吃面，喝很多水。
>
> 但事情没那么简单，他们都是人。我有缺点，他们也有缺点。

肖恩表达的几乎一切都为我们大脑提供了一支暖心有趣的"爆红"歌曲，让我们体会到**打还是逃**、**我们还是他们**、**对还是错**的黑白思维的极致感觉。或许其方式同我们到目前为止所熟悉的不一样：不是那种热辣的、强硬的、牛气哄哄的、煽动人拿起武器的进化兴奋剂，那种充满说服力和影响力的兴奋剂，而是富有同情心的安抚舒缓剂。用心理学视角来仔细审视肖恩洋溢着同理心和雅量的回答，你会发现他熟练地、卓有见识地、负责任地拨动了我们的超级说服力"混音台"上的所有三个旋钮。

　　一般人碰到这种情况时，十个有九个会大发雷霆，把书砸到球员身上，并且罚他款，不让他上场或者让他走人。但这样做**对**吗？这样做明智吗？排除情绪影响，对涉事个人来说最好的做法是什么？或者说，在这件事情上，对俱乐部来说最好的做法是什么？拒绝帮助他，并且告诉他"你得靠自己"？换句话说，把"他们"这一旋钮调到最大。或者采取正好相反的做法？把"我们"这一旋钮拨到超速挡，同他并肩而立，直面他的错误行为，审视他的任性举动，解决他的根本问题？

　　我们看到肖恩选择了后一种做法。他调高了"打"的旋钮，却不是同球员对打，而是让两人联手对抗恶魔。而且，他小心选择他所使用的词汇。他两次把德林克沃特归入"人"的范畴，而不是"足球运动员"的范畴，一举消除了在他人认知中两人之间存在的任何**道德**障碍，同时还消除了球员和主教练之间的障碍："我有缺点，但他们也有缺点。"

　　无论你怎么看待英超球员，这个故事传递的讯息一清二楚。不管你是在试图说服某人**走下**悬崖，就像第8章里的老师说服塔利班不要关闭她们的学校那样，还是试图劝说某人**登上**悬崖，就像丘吉尔在"二战"期间发表议会演讲激励英国人民迎战那样，你作为一个说服力和影响力的"制作人"能否一举成功将不可避免地取决于你在三音轨的超级混音台上的技术知识。

　　请回想一下塔利班指挥官和他的手下闯入巴基斯坦那所学校的教室时看到的场景。首先，为欢迎他们的到来而准备的茶和蛋糕立即调高了"我们"的旋钮；其次，"更好的妻子"这样的论调立即调高了"对"的旋钮

（请记住，事情发生在白沙瓦，不是彼得伯勒）；最后，"深化对《古兰经》的理解"则立马调高了"打"的旋钮。

老师之所以得偿所愿是因为一个很简单的原因：失落的人类原始天赋在她们身上复活，她们调对了超级混音台上所有的三个旋钮——**打还是逃，我们还是他们，对还是错**。

每一条三寸不烂之舌上面都打着远祖印记。

第11章

揭秘影响力：得偿所愿的秘密科学

我的影响力秘诀在于它一直是秘密。

——萨尔瓦多·达利（Salvador Dali）[①]

[①] 萨尔瓦多·达利（1904—1989）是西班牙超现实主义代表画家。——编者注

击退敌军后第二天的破晓时分，我们看到德国人已经抬走了伤兵，只剩下一个人还在两条战壕之间的空地上痛苦呻吟。

我们的上尉跳出战壕冲过去，但德国人开枪射中了他。

他趔趄了一下，但没有英勇地倒下，而是继续冲向德国伤兵。尽管他自己的伤势很严重，他还是把后者抱起来，径直朝德军战壕走去。

他小心地放下德国伤兵，敬了一个礼。我们听到如雷般的喝彩声。一名德国军官从战壕里爬了上来，他摘下自己的铁十字勋章，别在我们的英雄胸前。

令人难过的是，上尉回到我们的阵线后重伤而亡。当我发现他的铁十字勋章是木头做的时，心都碎了。他完全配得上维多利亚十字勋章。

以上段落节选自刊登在1914年11月11日《星期日邮报》上的一封信。

去年夏天，我和太太去英国南部的康沃尔郡度周末，我们两人在乡间漫步。微风阵阵，阳光透过树叶星星点点地洒落在地上，奶牛们在树篱后面抽着鼻子，懒洋洋、雾蒙蒙的空气闻起来就像有益健康的田园的静谧化身。我有点期待《乡村档案》（Countryfile）节目主持人约翰·克雷文

第 11 章 揭秘影响力：得偿所愿的秘密科学

（John Craven）突然从灌木丛后面冒出来，手里挥舞着一扁篮草莓和一支闪闪发光的接骨木长笛。

没想到，迎接我的是电视连续剧《老爸上战场》（*Dad's Army*）里面那个标志性的话痨梅因沃林（Mainwaring）上尉和华金·菲尼克斯（Joaquin Phoenix）在电影《小丑》中扮演的小丑的混合体。

"喂！你们俩！这是私人道路！"

我们转过身，看见一个男人脚步蹬蹬地朝我们走来。他手里没拿老式的大口径短枪，他也没有说"从我的土地上走开！"，不过，他的布洛克鞋、灯笼裤和猎装外套让他貌似乡绅典范。

"对不起，我们没意识到这是私人道路，"我解释道，"您看，我们都快走到头了。我们这就走完它，不挡您的道，可以吗？"

这个特别合理的建议招来了轻蔑一笑。

"哦，我明白了……所以你认为你想怎么着就怎么着，对吗？开开心心地走完这条路？嗯，问题在于：你不能！我要你们离开我的产业。现在就离开！向后转，从哪里来就回哪里去。"

我太太和我互相使眼色。这肯定没道理啊，如果他的用意是减少对他的柏油路面的磨损，通情达理的选择应该是让我们接着往前走。但是我们耸耸肩，转过身，沿来路折返，在他的私家道路上又走了约1.2千米。

如果你还不相信黑白思维本身不是非黑即白，而是一个连续统，我们每个人在这个连续统上都有自己的位置，那么上面这两个故事应该正好适合你。当那位英国上尉勇敢地穿越泥泞和血泊去救援那位德国士兵的时候，他没有再三思考自己即将越界这个问题。出于非凡的无私精神，他完全无视"英国人"和"德国人"这两个标签，只想到了一个更为宽泛的范畴，那就是"士兵"。另一方面，那位农夫把他的世界打包分成"我的"和"你的"两个范畴，这就像他的牧羊犬一样，淌着口水，什么也不想，一心一意只管抓住一块骨头不放。

我似乎在评判这两人，但我没有。换作另一天，那位英勇的英国上尉或许更关心自己的利益,而如果那位农夫当时的心情好一点,他或许会想:"谁在乎呢?就让他们走完好了。"但我们没法重来一次。可我们**的确**知道一点,那就是我们有时候视野狭隘,有时候视野开阔;我们的思维有时开明豁达,好似大光圈的手电筒,有时候却狭长一根筋,如同激光束。这归根结底取决于我们的取景器。取景器朝着哪个方向,参数是怎样设置的。那位上尉的取景器被调节到了近景,以至于我们和他们、我和你之间的边界模糊不清。那位农夫的取景器被调到了横屏模式,我们和你们、我和你之间界线分明。

我们要感谢希腊诗人阿尔基罗库斯(Archilochus),是他最早想到黑白思维的棋盘式观念倾向或许是沿着一个连续统分布的。他在约两千五百年前打的一个比方预见到了后世的黑白思维概念。他果断将人们的二元分类分成两种对立的类型——狐狸和刺猬。①

"狐狸知道许多事情,"阿尔基罗库斯宣称,"但刺猬只知道一件大事。"

在很久以后的二十世纪中叶,出生于拉脱维亚的哲学家以赛亚·伯林(Isaiah Berlin)对这个比喻进行了阐述。柏林认为,一方面,柏拉图、但丁、黑格尔和尼采属于刺猬,他们的长处在于视线专注不移。刺猬终其一生只忠于一个支配一切的原则,不问究竟。而另一方面,亚里士多德、莎士比亚、歌德和乔伊斯属于狐狸,他们的优点在于灵活性和经验开放性。柏林认为,有别于刺猬,狐狸的行动基础多种多样,不能被简化为一个包罗万象的世界观。刺猬从不犹豫,从不疑惑。狐狸更有权宜之计,更务实,更倾向于看出复杂性和精妙差异。②

心理障碍领域的研究通常会证实阿尔基罗库斯的想法,认为黑白思维会形成一个连续统,认为要么全有要么全无的认知连续统的两端可能分别

---

①参见附录六。——作者注
②诺贝尔奖得主丹尼尔·卡尼曼在他的国际畅销书《思考,快与慢》(Thinking, Fast and Slow)中提出相似论点。他认为,系统一认知和系统二认知属于二叉分枝。前者以快速、本能、直觉和受情绪左右的思维过程为特征,而后者的思维过程比较慢,动用逻辑和分析比较多。——作者注

第 11 章　揭秘影响力：得偿所愿的秘密科学

固定着一对如同黑白二色一般反差到极致的功能障碍精神状态。

精神病处于这个临床二叉分枝轴的一头，它从过分易变的自我逐步过渡到过分受限的自我的游标尺的一端。在过分易变的自我的一端，万事万物都有关联，都跟个人有关，都意味深长，其表现形式有产生妄想、幻觉和支离破碎的言行。在另一端则是粗暴分离的非此即彼的世界：屈从于秩序和死板的、基于规则的行为，其最远端很自然地包括孤独症谱系障碍。①

当然了，我们大多数人在两端之间的某处。我们的抽象分析思维在我们大脑内部喧闹的认知宿舍里高高兴兴地同居。但是，自然变异的根本原因是什么？灰色的秘密仲裁员是谁？功能障碍二元性受什么机制驱动，而阿尔基罗库斯的狐狸—刺猬机制里的黑白二色幽灵从哪里来？为了寻找答案，我们必须重返熟悉的领域，即我们在第6章里从奥里耶·克鲁格兰斯基那里学到的不同的人对**认知复杂性**的不同需求。我们来重温一下这个概念。不过这一次，我们会学习更多细节。

认知复杂性由两个变量界定：**差异化**和**一体化**。差异化复杂性指的是考虑一个问题时需要顾及这个问题的多少个特点或维度。例如，当一个人

---

①一方面，黑与白抑或"要么全有要么全无"的思维是一些精神健康问题的根源，包括但不限于孤独症和孤独症谱系障碍。其中证据最充分的或许是许多戒瘾者在稍有故态复萌时表现出来的所谓"灾难认知"。他们往往把忍不住喝了一杯酒、用了一剂毒品或猛吸了几口烟解读为自己把连续几周、几个月，有时候甚至是几年得来不易的无瑕节制纪录全毁了，以为这预示着有害习惯的全面复发。为了对抗这种"要么全有要么全无"的思维，咨询师们一般会尽量往戒瘾者过激思维的黑白两大支柱之间插入灰色调，有时候还会用比喻手法来说服戒瘾者。"每个人在学习骑自行车的时候都至少摔下来过一次"和"这只是一条线路上的一个停靠站，你不需要坐到终点站"等比喻说法被证明是有效的。而另一方面，如果你对艰难决策上瘾，那么黑白思维对你来说好处大于坏处。曼联队传奇前主教练亚历克斯·弗格森（Alex Ferguson）爵士在他的畅销书《领导力》（Leading）中讲了这样一个故事：担任阿伯丁队主教练时，他和助理教练阿奇·诺克斯（Archie Knox）有时候为了观看对手的比赛，会连夜轮流开车六小时往返于阿伯丁和格拉斯哥之间。亚历克斯爵士回忆说："每次当我们起了放弃看某场比赛，休息一晚的念头时，我们总会相互告诫：'要是我们错过了一场比赛，那么我们也会错过第二场比赛。'"——作者注

考虑问题时只考虑是好是坏，或者说只考虑二元选项时，这个人的思考显然属于无差异化。与之相反，当一个人从多个视角考察一个问题并且考察得相当细致时，这个人的思考属于高度差异化。

一体化复杂性取决于在一个人的认知中，上述差异化特点是相互独立运作（低一体化）还是随机组队协同运作（高一体化）。因此，认知复杂性需求高的决策者在典型情况下会评估同一个议题相关的所有视角，然后将它们整合为一个连贯一致的立场，而认知复杂性需求低的决策者一般一心一意地坚持一个观点。

试以三个孩子发现自己得吃抱子甘蓝后的反应为例。第一个孩子臭着脸把盘子推开："我恨抱子甘蓝。"这个孩子对抱子甘蓝持有单一、无差异化的态度。第二个孩子犹犹豫豫地拨弄着满盘子的抱子甘蓝："我喜欢它的味道，但是它的口感太可怕了。"这个孩子对这种蔬菜的看法比较复杂，他做了一定程度的区分，同时形成了两种独特意见。第三个孩子的做法更为细致入微："抱子甘蓝味道好，口感差，但这两个特点在我口腔里混合后就形成了一种独一无二的品尝体验。"这个孩子不但对抱子甘蓝同时形成两个意见，而且还将它们相互融合形成第三个意见，他就是电视厨艺大赛节目《少年厨艺大师》（*Junior Masterchef*）的冠军。

我们为什么需要极端主义者？

有证据表明，除了精神疾病症状（或者品味偏好）以外，对认知复杂性的需求差异可以沿着各种形形色色的界线分野。

例如研究表明，在政界，共和党人对认知复杂性的平均需求低于民主党人，而自由派和保守派之间的断层线是一个认知复杂性前沿。那些对结构的需求高、不太愿意接受新体验的人从世界观来看通常属于温和保守派，所以如果你是激进保守派，你会更相信传统，希望维持现状。变化等

第11章 揭秘影响力：得偿所愿的秘密科学

同于不确定性和界线的模糊。相比对模棱两可性和复杂性容忍程度比较高的激进自由派（或者就此而言，温和自由派），你对各种话题的思考更可能走极端。①

宗教是另外一个很好的例子，这并不令人感到吃惊。你可能已经预料到，极端主义者对认知复杂性的需求低于温和派。研究表明，激进分子往往认为世界两两对半分。一个很能说明问题的例子是新教正统派文化把人们分成"得救的人"和"未得救的人"、"绵羊（好人）和山羊（坏人）"、"迷途的羔羊"和"回归正途者"。我们之前读到过，伊斯兰国的旗帜只有两种颜色：黑与白，这不是巧合。

不过，情境也很重要，再以政界为例。研究表明，在某些特定时期和特定形势下，我们倾向于把选票投给拥有黑白思维的领导人：我们偏好他们那种非此即彼的决策风格，摒弃那种多加斟酌、多做分析的做法。这样的时期和这样的形势总是充满不确定性。例如英国的脱欧公投、美国大选中的特朗普、二战期间的丘吉尔②，在疑虑、分歧和焦虑重重的情形下，这些领导人比其他候选人更受欢迎，即便后者备受尊敬和敬仰，支持率高涨，在别样的社会政治条件组合下可以充满信心、令人信服地大获全胜，

---

① 除了对认知复杂性的需求不同，保守派和自由派在形成他们的核心人格结构的某些要素上也有差异。研究显示，在所谓的"大五"人格变量（经验的开放性、责任意识、外倾性、随和性和情绪稳定性）中，前两个变量同意识形态倾向显著相关。研究发现，责任意识是右倾的，它进一步细分为两个子成分——"条理性"（需要把一切都整理得井井有条）和"勤奋"（同劳动生产率和职业道德有关），而经验开放性是左倾的，包括"主动想象、审美敏感性、对内向情感的关注、对多样性的偏好和求知欲"。研究还表明，随和性也同政治偏向相关，但必须分解成两个有效组成部分：同自由主义正相关的"同情心"和同保守主义正相关的"礼貌"。——作者注

② 1940年5月，丘吉尔取代张伯伦担任英国首相。当年晚些时候，美国作家暨出版商拉尔夫·英格索尔（Ralph Ingersoll）报道说："我在伦敦每到一处，都听说人们敬仰丘吉尔的精力、勇气和一心一意。人们说，要是没有他，英国不知道该怎么办。他显然备受尊崇，但是，谁都不觉得战后他应当出任首相。简言之，他就是在正确的时间从事正确工作的正确人选，这个时间就是英国孤注一掷同敌人开战的。"果不其然，欧洲胜利日过后仅七十九天，工党的克莱门特·艾德礼（Clement Attlee）就在1945年的大选中以压倒性优势取胜，从而执政。——作者注

执掌政权。原因很简单，人们要的是**做事情**的领导人，至少是在他们感知中能做事情的人。我们对总统、首相和总理的首要期望是降低我们的不确定水平，我们期望他们是"任务导向"的，我们要的是态度积极自信、决策果断到咄咄逼人、气势汹汹的领导人。

当然，具有讽刺意味的是，拥有黑白思维的领导人有时候就是最大程度不确定性的始作俑者，不确定性正中他们的下怀，试以英国脱欧公投前的离欧宣传阵营领导人暨英国脱欧党前党魁奈吉尔·法拉奇（Nigel Farage）为例。法拉奇把政治提炼成最基本的意识形态原则，把议题分解成最小公约数。这样做在短期内可能奏效。但是，我们从英国脱欧一事中看到，这个2018年被时任国际贸易大臣的利亚姆·福克斯（Liam Fox）称为"人类历史上最容易达成的协议之一"变得如此复杂、如此神秘，以至于经验老到的政治评论员们必须齐心协力、翻来覆去地向抓狂的选民们解释。

奈吉尔把取景器坚定不移地设置为横屏模式。我们从阿拉斯泰尔·坎贝尔那里得知，这在政界不一定总是好事。我们还从那位英勇的英国士兵的故事中得知，这在日常生活中也不一定总是好事。事实上，奈吉尔把取景器嵌进了相机深处，以至于它有时候拍下了摄影机本身！这对他那引发论战的叙事有用，你要么留在欧洲，要么离开欧洲，就是这样。可是，当取景器的透镜向外延伸、从横屏模式转换成竖屏模式之时，当我们的焦距从超宽角度放大为极致特写镜头之时，生活总会变得有那么一点点复杂，生活的这个习惯十分持久，令人恼火。

毋庸置疑，有时候这种复杂性是好事。英国脱欧便是如此。但有时候，或许同样的精妙差异会阻碍进步，气候变化问题便是如此，少年环保主义者格雷塔·通贝里（Greta Thunberg）是一个很好的例子。通贝里向全世界传播她自有品牌的黑白思维，认为患上阿斯佩格综合征是自己人生中的一个亮点，是她的"超级力量"。她于2019年向英国广播公司4台《今日》节目发表意见说："这个障碍让我与众不同，而与众不同是一种天

第 11 章 揭秘影响力：得偿所愿的秘密科学

赋……我不太会受骗上当，我能识破谎言。"①通贝里不在意许多批评她的人怎么想。她偶尔会特意解释为什么。她说，既然他们看不到我们即将面临环境灾难，那听他们说的话有什么用？

她同法拉奇相似，只不过没有后者的夸大其词和粗花呢外套。她那倾向黑白思维的大脑"被一个狭隘的主题占据"，她那门户之见很深的"一边倒的长篇大论"②恰恰适合用于强调她的中心思想。

当然了，我们最需要解答的问题是，黑白思维能在日常生活中给我们带来**好处**吗？绝对能。要是断言它不能，那就是黑白思维在作祟。重要的是，我们得记住，自然选择让我们的大脑不受疑虑摆布是有道理的，史前时代事关生存、指导人类匆忙决策的指令（**打还是逃，我们还是他们，对还是错**）在现代社会也并非毫无用处。

2020年新冠肺炎疫情期间，苏格兰首席医疗官凯瑟琳·考尔德伍德（Catherine Calderwood）博士违反她自己规定的居家隔离指导方针，连续两个周末从她在爱丁堡的主要居所驾车六十四公里前往位于法夫的度假屋。被《太阳报》曝光后，她辞职了。第二天，苏格兰首席大臣妮古拉·斯特金（Nicola Sturgeon）接受电视采访，对她的行为发表看法。斯特金一脸不满地宣称，不能"她有她的一套规定，别人有别人的一套规

---

①如需聆听全部采访内容，请访问：https://www.bbc.co.uk/programmes/p07770t8。——作者注
②如需了解更多阿斯佩格综合征特征，请访问：http://www.autism-help.org/aspergers-characteristics-signs.htm。——作者注

定。"政界对这件事一致表示同意,非常少见。[①]与此截然不同的是,几个月后,鲍里斯·约翰逊为多米尼克·卡明斯辩护,声称后者之所以在妻子出现新冠肺炎症状后还短途旅行到他父母在达勒姆的农场,是为了请父母帮忙照看孩子。大家都不赞同他的说法。

让我们从政界回归日常生活。请想象一下,你有几个稚龄孩子,家住在一个交通繁忙的交叉路口附近。大多数家长会同意说,在这种情况下"不许在街上玩耍",这没有任何商量余地,他们绝不会让步,不会妥协。

再想象一下,你有个重大项目必须完成。要是最后期限到了会怎样?你要么已经完成了,要么还没完成,对吗?渐变灰帮不了你的忙,借口也帮不了你的忙,归根结底,你面临一个彻头彻尾的二叉分枝。要么完成项目,要么没完成项目。

那么家暴呢?或许在有些情况下情有可原?绝对不是,任何理性的人都会这么回答。

还有,在医院和军队等高压工作岗位上,背水一战的决策能力几乎属于必备能力。

斯蒂芬·韦斯塔比(Stephen Westaby)是世界上最杰出的心脏外科医生之一,也是最称得上硬汉的外科医生之一。他刚退休不久,退休前是牛津约翰·拉德克利夫医院的心胸外科主任医生,任职将近三十年。他做过的手术会让其他外科医生尿裤子。他全身心奉献于事业,为了不占用手术时间,他用导管接自己的尿,尿进自己的**靴子**里。在那个不太古板、

[①] 英国政党各派别一致同意英国政府提出的"待在家里,保护国家医疗服务体系,拯救生命"口号是现代政治史上最有效的宣传之一。这句口号独一无二地推崇并直接反映了超级说服力的三大原始轴:打还是逃,我们还是他们,对还是错,而且连顺序都一丝不差,这绝非巧合。事实上,因为这句宣传口号的效果很好,所以当英国首相鲍里斯·约翰逊在2020年5月10日星期日向英国人民发表电视讲话,启动解禁第一步时,他把口号的第一部分改成"保持警惕",公众普遍谴责这个指令相形失色,太含糊,太宽泛,有多种解读。"待在家里,保护国家医疗服务体系,拯救生命"将非黑即白做到了极致。相比之下,"保持警惕"容许微妙差异和各种灰度。——作者注

第 11 章　揭秘影响力：得偿所愿的秘密科学

官僚风气还不太浓厚的时代，他赢得了虚张声势、自吹自擂的名声，他身穿橄榄球制服，挥舞外科手术刀和锯子，大声播放平克·弗洛伊德乐队的歌曲。他被确诊为精神变态者，会在午夜以后漫步于医院昏黑的走廊，恍若一个冷酷无情、掠夺成性的**反**连环杀手，不惜自身性命地伏击死神，四下寻找理由和借口同死神决斗。如果幸运地得到了决斗机会，他通常会取胜。

2019年秋天，我在切尔滕纳姆文学节上当着全场观众的面采访了韦斯塔比和剑桥皇家帕普沃思医院心脏外科医生萨梅尔·纳西夫（Samer Nashef）。采访前，韦斯塔比和我一起喝咖啡，给我解释了在他那一行的伟大医生和不那么伟大的医生之间的差别。

他评论说："我们这个职业里的杰出人士的勇气来自信念，在战斗最激烈的时候为自己打气。外科医生，特别是心脏外科医生往往买不起从容考虑这种商品。

"如果待决策事项鱼贯而来，那真是太美好了。但它们不会如你的意，可你还是必须决策，伟大的外科医生因之成名。成名不靠裁缝手艺——怎么下刀、怎么移植、怎么缝合，成名靠的是决策，靠的是不假思索但依旧能分出轻重缓急。"①

几年前，为了创作《异类的天赋》，我曾经采访过一位美国海豹突击队上校。他对他的领域有过类似评论。"要是扣动扳机前三思，"他波澜不惊地告诉我，"你脑袋里闪过的下一样东西可能就是AK-47型冲锋枪射出的子弹。"

不过，黑白思维的好处不仅限于**瞬间**决策或不假思索、灵光一现的认知等残酷的心理抽奖活动。在博弈漫长而艰辛之时，在坚持得越久亏损就越有可能转化成利得、战役拖沓成了战争之时，黑白思维一样有用。

雷纳夫·费恩斯爵士（Sir Ranulph Fiennes）被许多人尊为在世的最伟

---

① 纳西夫和韦斯塔比的书都很有趣，可以让读者们一窥外科手术中的决策。——作者注

大的探险家。他也曾经担任特种兵多年。他认为黑白思维对不成功则成仁的探险家来说实属必备。探险不适合心灵脆弱者、胆小者，也不适合渐变灰思考者。

他从位于萨默塞特郡腹地的大本营向我传来讯息："每次选探险队员时，我总是把品格和动机放在第一位，技能放在第二位。技能不会可以教，但品格不适合没法改，至少短期里改不了。"

他继续解释道，他希望看到候选人表现出坚持到底的能力："能把事情做完，那么无论艰难险阻总能走到终点。有忘掉一切的能力，忘记痛苦、饥饿、寒冷、恐惧、疲劳，一心一意扑在实现自己设定的目标上。做插旗第一人，做穿越第一人，做对抗未知恶魔的第一人。

"这可能同时代精神不太相符。现在的人讲究健康、安全，哭着喊着要实现工作和生活平衡，等等。有两个人比赛看谁先登上山顶，其中一个老是停下脚步欣赏风景，另一个一步不停地向前推进，克服痛苦极限，直至登顶，因为登顶最重要。后者只想着这一件事：登顶。

"前者或许**感觉**更好，登顶成功后会细品远景更久，而且或许预期寿命更长！但后者赢得了比赛。如果后者在比赛过程中吃过苦头，经历过风吹雨打，精疲力竭过，体会过大山的反复无常，那么，在后者看来，用黑白思维来衡量的话，一切都是值得的。"①

前英格兰橄榄球队队长劳伦斯·达拉格里奥（Lawrence Dallaglio）表示同意。2003年，劳伦斯率领英格兰队在澳大利亚战胜澳大利亚队，夺得橄榄球世界杯冠军。一个春日的早晨，我们俩在西伦敦泰晤士河边一家酒店的大堂吃松饼和玛德琳蛋糕，他给我讲了一个故事，对黑白思维的力量做了很好的总结。

"比赛胜利后，哈里王子来更衣室祝贺我们。我正在脱衬衣，衬衣下

---

① 然而，雷纳夫爵士强调，除非万不得已，否则探险过程中不应冒不必要的风险。他告诉我："我历次挑战成功的关键几乎都可以追溯到一丝不苟的策划和对细节的执着。"——作者注

面的皮肤上有几块大大的红印，是澳大利亚人踢的。哈里注意到了。

"'呀，劳伦斯。'他说。不一定是他的原话，但大意如此。'看你背上！'

"我当然明白他的意思，但这对我们来说很正常，司空见惯。打橄榄球世界杯的时候，什么事情你都碰得到。一场比赛八十分钟，你分分钟都处于体能和心理的暴风眼，顺利脱身的唯一途径是彻底使用隧道视野，完全相信自己和自己周围的人。

"这是你发光发热的时刻，你的机会，你一直以来努力的目标，过去四年流血、流汗、流泪就是为了它，有时候甚至不止四年。只有一支队伍能夺冠，只有一个奖杯，只有一个念头——不能让他们夺走奖杯。"

简易说服教程

当然了，相比海豹突击队队员、心胸外科医生、极限探险家和赢得金牌或世界杯的运动员，我们大多数人在做决定时享有略为宽敞的回旋空间。但在日常生活中，总有决策要做，总有界线要划。任何**偶尔**允许孩子在繁忙的交叉路口附近玩耍的家长都是自找麻烦，任何认为家暴**偶尔**是好事的配偶显然不是好对象。说真的，我们需要划下界线建立秩序，需要把现实分割为若干个独立的、不连续的范畴，需要弄懂周身世界，这样世界才能正常运转。这种需要不但事关我们影响他人的成效，还关系到我们是否易受他人影响。

但这在**实践**中意味着什么？是不是存在这样一种因果关系：我们越是擅长识别论证的范畴学基础，将它们分解到最小范畴（且最有影响力的）公约数，准确感知到他人在何处划下界线以及未来我们自己应当在哪里划线，就越能改变他人的思想或者越能察觉到他人试图说服我们并对此发起抵制？

毫无疑问，答案是肯定的。自然选择从未沉迷于撰写使用说明书，但如果我们出生时被装在一个附带使用手册、DVD教程和使用许可协议的盒子里，那么我们将会在"初次使用"条目下找到我们划分范畴的癖好和黑白思维的默认设置。新东西拿到手需要边用边学，慢慢地就会好用起来，我们人类也不例外。

把一切都归结于界线、选边和结篱、周界和参数、临界点和倾覆点，我们把现实分割成棋盘格。我们把数学家兼哲学家阿尔弗雷德·诺尔思·怀特海曾经称为"物质之无休止、无意义的仓促流动"的外部世界分解、分门别类，以便回避一长溜闹哄哄、乱糟糟、飞快移动的"玩意"。我们的大脑切割现实的方法跟我们帮孩子切割食物的手法一模一样，我们没法囫囵吞枣。但如果我们在试图说服他人之前用上一章里学到的三个二元分化超级范畴（**打还是逃，我们还是他们，对还是错**）来框定我们想传达的讯息，那我们一定每次都能成功。

试以我最喜欢的话题为例：英国脱欧公投拉票宣传战。

三个范畴它都用上了。

打还是逃：让我们一起抵制布鲁塞尔强加给我们的一整套荒谬法令。

我们还是他们：我们将在海滩作战（争夺渔业捕捞配额），我们将在登陆地点作战（谈判机场使用费）……

对还是错：我们的命运应该由我们自己掌控，不能听凭一个无中生有的外国实体制定的法律摆布。

正因为如此，离欧阵营在公投中获胜，超级说服力！明摆着的，就那么简单。离欧阵营的主张究竟是对还是错不重要。它同留欧阵营的差别在于它洞悉了强有力的说服利器，调用了三个进化超级范畴，把一个复杂到难以估量的论证变成一个零阻力超导体，在你还没来得及说完的时候，"临时选举"就已经飞速穿透大众的头脑。

从强有力的说服利器到封锁隔离，我们来解构一下英国首相鲍里斯·约翰逊于2020年3月20日晚间向全英国人民发表的为了抗击新冠肺炎加

第 11 章　揭秘影响力：得偿所愿的秘密科学

强管控措施的电视讲话。

打还是逃："毫无疑问，在这场战斗中，我们每一个人都被征召入伍。"①

我们还是他们："这个国家的人民将奋起迎接挑战。我们在克服挑战后将比以前任何时候都强大，我们将会打败新冠病毒，我们会共同打败它。"

对还是错："简而言之，如果太多人同时病重，英国国家医疗服务体系将不堪重负，也就是说，可能会有更多人死亡，不但因为新冠病毒，还因为其他疾病。所以，放缓病毒传播速度至关重要。"

但当然了那是政界。那里充斥着拥有超级说服力的黑带和影响力的大巫师。至于我们其余人，**我们**可以追求什么？这取决于你的视角，在日常生活中，我们都能登上这些令人头晕目眩的说服高峰之巅，或者降到这些说服深峡的谷底吗？我们都能成为超级说服者，将我们的想法轻松无摩擦、迅雷不及掩耳地导入他人的神经通路吗？

幸运的是，答案是肯定的。然而，如同学习任何新技能，学习超级说服力需要练习，需要培养意识，需要付出一点时间和心血。

让我们就从以下几个简单的技巧学起吧。

---

①之前我们已经读到，精心选择的言辞能帮助"框定"说服性宣传，增强宣传效果。就此而言，请注意约翰逊使用了同服兵役关联密切的"征召"一词。的确，媒体对"抗疫"的报道充斥着军事语言。例如，"宵禁""配额""前线""打赢这场战役""打败敌人""战时政府"的出现频率很高。措辞最雄辩、最引人注目的证据可以在英国女王于2020年4月5日星期日晚上8点向全英人民发表的讲话中找到。当时，因新冠病毒致死人数不断增加，感染率居高不下。这位九十三岁的君主将社交距离规定导致人们"因为同所爱之人分离而痛苦"跟二战期间英国儿童被撤离到乡间、国外同父母分离的痛苦相提并论。随即她向英国人民传递了希望："虽然我们还要忍耐更久，但更美好的日子会重返，我们应当为此感到欣慰。我们将再度与友人们相聚，我们将再度同家人团圆，我们将再次相见。"事实上，英国伦敦大学国王学院教授、资深公共医疗卫生服务顾问、世界首屈一指的创伤专家尼尔·格林伯格（Neil Greenberg）在女王将新冠肺炎疫情同战时经验相提并论的基础上更进一步。他指出，如果英国国家医疗服务体系的工作人员在新冠肺炎发病率下降后没有得到足够的心理支持，他们罹患创伤后应激障碍的风险将会同从战场返回的军事人员一样高。——作者注

灰度思考

第1步：揭开支持某个特定论证的隐秘沙堆悖论。

为了解释超级说服力第一原则，我们以拥有英国和孟加拉国双重国籍的足球运动员哈姆扎·乔杜里（Hamza Choudhury）为例。这位足球才华出众的年轻人才十岁就第一次在球场边线上尝到了种族歧视的滋味，但乔杜里坚持下来，成为英超少数亚裔职业球员之一。然而，就在他度过二十一岁生日后不久，有人曝光说他本人就有种族歧视倾向。他十五岁时曾经在推特上发过一条针对黑人和体能的失策的粗鲁笑话，后来为之道过歉。但此时，这条推文重新出现在世人眼前。英国足球协会指控他"行为严重不端"，开出5000英镑罚单，并且命令他参加一个教育课程。

问题在于：他应当受惩罚吗？

让我们调整一下取景器，审视一下事实。当时他是个孩子，还没从学校毕业，也不知道自己将来会成为肩负责任的知名球员。要是他写那篇推文的时候才十二岁会怎样？七岁呢？五岁呢？

我们在哪里划下界线？用什么来界定"年纪太小，不追究责任"的范畴？

同理，让我们来考虑一下目前存在争议的协助自杀问题。这个词组里面潜伏着两个范畴："协助"和"自杀"。但前者的精确定义是什么？如果你请求我帮你终结生命，而我为你注射一种立即致死的药物，那的确构成协助。但如果我只是为你购买了前往日内瓦的机票或者开车送你去机场呢？这两种情况可否界定为协助？如果不可以，那它们是否会成为越来越多吹毛求疵的辨析的开端？在此情况下，欧布里德那捉摸不定的沙堆何时成型？

这个思想练习不是游戏，它是一个严肃的认知锻炼，目的是双重的。一是提高人们的逻辑推理技能，二是让人们的思路更清晰。先判断你的论点位于分界线的哪一边，反方论点又落在分界线的哪一边，然后你就能更准确地对它们分类。

或许更重要的是，你会更清楚地知道该在它们身上贴什么标签。

第2步：一旦你选定了表达论点所需的适当范畴单位，确保它们符合SPICE模型的五条原则。

英国广播公司前驻华盛顿记者加文·休伊特（Gavin Hewitt）是2016年唐纳德·特朗普竞选随行记者团成员。几个月下来，他对特朗普的了解有所加深。加文告诉我，有一次竞选途中特朗普在推特上发了一张照片。照片里的他在私人飞机上用银制刀叉对付肯德基全家桶。媒体，至少一大部分媒体对他大加抨击。餐具是一个原因，但炸鸡又是什么情况？

然而，在加文看来，这条推文是神来一笔。他指出，特朗普对迎合所有人根本不感兴趣，从来没有感兴趣过。他**想要**的就是制造二元分裂。他的受众是没有上过大学的工人阶级白人，后者感到自己被左派自由主义知识分子完全无视，自己的权利被无情夺走。只要这样的受众人数够多，只要他们投票给他，游戏就结束了。①

但**为什么**那篇推文有这么大的力量？具体是什么让它成为一篇宣言？

---

① 国防部长马克·埃斯珀（Mark Esper）发表的一段言论或许最能体现特朗普作为美国总统的分裂能力。2020年5月20日，59岁黑人乔治·弗洛伊德（George Floyd）在明尼阿波利斯鲍德霍恩街区被四名白人警察压倒在地直至死亡，这引发大规模抗议，局势一触即发。埃斯珀请求各州长大幅度增加国民卫队的部署，以便"主导作战空间"。弗洛伊德在众目睽睽下被警察戴上手铐，面朝下当街扑倒，他屡次告诉其中一名警官："我透不过气来。"恳求后者把膝盖从他颈部挪开，但那位名叫德里克·沙文（Derek Chauvin）的警官不为所动。这一举动招致全世界的谴责，全球一些大城市例如伦敦、纽约、雅典、悉尼等，举办大型集会抗议制度性种族主义。沙文后来被指控犯有二级谋杀罪，其余在场警官被相应指控犯下帮助和教唆罪。一周后，在政府官员对示威者强行清场后，特朗普右手高举《圣经》穿越华盛顿特区一座用木板封闭门窗的教堂所坐落的公园。而此前他指责州长们在弗洛伊德死后发生的内乱中表现过于被动，敦促他们"要主导形势，否则你们看起来就像一群傻瓜"。大选逼近，这位总统独断专行的"占据街道主导权"承诺以及他那执拗的"维持法律和秩序的总统"自画像，还有他对宗教意象的利用，迎合了许多他的支持者。"每一位我交流过的信徒都赞赏总统的做法以及他传递的讯息，"达拉斯第一浸信会牧师、特朗普忠实拥趸罗伯特·杰夫里斯（Robert Jeffress）说，"我认为这将成为他总统任期内的历史性时刻之一，特别是在我们的国家复夜一夜暴力频发的背景下。"然而，全世界数以百万计的人民表示不同意，乔治·弗洛伊德的家人及朋友尤其不能赞同。——作者注

原来它的秘密在于填充了各种各样的SPICE原则。

简单性：有什么能比私人飞机上的肯德基全家桶更生动、更夺人眼球？

感知到的自身利益：没有比炸鸡更好的东西了，对吧？尽情吃吧！

突兀性：肯德基、银制餐具、白宫？

信心：嘿，干吗装腔作势？我有钱，还在竞选，但我的的确确喜欢炸鸡块。

同理心：我是普通人，我懂你，想要代表你。而希拉里雇了厨师。

但这还不是全部。特朗普的推文还符合我们的二元分化三大超级范畴，这些范畴为他传递的信息涡轮增压。**打还是逃**：我就是这样的人，如果你不喜欢，忍着吧！**我们还是他们**：你要吃炸鸡还是豆腐？**对还是错**：别装模作样，忠于你的本色。吃炸鸡的人将继承这个世界。

为了提高说服力，你必须用SPICE原则为你想传递的讯息调味。

第3步：运用隐喻，确保你的理念走在你试图影响之人的大脑中，并且在阻力最小的路径上。

刚开始的时候，用意象、类比和寓言来思考让人感到笨拙和做作，但如果你坚持练习把自己的思想导入一个比喻丰富、隐喻迭出的格式中，你很快就会收获成果。你不但会觉得更得心应手，而且还更能说服他人。我们在第7、8章看到，语言能诱导产生强大的心理影响，在明喻和暗喻的加持下，语言对心理的影响更是显著。

作为精英体育运动成绩提升顾问，我同英国一些顶级田径耐力项目运动员合作。心理学在田径运动中很重要，在任何运动中都很重要，因为如果你的体能已经精雕细琢到了能参加奥运会竞技的水平，那么思维才是致胜关键。95%由心理决定，我告诉他们。接下来就要靠你们的脑袋了！

第 11 章　揭秘影响力：得偿所愿的秘密科学

我曾经花几个月的时间探索有什么办法来说服某些接受我咨询的运动员，让他们在比赛期间均衡分配精力，既不要太快太早把实力全部爆发出来，又不要慢热到比赛都结束了还没有全部爆发。但我似乎总是摸不到窍门，然后有一天，我想到了用钱来打比方。

我解释说："把精力想成你口袋里的钱，当你晚上出去玩的时候不想还没尽兴就没钱了，对吗？要是你身无分文只得回家，而你的朋友们还在城里欢度时光，你会有什么感受？花钱要明智，要设定花钱的步调，这样一个晚上下来你还是劲头十足。"不幸之中的万幸，他们听进去了。事实上，如今我不再担任他们的顾问，但他们还在开玩笑的时候借用我打的这个比方。为什么呢？嗯，虽然这些家伙没有富裕到在钱堆里打滚的地步，但他们中有些人的确享受到了企业赞助和彩票经费资助，而且职业生涯中第一次有点钱可以偶尔胡闹一把。他们能认同我的叙事，钱对他们来说有点意思，这个隐喻起效了。

跟这些精英运动员合作时，我还发现了另外一个情况——他们死都不肯向教练承认自己受了伤。谁都不认为隐瞒伤势是个好主意，就连运动员本人也不认为。然而他们还是坚持奉行这个自掘坟墓的策略，因为在飞机起飞，去往世界锦标赛、奥运会、欧冠杯之际，每个运动员都想坐在上面。当然，具有讽刺意味的是，你越是一声不吭想保密，你就越有可能被禁飞。你会在机场挥舞手绢欢送队友们，然后拿手绢捂着脸一路哭哭啼啼地去康复中心。不顾伤势继续训练只会让事情更糟，最后几乎都以运动员涕泪交加告终。你会怎么解决**这个问题**呢？

正是因为在这样的情境下没有万应良药，所以巧妙使用隐喻也能真正证明其价值。其中有一位运动员是一级方程式赛车迷，所以有什么别的隐喻胜得过进入维修站换胎加油呢？

我告诉他："想象你是一位赛车手，你知道你需要开车进维修站，但你一直推延，因为你想抢秒比速度。结果会怎样？赛车迟早会爆炸，你会退出比赛。你开不到终点线，更别提在领奖台上开香槟。

"另一方面，"我继续往下说，"如果你像其他赛车手一样时不时检修车辆，那么检修期间你会损失一点时间，但至少你还在赛车场上，还在比赛。"

几乎一夜之间，这位运动员的思维就发生了巨大改变。一段跌宕起伏的伤病史被赛车终点那面黑白方格旗替代。

为了练习第2步和第3步，你可以请朋友指定某个论点，然后你选择适当的范畴来框定它，再选择合适的语言来表述它。不过，不管你最终选定哪个巧妙的隐喻，你都不能随机凭空胡扯。这个隐喻必须同你的说服对象相关。运动员们之所以喜欢用钱和赛车打比方，是因为两者都迎合了他们的兴趣和态度，他们能认同这些隐喻。你要做到的是找准频率，即适当的心理带宽来传播你的讯息。

几年前，美国一个研究团队通过一项研究演示了这一点。他们选择了一批包含体育隐喻的讯息（例如，"如果大学生希望同最优秀的人**一起打球**，他们不应错过这个机会"）同另一批中性讯息（例如："如果大学生希望同最优秀的人**合作**，他们不应错过这个机会"）进行比较。他们想知道的是，这两种讯息类型里的哪一种能激发被试对象更大兴趣？此外，学生们认为哪一种讯息更有说服力？

答案正如他们所料。分析显示，包含体育隐喻的讯息不但让读者思考更久，而且影响力也更大。但这个结论只适合那些本来就是体育迷的学生。用打球这个意象去说服那些对体育不感兴趣的学生，这样的尝试事与愿违。学生们读了之后，被说服的人比较少，感兴趣的人也比较少。

新西兰总理杰辛达·阿德恩（Jacinda Ardern）在新冠肺炎疫情危机初期就天才般地领悟了这个真相。在3月14日于奥克兰举行特别内阁会议之后，她召开记者招待会宣布，为了延缓感染高峰，避免医疗系统不堪重负，新西兰必须"使大力，早行动"。虽然阿德恩当时没有明说，但她的措辞不太可能为了迎合痴迷橄榄球的国民而反复斟酌。阿拉斯泰尔·坎贝尔后来在《独立报》上发表文章指出，构成她讲话中心思想的六个关键词"听起来就像一支全黑人球队的口头禅"。

疫情防控数据为阿德恩的说服力做了最好的注解。截至本书创作之时，新西兰只有十二人因新冠肺炎死亡，而英国死亡人数为一万六千五百零九人。

隐喻看起来就像假牙，只有贴合之后才能发挥作用。

第4步：下次你读报纸新闻或者看电视新闻的时候，要特别留意影响者为了让你同意他们的观点试图勾勒出什么样的画面。

或者更具体来说，辨识他们使用哪一个或哪一些范畴来框定他们的论点，然后想一想，有没有其他论点和范畴更合适，能够用来在论战中战胜他们。

短跑运动员克里斯蒂安·科尔曼（Christian Coleman）通过惨痛的方式学到了这条教训。他在2019年多哈田径世锦赛上以9.76秒的成绩夺得100米金牌，成为史上跑得第六快的男子。但他差点没能站到起跑线上。此前，美国反兴奋剂机构指控他未能提供行踪，构成违规。要不是这项指控因一个技术细节被推翻，他就得禁赛两年。他犯了什么错误？在上一年里三次因为未能报告自己在特定日期的特定时间内的行踪而错过药检。

反兴奋剂药检制度是这样的。运动员每天都要在一个手机应用程序上更新信息，按小时说明自己当天会去哪些地方。这样的话，如果检查员决定随机抽检某个运动员，就知道去哪里找人。这个制度的确很烦人。但鉴于公众在此书创作之时对世界田径运动的信任度很低，这个制度很有必要。当然，我们感兴趣的不是科尔曼做了什么，而是他**说**了什么；在认为自己无辜、为自己脱罪和承认自己疏忽大意之间，他会选择哪一项。

他选择了前者。

他评论说:"我没有做错事,我没有粗心大意。这个房间里没有人是完人。我只是一个正在实现梦想的青年男性黑人,但有人企图玷污我的名誉。"

请注意这里使用的三个超级说服力框架。

打还是逃:这位运动员决定为自己的行为(或者说不作为)辩护。

我们还是他们:在他看来,这件事把青年男性黑人同种族歧视的媒体对立起来。

对还是错:如果你有种族歧视,你显然有毛病。

但科尔曼碰到了一个问题。超级说服力混音台上的三个旋钮他都调节了,麻烦在于他混的音轨不对,他选错了说服范畴。事实证明,在包括其他黑人运动员在内的大多数人看来,争议同种族无关,同肤色无关。争议焦点在于他未能参加药检,而药检对他所在的运动项目的诚信问题至关重要。争议焦点还在于他是**世界冠军**。至于这位冠军的年纪是大还是小,肤色是黑还是白,都不重要。**真正**重要的是,他如今是短跑那一项体育活动的知名榜样,也应该表现得像个榜样,媒体对他大加抨击。

科尔曼的经历是近来媒体报道的一系列高知名度"范畴大战"之一。亿万富翁企业家埃隆·马斯克(Elon Musk)的一篇推文把在2018年发挥重大协调作用、成功解救被困在泰国"睡美人"溶洞里的十二名男孩和他们的教练的英国潜水员弗农·昂斯沃思(Vernon Unsworth)称为"恋童癖"。**他**的律师将之框定为侮辱,而昂斯沃思的律师将之框定为指控。

侮辱占了上风。

演员暨谐星萨沙·拜伦·科恩(Sacha Baron Cohen)最近在反诽谤联盟发表讲话,剑指脸书长期拒绝从其平台上删除政治广告和其他含有仇恨言论、别有用心的谎言以及无端散布虚假信息的社交媒体发帖,他尖锐地指出:"言论自由和影响自由"是两码事。

此事尚无定论。

第 11 章　揭秘影响力：得偿所愿的秘密科学

那么，科尔曼的反禁赛之路还可以怎么走呢？哪个或哪些其他范畴对他更有利呢？嗯，先来一句"一位不成熟的青年男子犯了一个错误，他发誓以后会做得更好"怎么样？也就是调用缺乏经验这个范畴。如果用它的话，他的自我辩护或许可以变成下面这个样子。

打还是逃：好吧，我会站出来承担责任，接受应得的惩罚。

我们还是他们：好吧，我干了傻事，我还不成熟，但谁没有这种经历呢？

对还是错：好吧，你为了这件事批评我是对的，但再给我一次机会也是对的。

后来，所有对科尔曼的指控都被撤销，这位运动员被免除了所有罪名，但无济于事。

明智地选择你的措辞，更要明智地选择你的范畴。

第5步：当你劝说他人或他人劝说你时，务必记得回归三个二元分化超级说服力范畴：打还是逃，我们还是他们，对还是错。

想象一下，大约1985年左右，你独自一人在贝尔法斯特的一个公园里[①]，时间是万圣节当天凌晨两点。天气寒冷，你能在钠灯的照射下看到自己呼出的白气。太好了，如果你能看见这白气，那么其他人也能看见。你正蹲守在北爱尔兰共和派某不同政见领导人的住宅外面，实在不希望有人

---

① 爱尔兰问题或称北爱尔兰冲突，是北爱尔兰的一场暴力宗派斗争，以各类准军事活动著称。一般认为，这场始于二十世纪六十年代末期的冲突在1998年《贝尔法斯特协议》签署后告终。冲突带有浓厚的政治和民族主义色彩，关键争议在于，新教徒联合主义者或称亲英派希望北爱尔兰继续留在联合王国里，而天主教民族主义者或称共和派主张北爱尔兰应当脱离英国，建立一个新的、统一的爱尔兰共和国。——作者注

前来搭讪寒暄。

一阵沙沙声穿透了沉寂，你左侧几米远的灌木丛里有响动。融入环境至关重要，你镇静地、看似随意地扫视了那个角落一眼，什么也看不出来。可能是只狐狸，你心想。但有人出声了，你绝对没有听错。然后，他们从黑暗中现形了，教人害怕。他们就站在十英尺开外的草地上。派克大衣、田径服、飞行员夹克……一帮大半夜出来健步走的年轻人，想来一轮无伤大雅的"不给糖就捣蛋"的助兴活动。你知道他们在想什么，他们在想你是"那帮人"之一——条子、警察、敌人。虽然你受训时什么都练过，有能力死里逃生，但这次死里逃生有点难。这些小伙子人多势众，而你势单力薄。更糟糕的是，他们的酒喝光了。不妙，在这个地界，尊美醇威士忌酒瓶养成了一个不好的习惯，那就是爱砸到人脸上。

这事可能会变得更有意思。

"咱们实话实说，伙计们，"你说着从衣服内兜里掏出一包本森香烟，一一敬给他们，"你们抓了我现行，我**是**警察。但听着，我感兴趣的人不是你们。透个底，我在卧底跟踪一个恋童癖，他在这里坑害孩子。"

大家都一动不动，安静得连针掉在地上都听得见。突然，不知不觉间，他们表情变了，肢体语言慢慢放松了，对峙很快结束了。小伙子们相互对了对眼神、点了点头。然后他们悄悄地没入夜色。

电影里才会有这种事情对吗？错，这是我几年前采访的一位英国安全部队成员告诉我的真实故事。当时他只有一次机会脱离困境，令人拍案赞叹的是，他做到了。

怎么做到的？

超级说服力！

打还是逃：你们希望让恋童癖四下逡巡寻找猎物吗？

我们还是他们：你们要么帮我，要么帮恋童癖，究竟帮谁？

对还是错：搞砸一次抓捕儿童强奸犯行动，你们心里好受吗？

很简单，你的超级说服力原则意识越强——你的措辞和他人对你用的

第 11 章 揭秘影响力：得偿所愿的秘密科学

措辞同这三个影响超级范畴相匹配——你的说服能力就越强，你也越不容易被他人说服。

在结束本章之前，让我们再打一次肯德基外卖电话，不过这一次既没有私人飞机也没有银制餐具。几年前，肯德基英国公司声名大噪，因为它换了一家物流公司，结果全英国二百五十多家门店的鸡都迅速告罄。对一家差不多只卖鸡的公司来说，这么重要的食材竟然断货，这简直就像天塌了。他们该怎么办？

肯德基方面交出的答卷堪称公关奇迹。在吃不到鸡的几个星期里，英国大众又是好笑又是惊讶地注意到，《太阳报》和《地铁报》的显眼位置上刊登了一系列肯德基广告，广告主角是桑德斯上校标志性的红白条纹全家桶。

好笑？惊讶？怎么回事？嗯，原来这只全家桶有点不一样。你瞧，这只容器外面印的标识不是肯德基的英文缩写KFC。

而是FCK①。

此外，标识下面还写着："我们非常抱歉。"

要是你还不明白笑点在哪里，那你一定病得不轻。肯德基知道自己的产品外形不是那么光鲜（即使它的某些代言人志存高远），自己的客户群体对大公司口吻的拐弯抹角的道歉不感冒。"我们犯了错误"或者"给您造成不便，我们非常抱歉"没用。所以，他们决定迎合我们的三大超级类别，还用SPICE模型加了点料。

打还是逃：好吧，我们搞砸了！但我们会苦中作乐。

我们还是他们：我们相信你们，我们的客户，能看懂我们的意思。别人滚得远远的！

对还是错：我们冒了很大的风险用这种方式向你们传播消息。所以再

---

①这是一个缺了字母U的四个字母的脏话。——译者注

给我们一次机会，店里见，怎么样？

简单性：KFC变成了FCK？这算不上史上最繁杂的设计改变。

感知到的自身利益：尽管调侃我们。

突兀性：在全国性广告宣传战里用脏话？这不常见。

信心：这将会引发热议。

同理心：我们知道这有点像赌博，但是我们猜想这样做让人开怀的概率大于让人非难。我们难道不都搞砸过？

你在找鸡块吗（几年前，谁不在找鸡块呢）？给你一块大的。如果你想做一个伟大的说服者，胆小如鸡可不行。

第12章

重划界线

你知不知道，人声是唯一纯粹的乐器？你知不知道，它能奏出其他乐器奏不出的音符？就好比钢琴键盘之间的音符，它们就在那里，你能唱出来，但在任何乐器上都找不到。那就像我，我住在两个世界之间的地方，黑与白之间。

——妮娜·西蒙（Nina Simone）[①]

---

① 妮娜·西蒙（1933—2003）是一位美国歌手、作曲家与钢琴表演家。——编者注

2019年7月，英国播音员、作家暨前报社编辑皮尔斯·摩根（Piers Morgan）主持了一档名叫《精神变态者》（*Psychopath*）的电视节目，他采访了被关押在美国一所最高安全级别监狱里的一名业已定罪的杀人犯。为配合该节目在英国的播出，我在电视节目指南杂志《广播时报》（*Radio Times*）上发表了一篇文章，评估了皮尔斯本人在"精神变态谱系"上的位置。在评估过程中，我给他看了十几条经心理测量学验证的陈述，请他按照每一条陈述对他本人的描述的正确或不正确程度从一到四打分。

结果如我所料。他不是汉尼拔·莱克特式的人物，但也不是丹·沃克（Dan Walker）[①]，我们最后诊断出来他是一位"善良精神变态者"。我用这个术语来描述那些能在必要情况下变得更铁石心肠的人。同样地，这些人在有需要的时候也能**淡化**良心和同理心。几年前，我同曾经在英国空军特种部队服役的安迪·麦克纳布以此为标题写过一本书。我们在书中指出，在适当的情境下，出于良好意愿，妥善利用精神变态性格特征并按需调整可以发挥有益作用。那本书招致很多争议。

因为皮尔斯喜欢有争议的东西，所以我跟他实话实说。争议从我们还

[①] 皮尔斯·摩根和记者苏珊娜·里德（Susannah Reid）共同主持英国独立电视台晨间节目《早安，英国》（*Good Morning Britain*）。丹·沃克主持英国广播公司的《BBC早餐》（*Breakfast*），是皮尔斯的超级竞争对手。两人（在大多数时间）友好竞争。皮尔斯·摩根有时候在节目上称丹为"圣丹·沃克"。——作者注

第 12 章 重划界线

没下笔写书时就存在。英国公司注册处禁止我们设立"善良精神变态者有限责任公司",因为他们认为这个名字流于低俗。我们提出上诉,然后我们赢了。还有读者来信,有的满篇溢美之词,还有的就不那么美妙了。例如,该书出版几年后,我为《科学美国人脑科学》(Scientific American Mind)杂志写了一个封面专题,评估四位美国总统候选人——唐纳德·特朗普、希拉里·克林顿、伯尼·桑德斯和泰德·克鲁兹——在精神变态谱系上的位置。此外,我在后记中还评估了他们在著名历史人物精神变态"排名榜"上的名次。

牛津大学的总机被打爆了,媒体疯了,我收到大量略感不平的特朗普支持者寄来的"令人愉快"的电子邮件。其中有一封还配了插图,图中的我身处毒气室,而唐纳德正在拨弄毒气开关。①

邮件正文的结束语如下:

> 我将非常乐意致力于禁止你进入美国,我相信进一步调查一定能揭露你的犯罪行为。所以,如果你下次去葡萄牙某海滩度假时被美国政府特工拽住拖上特别航班时,别吃惊。
>
> 我知道路易斯安那州有一些治疗你这种精神病的好地方。花个五六年的时间学习摘棉花的精妙技艺会对你有很大帮助!一直不断地吃玉米糊、喝脏水会让你身体健康。
>
> 我等你来美国的那一天。
>
> 韦恩

那幅插图现在贴在我门上。

毋庸置疑,唐纳德在精神变态谱系和著名历史人物精神变态排名榜上

---

① 具有讽刺意味的是,我的文章没有贬低特朗普,而是提出一个科学论证,认为某些精神变态的人格特点在从事政治相关等高风险、高压力的职业中属于成功的衡量标准之一。——作者注

的位置都很靠前。媒体为此炮制了大量如今看来臭名昭著的头条，其中最有代表性的当属英国《每日镜报》的黑白思维殿堂级标题——"精神变态唐纳德完胜希特勒"。

皮尔斯哈哈大笑，他以前当过《每日镜报》的编辑。

"我想过这件事，"他说，"看起来我们又回到了原点。几百万年前，我们的穴居祖先生活在人数少、关系密切的部落里。要是部落之间起了口角，他们就捡起大石头互砸互杀。后来，我们在某一时刻发育出了语言和理性这些比较高级的官能，照理说我们应该能用更有建设性、不那么敌意森森的办法解决争端。

"可今天，从社交媒体来看，我们似乎又回到了过去的坏时光，回到了史前的行事方式。我们回到了做出本能反应、竭力反攻的模式。你只要看一下我的推特简讯就知道，你的也一样，我敢打赌，太荒谬了。而且，老实说，这有点让人沮丧。

"如果一个部落的某人说了另一个部落的某人不爱听的话，他们怎么办？他们当键盘侠，打了就跑。他们蜂拥挤出回音室洞穴，提着聊天室短棍和关键词大棒大打出手。

"过去这几百万年的自然选择是不是无用功？它是不是像狗一样抬头冲着一棵空无一人的树叫？或者说，它是不是像爬到树上的狗一样**低头**冲着空无一人的树下吼？在当下这个隔空虚拟骂战，用尖刻的话语相互伤害，人们一点就着的时代里，进化是不是在卖给我们大屏幕、高清、宽屏大脑的同时还搭售了一个山寨货？后见之明，我们当初是不是应该买个便宜点的型号？"

皮尔斯说得完全正确。目前，"我们和他们"——你或许可以称之为"派系诱饵"——这门生意的规模比以前任何时候都大。社交媒体或许不完美，但有一点它**做得**很好，那就是把志趣相投的人团结起来。以至于现如今无序蔓延的电子稀树草原上有太多政治和意识形态部落在活动。正如皮尔斯指出的那样，这些部落之间并不和平友好、相互合作，而是满怀敌

第 12 章 重划界线

意、强硬好战。有太多线上氏族——论坛、平台、社区、话题标签——在逡巡劫掠，人们先加入战团，然后才想起来问为什么开战，把电子稀树草原弄得危险不堪。非实名制让人更具攻击性，时长和字数限制把体察入微变成天价奢侈品。我们已经从奥里耶·克鲁格兰斯基那里得知，它们强化了我们对认知闭合的需求，不偏不倚、知情明理的分析才进行到一半幕布就已经降了下来。程度不同的分歧不再是法定货币，只有真理才是硬通货，绝对的、无可置疑的真理，而且面额只有一种：我的真理。

异议的代价可观，我已经有过切肤之痛。如果你干预他人的既定范畴、贬低这种好斗的主观的绝对主义的价值，你就会惹麻烦，就相当于你在自己的背上画了一个靶子。在我那本有关精神变态者的书出版之前，人人都能接受精神变态者这个概念。在我之前已经有人写了成千上万本以匪徒、强奸犯和连环杀手为主题的书，刻画他们的恶。那时候没有人表示惊奇，现在还是没有。我们的大脑构建出一个精神病态动物园，兢兢业业地把出现在我们最幽深、最暗黑的噩梦里的怪兽和妖魔扔进防逃脱设计的范畴囚笼，然后落下分类学大锁，好让我们当中的其他人茶余饭后来围观。不必担心安全，因为他们和我们之间隔着十五厘米粗的认知钢筋。

可是，《善良精神变态者的成功指南：如何利用你心中的精神变态者》（*The Wisdom of Psychopaths*）的出版改变了一切。它打开那些精心构筑的囚笼之门，释放出妖魔和怪兽。突然之间，他们就悄无声息、随随便便地"出来"与我们同行。

范畴开关轻轻一拨，先前基于临床诊断和法医鉴定分类安装的摇摇欲坠的犯罪学围栏如同售票处的百叶窗般瞬间升起，"我们和他们"之间的缓冲区烟消云散，许多人争先恐后地要把它拉下来回归原位。并非所有精神变态者都是坏人，其中有些是好人，非精神变态者不一定总是"对的"，同理，精神变态者不一定总是"错的"。这个主张就像许多革命理念一样挑战了我们的自我认知。起初，自然选择在我们大脑的规律识别桌面上井井有条地摆放了一排心理学蜡笔，而我们拾起蜡笔，不必顾虑蜡笔之间的微妙色彩差别，只要往日常生活和体验的线条画里填颜色就好。现在有了这个主张，蜡笔的排列顺序全乱了，线条画的颜色也填得乱七八糟。它抹去了我们思维和生活的边界线，那三条包罗万象的超级范畴界线，从史前黎明甫一破晓就开始形成令我们的大脑三分割据的三大关键轴。

打还是逃：那些去天使不敢踏足之地，同魔鬼摩肩接踵的人同后者的共性是否比我们原先以为的还多？

我们还是他们：我们当中谁站出来砸下第一块石头？

对还是错：美德和恶行能从同一块布料里裁出来吗？

习惯重划的界线不那么容易。

当事实对上真相

自从第5章论及大约一个世纪前发生在俄罗斯和芬兰边界的故事以来，我们已经神游了其他很多地方。你可能还记得，那条边界也需要重划，而且经纬仪刚用完放好，俄罗斯的冬天就突然跟芬兰的冬天大不相同，至少在一位老谋深算的芬兰农民心目中如此。当然了，界线往左还是往右偏几米，往东还是往西歪一歪，对等压线其实没什么影响。那位农夫以及当天拜访他的俄罗斯及芬兰官员均心知肚明。但也有一种可能，那位农民谋取私利的段位其实没有**高超**到马基雅维利的水平。在两国官员夹击下的这位边疆居民一旦启动非黑即白的思考，就会错以为界线两边的生活条件真的不同。划线这一举动不但起到分隔作用，它还会同其他因素一起**加剧**分隔。人和人之间的分隔、概念和概念之间的分隔、信条和信条之间的分隔、理念和理念之间的分隔、行动和行动之间的分隔……任何我们认为应当站在"篱笆墙这一边"的东西和站在那一边的东西之间的分隔。掩埋在显眼夺目的范畴边界下的语义地雷拉发线一触即发。一旦为任何动物或生物打造好了囚笼，或者一旦按传统做法把心理变态者这种推定的"怪兽"或"妖魔"关进监狱，他们的危险性立刻就增强。即便实际危险性没有增强，但在我们狂热的想象中一定增强了。这方面有科学证据。

试以颜色举例。研究表明，实验对象在判断三种渐变色之间的相似性时，会认为来自同一个语言部落的两种渐变色（例如图12.1中的A和B）在色相上比分属两个语言部落的渐变色（例如B和C）更接近，虽然两组颜色之间的（电磁波长）知觉距离一模一样。

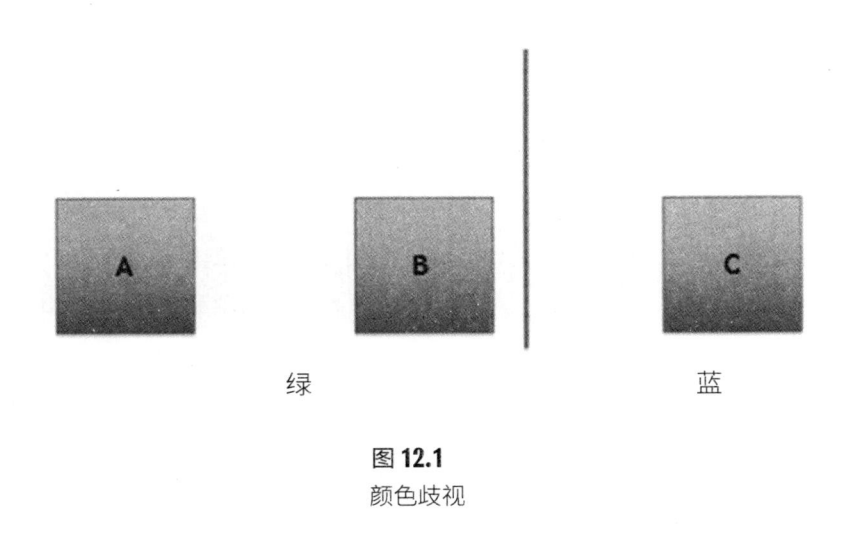

绿　　　　　　　　　蓝

图 12.1
颜色歧视

至少在主观上，色相C被判定为"蓝"色部落居民这个简单事实就足以让它和色相B共有的电磁DNA少于同属"绿"色部落的色相A与色相B之间共有的电磁DNA。

为了理解**增强原则**（这是社会认知领域专家们的惯用语）在日常生活场景中如何起效果，让我们把注意力从色彩转向动能，做个小小的思维实验。想象一下，你需要评估A、B、C三辆车的最高时速。你在赛车场上分别驾驶这三辆车，每一圈都把油门踩到底，然后估算其时速（不用说，车上的速度计已经失灵）。不过这个实验内有玄机：A是一辆法拉利，B是一辆玛莎拉蒂，C是一辆菲亚特。还有另外一个玄机，我事先在每辆车上装了一个限速器。法拉利的最高时速被限定为约145千米，玛莎拉蒂的最高时速被限定为约129千米，菲亚特的最高时速被限定为约113千米。

你觉得自己的评判会有多准确？只有试过才知道，对吗？但有一点你**可以**肯定：你估计出来的A车（法拉利）和B车（玛莎拉蒂）最高时速差小于B车（玛莎拉蒂）和C车（菲亚特）最高时速差。虽然每组之间的实际速度差都一模一样（均为约16千米），跟之前的颜色实验一样。

原因很简单。在其他所有条件相同的情况下，你在任务开始时可能有这么一个合理假设：车越贵，它的速度越快。于是，当你被要求估计车速（车的"焦点"属性：你被要求评估的属性）时，你对这个属性的评估有可能被它的型号以及这个型号在声誉谱系（或称"外周"维度）上的排名有多靠前影响。这是一辆法拉利或玛莎拉蒂之类的跑车还是一辆菲亚特之类的家庭轿车？言外之意，一款车越是声誉卓著，时速就越高。

换句话说，一旦我们坚持将实体概念引入相互区别的不同**范畴**中时，例如国籍、颜色、知名品牌型号、性别、心理变态者等，我们对这些实体及其各种焦点属性的评估就不再纯粹来自无筛选的知觉，而是受到范**畴成员资格**这一高阶考量的影响：我们、他们、这、那、他者的认知"外周"。

我们一旦谈及范畴，就陷入黑白思维。

英国政治舞台最近为此贡献了一个很好的例子。2020年3月，新冠肺炎蔓延速度加快。前英国首相托尼·布莱尔在接受天空新闻台采访时建议，为了放缓疫情传播速度，发起"涵盖几乎所有英国人"的大规模测试至关重要。推特上的反应两极分化，有人认为这是一个非常合理的建议，其他人则认为它荒谬透顶，有一个人甚至发誓要带头请愿，禁止布莱尔就此话题再次发声。后一个群体中的许多人还借机谴责布莱尔为"战犯"，因为他们认为布莱尔在2003年派英军冒生命危险去伊拉克参加"非正义"的"非法"战争之前没有做尽职调查。

第 12 章　重划界线

双方意见如此相左，我们很容易搞明白为什么。政治忠诚的"外周"评判标准和对参战伊拉克一事的不满立即抢走了抗击新冠肺炎疫情这个"焦点"议题的风头。人们的注意力集中到布莱尔身上，而非病毒，于是在判断他的评论时所采用的标准既不是内容，不是内在智慧，也不是建议的可行性，而是评论的源头。

天空新闻台采访布莱尔过后大约一周，就在基尔·斯塔默（Keir Starmer）爵士当选工党党魁的那一天，我向托尼指出，他最近的经历属于政界常态。有的人在水杯空了的时候不会打开水龙头接水，而是打开高压水枪。他的回应非常坦率，但富有哲理，为我这本书做了极好的概括。

"在政界，我们对政见不和者大加抨击，往往流于言语暴力，"他告诉我，"政治充满争议。执政之艰辛超乎想象。你每做一个决定就制造一道裂痕。自始至终让所有人开心既不可能也不可取。所以这没什么新鲜的。只要看看针对亚伯拉罕·林肯或者温斯顿·丘吉尔的辱骂就知道，至少看看二十世纪二三十年代对他俩的辱骂。"

"**真正**新鲜的地方在于，无论公正与否，目前这种顺从式微、媒体崛起的文化对政治生活中的真实挑战的审视都更野蛮，更缺乏了解的耐心；而且，最重要的是，社交媒体出现了。毫不夸张地说，它们改变了批评以及随之而来的言语暴力发生的语境。如今人人都有自己的意见，都有表达意见的平台，它通过影响力起效。越是极端，越是黑白分明，影响力越大，即便它不那么理性。

"好消息是，在一片喧嚣中，公众依然领悟这个新世界不能指导真实世界。政客也好，任何公众人物也好，他们不得不容忍原本不应容忍的东西。但如果你能做到，那么理性辩论和意见交换还是有市场的。

"大多数人礼貌对待不同意见，他们不会有意制造极端。那些故意走极端的人会获得他们渴求的曝光率，但是，理性人群中沉默的大多数是最好的解毒剂。你只需要坚持端正的品格，遭遇打击后不要念念不忘，而是重整旗鼓，你就能得胜。

"不过,这话说起来容易,做起来很难!"

当然,广告界人士没有错过增强原则的奇特魔力。品牌的建立和后续管理是市场成功的关键。一个好品牌不只是一个标签,它还是一种体验,有时候会潜移默化地影响我们。我们再用颜色来举例。几年前,一家美国市场研究组织在七喜饮料罐上用不同的背景色调做实验。有些罐体黄色浓重些,有些罐体绿色浓重些。公司总部的电话铃声很快就此起彼伏,买到了黄色罐体七喜的人报告说,他们在饮料里喝到了以前没有的柠檬味。买到了绿色罐体七喜的人则抱怨说,饮料里的青柠味太重了。

不过,当我们把视线转向人、范畴和增强原则对人际关系的影响时,则乌云滚滚,山雨欲来。因为无论我们在判断他人时关注什么**焦点维度**——例如某个特定天资、能力或者技能组合,范畴成员资格的**外周评判标准**——社会经济地位、宗教倾向、政治立场、性取向、性别、种族,不一而足——都会像心理的蓼属植物一样纠缠住我们的社会认知过程的根部。我们假定,草率下结论,脑补信息空白,我们花最小的认知力气获得最多信息,这正是进化希望我们做到的。

简言之,我们开始形成刻板印象。

这没什么好惊讶的。自从大容量人脑取代肌肉粗大、擅长奔跑的双腿和尖利的牙齿成为重中之重以来,自然选择(我们在第10章讨论过)就做出了对我们有永久约束力的决定,强迫我们形成团体。抱团共处的倾向一旦同我们天生的划分范畴以及把世界切割成一小段一小段最适合编码、信息容量达到最大的数据块的能力叠加,大麻烦就来了。**我们还是他们**成为**好还是坏**的代理。

我们不但开始形成刻板印象,还开始诋毁他人。从二十世纪五十年代达特茅斯印第安人队和普林斯顿老虎队之间的混战可以看出,自然选择一丝不苟地在我们大脑里安装了部落电路系统,只要轻轻一拨,偷天换日就开始上演。我们从此事的余波中还学到一点:"**我们做得对,他们做得**

第 12 章 重划界线

错"具有强大的道德启发作用，它不但影响我们的思维，还影响我们看到什么。

集体性和矫正性之间的联系已有充分证据来证明。信念形成领域的专家们，即研究我们的态度和意见经由何种认知和心理路径而来的人一致同意，我们向来认为与自己同处一个内群体的人不但比外人更好，更热情，更善解人意，而且目光更犀利，判断更敏锐，对现实把握得更牢。

二十世纪八十年代早期，肯特大学社会心理学教授兼群体过程中心主任多米尼克·艾布拉姆斯（Dominic Abrams）做过一个优雅至极的实验，完美地反映了这个现象。实验伊始，艾布拉姆斯在一个完全不透光的漆黑房间里向六位实验参与者呈现了一个名为"游动效应"的经典视错觉。这个错觉不复杂，但效果强大。过了大约十五秒钟时间，一个静止不动的光点似乎在你面前的全黑背景上随机摆动起来。参与者的任务很简单，在一系列实验中，他们必须大声估测这个亮点游走的最远距离。

不过，这个实验内有玄机。其中一半的实验参与者是知情人。实验前，艾布拉姆斯给他们通过气，要求他们想方设法把真正的实验参与者的估测延长五厘米。这还不够，艾布拉姆斯还微妙地篡改了其中某些特工的社会身份，让他们同真正实验参与者更相似或差异更大。

他设计的实验问题很简单。群体"归属感"的拉力会不会导致参与者放大他们的估测，以便同那些在他们看来与**他们**最相似的渗透者的估测看齐？

答案同样简单，会。

实验结果揭示，参与者和诱饵看起来越是归属不同社会群体，他们之间的知觉差异越大，估测的差异也越大。相反，知觉相似性越高，判断就越一致。

这个实验传递的讯息再明显不过。和我们一伙的人是对的，反对我们的人是错的，不仅如此，跟我们越像的人越对，而你跟某个群体的差异越大，你就越不对。

并非世界末日

"世界上有事实,还有真相。"我以前的一位老师常常这么说。

我有一次问过他,这两者之间有什么差别。

"西红柿是一种水果,这是事实,"他说,"但真相是你不会把它放进水果沙拉里。"

如果你喜欢励志名言和网上的励志情绪板,你可能形成了这样一个印象:在人生这场存在主义扑克牌局里,一对真相比一手同花事实大。但鉴于艾布拉姆斯的暗室"声光表演",你可能需要三思。艾布拉姆斯的研究创造了一个引起幻觉的主观现实的房间,在其中,重叠和冲突的同一性形成发光的、妄想的判断飨宴,真实和臆造的虚构物在其间无缝纠缠。

我看到什么,我就是什么,我们就是什么。

实验中的**事实**是,光点没有移动。但凡看见位置变化,均属视幻觉。运动知觉只能相对一个固定的参照点产生,当所有参照点都被黑暗吞噬时,在任何特定时点上的任何特定物品在三维空间里的位置必然不明确。

但**真相**却完全不同。光点在四下漫游。有时候光点会游离到很远的地方(真相1),这是那些视自己为魔术师助手的同侪的那些参与者的看法。有时候光点游离得不多(真相2),这是那些认为自己和魔术师助手没多大共性的参与者的看法。

事实只能有一种,但真相可以有任意多种。**你**会把西红柿放进水果沙拉里吗?我也不会。但我敢打赌,在我们认识的人里,有人会这样做。

你们当中有人想到了我前面。你们会发现,这个经过严密控制、精心编排的研究和现实生活之间存在一个显著的重要差别,这正是事情有趣的地方。现实生活中,在我们接触事实,做出决策并为决策目标做出努力之后,我们有机会重新思考自己的立场,再次评估并改变心意。

可这在研究里不可能。艾布拉姆斯的主要研究焦点在于**真相**的主观变化,即光点究竟游离到离原点多**远**的地方,而不是**事实**的主观变化:光点

第 12 章 重划界线

究竟有没有游离。在说出自己的估测值之前，参与者们根本不知道内情，根本不知道光点**事实**上静止不动。实验结束之后，他们也没有机会根据这一简单细节重新考虑他们的回答。

这项研究只关注真相，不关注事实以及事实对真相或有的影响，但这是事实缺席情况下的真相。而真实生活既关注事实也关注真相。

当然了，得知新信息后改变立场似乎是明智之举，但我们往往没有那么明智。我们往往会选择另外一条路，它速度更慢，交通更堵塞，行程更迂回。我们双倍下注，决不妥协，把我们的信念紧紧捂在胸口，就跟小孩在玩具店里突然看中了某件非买不可的玩具，而后被爸妈告知应当把它放回货架时的反应一样。如果情绪是食品，那么保质期过后的最好处理方法是把它扔进垃圾桶，然后往我们的信念货架上补充新鲜、健康、有认知营养的农产品。但我们不这么做，至少这么做的频率不够高。我们继续把这些食物储存在广口瓶里，要是这些广口瓶在我们的思维橱柜里碍事了、占用推理空间了，我们就把它们塞到橱柜深处。

我们用真相腌制它们。

提到保质期，我来解释一下它是怎么运作的，为什么能运作成功。二十世纪五十年代，美国社会心理学家利昂·费斯汀格（Leon Festinger）对当地报纸上的一则新闻发生了浓厚兴趣。一个总部设在芝加哥的自称为"追寻者"（Seekers）的末日邪教团体失策地做出了一个高度精确的预言，这个预言同所有此类大慈大悲、心地柔软的启示录展品一样迷人，但也有点自以为是、自命不凡。被神拣选出来的少数人向世人宣告，1954年12月21日午夜一到，一场天降巨洪将会毁灭整个世界，而**他们**将会是唯一幸存者，会被一个特制的飞碟送到一个秘密的宇宙安全屋里去。

一方面，费斯汀格和他的同事们猜测这很有道理，完全有可能神也给他们发过邀请信，但它在邮寄过程中不知怎么搞的被弄丢了。但另一方面，要是完全不能想象的事情发生了，又会怎样？

什么都不会发生。

虽然听起来荒谬，但要是预言没实现会怎样？

毕竟，这只是世界末日而已，身为群体动力学专家的费斯汀格为了加大赌注，增加兴味，决定他自己也来做个预言。如果星际骑兵未能在12月21日指定时间现身，那么对"追寻者"教派的忠诚，以及对该教派领袖———一位名叫多萝西·马丁（Dorothy Martin）的芝加哥家庭主妇———的支持将会烈火烹油，而非偃旗息鼓、宇宙重归太平。

费斯汀格指出，他之所以这样做，是因为我们需要真实性，希望能够"忠于自我"。或者更具体来说，这跟我们大脑经过长年进化后形成的一个倾向有关：我们希望自己的行动出于理性，同自己的信念相称。他指出，要是我们做不到这一点，我们就无法维持一种始终如一的自我感知，很难预测他人的行为。

他继续解释说，为了这个目的，无论我们出于什么原因身陷行动与信念相悖的棘手情境，我们大脑里都会形成心理张力氛围——一种被费汀斯格命名为**认知失调**的令人嫌恶的计算锋面，我们不得不进行心理调整来消除紧张，这种调整纠正失衡，试图恢复我们的态度和信念与我们不同的决策和自相矛盾的行动之间的均衡。

当然了，有时候很简单，我们只要改变心意就可以恢复均衡。有时候，如果不是什么大事，我们很乐意复盘已经做过的事情，根据新近获得的信息改变自己的行为。例如，想象一下，你在商店买了一件外套，回家再一想，不喜欢这件衣服了。如果商店的退货政策非常简单，毫不拖泥带水，你会怎么做？很简单，你去买衣服的那家店退掉这件外套，然后要么换购另一件外套，要么申请退款。事实或行为（买外套）和信念或态度（不喜欢外套）之间的张力解决了。

认知失调消失了。

同样地，如果你在英国脱欧公投时把选票投给了离欧阵营，但后来你对某个议题，例如移民问题的看法不像投票时那么坚定了，事实上你现在觉得移民"爱来就来，不来拉倒"，那么你可能会被一种所谓的"控制移

第 12 章 重划界线

民还是叫停移民"的论调①说服，并且在其他条件不变的前提下，在第二轮全民公投中把选票投给留欧阵营。

但问题在于，根据费斯汀格的推断，重塑一个人的行为不一定容易。原因可以很简单，即重塑行为不可行；原因也可以很复杂，那就是行为由根深蒂固而往往桀骜不驯的动机决定。接下来发生的事情就有趣了。如果"时光倒流"或者"一笔勾销"不可能，那么我们就不会重塑自己的**行为**，而是对自己的**信念**的执着加倍；我们不会制订新路线，而会为现行的路线辩护。

这正是《狐狸和葡萄》那篇精妙的伊索寓言里的狐狸的命运。该寓言创作的时间比费斯汀格偶然遭遇"追寻者"要早大约两千年。这个故事可以为任何心理学教科书增色。饥肠辘辘的狐狸花了好长时间、费了好大力气想摘一串悬垂在他头顶的葡萄，但怎么也够不着、摘不到。他只好偃旗息鼓，灰溜溜地离开。但他又来了一个后见之明，把自己给说服了，认为自己其实并不想要那串葡萄。"哦，你们都还没熟呢！"他宣告说，"我才不要吃酸葡萄。"

这是一种熟悉的感觉。想象一下，在上面那个买了外套又后悔的例子里，如果商店**没有**简单干脆的退货政策，你到头来只能留着它。如果你想兼顾已经买下外套这个事实和你不再心仪它的信念或态度，消除随之而来的认知失调，你只能想办法改变自己对这件衣服的感受。"改变主意"喜欢它，得出结论说它其实并不赖。事实上，它正是你一直想买的外套！

---

① 例如，我原本可以指出（时任英国首相的戴维·卡梅隆未能指出这一点），离欧阵营的两大主角鲍里斯·约翰逊和迈克尔·戈夫（Michael Gove）在整个拉票宣传过程中一直十分小心，没有抨击移民问题或移民本身，而是自始至终将焦点集中在控制移民这个貌似相关但事实上显然不同的议题上。在拉票宣传期间，戈夫和约翰逊均从未承诺过叫停移民，只讨论过澳大利亚式的积分制移民体系，并向生活在英国的欧盟公民承诺会保护他们的权益。这其实相当于含蓄地表明，在英国合法居留的欧盟公民将会自动获得留在英国、时长不限的许可，其待遇不会差于脱欧前。虽然在拉票宣传期间几乎无人注意到这一点，但我原本可以指出这个事实，并同时据理力争说明大规模移民对英国有好处。——作者注

同样地，在英国脱欧这个例子里，如果你坚信移民对英国有负面影响、欧盟成员国身份对英国有害，而且假定你的同侪们都熟知你的观点，事实上，你甚至可能还游说过邻里街坊，那么，面对一整套同你的观点相反且无可争议的事实，为了维持你的行为（支持离欧拉票宣传阵营）和你的信念（脱离欧盟能让英国叫停移民，"夺回控制权"）的一致，你最容易做出的选择是一边摒弃并质疑新近获得的信息，一边巩固你目前的立场。

例如，你可能会指出，虽然离欧阵营的领导人从未明确承诺叫停外国国民进入英国，但控制移民涌入显然同它是一码事。而且言下之意，大家已经达成共识，认为"大规模移民"威胁英国社会结构。

与此同时，为了强化你对离欧阵营的承诺，你可能还考虑指出英国脱欧的另外几个感知到的"利益"：例如，摆脱布鲁塞尔方面大张旗鼓、定期下达漂洋过海渡过英吉利海峡对英国管头管脚的某些法规（"香蕉的外形宜直不宜弯""西梅不是泻药""鸡蛋不可按打卖"）；再例如，脱欧后英国将享有更大的经济自由，可以更迅速地同其他国家签下更大手笔的贸易协定。

这个难题既残酷又荒谬。一个人对自己的论调付出越多，为自己的立场做的心理投资越多，就越有可能因为反方证据的出现而固执己见：这些反方证据不但不能说服这个人改变心意，反而会让这个人横下心来，让他在相反数据的刺激下摆出更高调的不妥协姿态。①

"追寻者"在"卓有见识"的精神领袖多萝西·马丁的引导下鼓吹末日预言，认为上帝将会打翻一个巨大的宇宙冰桶，毁灭这个世界。他们后来的表现同利昂·费斯汀格的预言分毫不差。

---

①我记得演员、故事大王彼得·乌斯蒂诺夫（Peter Ustinov）讲过一个长距离赛车的故事——可能是从巴黎到达卡的汽车拉力赛。一天，一名赛车手行驶经过某个村庄时不巧把一位观众撞倒在地上。愤怒的村民一拥而上，杀死了车手。等到那位受伤的观众摇摇晃晃地站起来时，他们把他也杀了，因为这样才能为杀死赛车手正名。虽然我无法赌咒发誓说这个故事千真万确，但我还是把它写进书里，这个例子无与伦比地揭示了人类大脑对认知一致性永不满足的需求。——作者注

世界末日并未降临。

但是，这个邪教的成员有没有蒙羞忍辱躲进阴暗之处追悔莫及呢？没有，他们才不呢，而且他们的理由还很充分。他们中有许多人已经往这项事业里投入了重资，有人卖掉了住宅，有人辞去了体面、高薪的工作，还有人跟亲人一刀两断。

要是坦承自己错了，多萝西·马丁的信徒失去的就太多了。所以他们没有承认错误，而是把"事实"吸收到一个尚未收尾的自然叙事里，将该团契的妄想性信念和行动拼凑进一个体现上帝意图的辉煌灿烂的马基雅维利式织锦中。当星际优步车没能在约定的最后时刻到达，让"追寻者"搭车逃离迫在眉睫的毁灭时，恰在此时，马丁奇迹般地收到神笔自动书写出来的一条讯息。原来，她那一小群信众守夜的烛光照亮了全世界，上帝为此大发慈悲，取消了毁灭行动，他暂缓对地球执行死刑。

不仅如此，在预言中的宇宙大灾难到来前夕，"追寻者"严词拒绝媒体采访，对外界守口如瓶。然而一旦灾难消解，万能上帝的怒意甫一平息，这个团契就玩命般地投入劝服他人入教的事业中，同之前的态度形成鲜明对比。从很多方面看，他们的命运的确取决于能否说服他人信教。

原始、客观、未经加工的现实和原始、主观、误入歧途的个人主观能动性之间的失调如此之大，预言者对幻想的金钱、情感和心理投入如此之多，以至于他们重归正轨的唯一途径是沿着错误的道路继续走下去。

身份认同挤压

自从一个多世纪前利昂·费斯汀格首次提出认知失调理论以来，它的实例就屡见不鲜。硬核烟民们对吸烟是重大致癌原因的确凿证据嗤之以鼻，认为它们要么"模棱两可"，要么"未经检验"。全世界的节食者在以下两个方面同样著名：一方面，他们有着消除腰部赘肉的钢铁意志；另一方面，他们能为自己管不住嘴找到绝妙理由（"偶尔作弊对人有好处"，"我会在健身房里多练三十分钟"，"这个含糖量其实没有**那么高**"……）。

就连英国脱欧也把认知失调理论落到实处。英国公投决定离开欧盟六个月后，美国有线新闻电视公司委托民调公司对英国选民做了一个调查，看看后者如果有机会再投一次票的话会怎么选。调查结果具有教育意义。这还是往少里说，而真相是如果费斯汀格地下有知做了预言，那他一定正中靶心。尽管公投后英镑大跌，尽管英国政府未能制订明确的脱欧计划，尽管所谓的"不愿面对脱欧现实的人"（Remoaner）抨击英国在偏执狂浪潮和民粹主义胡言乱语的裹挟下被欧洲扫地出门，尽管将近一半的受访者充分意识到脱欧决定将会给他们带来财务损失，但用费斯汀格的断言来说，正**因为**这些意外事件离欧阵营再次胜出。在此次民调受访对象中，有47%的人说他们会投票脱欧，有45%说会投票留欧，余下8%说他们想不好。①

多萝西·马丁和她的怪诞预言奇兵们相当精彩地为我们演示了一点：如果你不能让时光倒转②，那么有时候你就不要回头。

然而，事态近来有所改变。人们应对认知失调的方法和手段开始出现明显重大转移。之前我们看到，传统上，在面对同自己的信念相矛盾的证据而我们又很想维持自己的信念的时候，我们从丰沛的事实矿脉里筛出真相金块，对事实进行解读，使其符合我们的思维，这是我们为了保持身份认同，维护一种强大稳定的"真我"意识而必然采用的手段。

不过，在过去几年里，一种替代解决方案被越来越多人认同。是的，作为信念的堡垒，价值观和原则的守护者，反驳、异议和否定一直以来都

---

① 2016年6月的实际公投结果是52%（离欧）和48%（留欧）。——作者注
② 这个制约条件对美国有线新闻电视公司的民调的结果有重大影响。民调专家们为受访者设定了一个假想场景，而受访者的回答无疑受到当时政治现状的影响，换句话说，受到当时政治形势的影响。——作者注

第12章 重划界线

很好用。但是,摇头和全盘否定事实标志着我们在追求认知一致性,标志着保持清晰、连贯、必要的自我感知的过程中的一个颠覆性的新起点。它预示着党派分野,"后真相"否定主义新世界的黯淡开端。当然,随之而来的是"虚假新闻"的涌现。作为公共事业的现实曾一度为公众拥有,事实曾经对我们所有人都一样,可如今,事实被逐步私有化,每收听一段录音摘要,每点击一次鼠标,私有化就又进展了一步。我的就是你的,你的就是我的……只要我们站在同一边,只要我们属于同一个意识形态部落。

在当代,有关后真相价值观①涌现的论述颇丰。或许这并不令人惊讶,因为后真相价值观在全球治理和政治那阴暗隐晦、错综复杂的情节主线上偶尔客串出场。那些告诫性的、吹哨人式的评论经常写到,传统上更为集中且貌似声誉更佳的新闻媒体被线上新闻摧残得支离破碎;以信息过载和对内容进行批判性评估的机会减少为特征的注意力经济发展;内在范畴偏见导致神经营销学,微定向宣传、搜索引擎和社交媒体算法根据用户需求和偏好来传播内容,而非基于其真实性;丑闻、意识形态宣传、恶作剧和抄袭在各类新闻媒体上扩散,外加媒体主理人思潮偏向耸人听闻的新闻、小报化新闻、软新闻和信息娱乐。所有这些因素或者说所有这些因素的融合,在过去几年来被认定为否定主义、后真相时代降临的文化和社会预兆。

这样一个时代的降临不无道理。一方面,虽然我们大多数人努力向善,但我们仍然忍不住找理由质疑我们看不上的人或事,以便有借口恣意

---

① 此类客串出场的例子很多,我在这里只举两个。2016年唐纳德·特朗普赢得总统大选后不久,知名特朗普代言人、美国有线新闻电视公司政治评论员斯科蒂·内尔·休斯(Scottie Nell Hughes)在接受美国国家公共广播电台戴安娜·雷姆的节目(*Diane Rehm Show*)采访时宣称:"不幸的是,事实这种东西不复存在……所以,特朗普先生的推文在某些人群当中,在许多美国人当中是真相。"在莫斯科,受俄罗斯总统弗拉基米尔·普京任命领导国有媒体综合集团"今日俄罗斯"(Rossíya Segódnya)的记者兼前电视主持人德米特里·基谢廖夫(Dmitry Kiselyov)深有同感。"客观性是一种迷思,"基谢廖夫曾经断言,"它是有人提出并强加给我们的。"——作者注

妄为——反对接种疫苗者、否认气候变化者和911阴谋论者听好了。另一方面，点击鼠标、滚动屏幕、手指滑屏和指尖轻击不但让粉饰事实比以往任何时候都容易，还能轻而易举地掩盖现实，可以假装这些事实不存在。目前不存在，过去不存在，从未存在。

不过，我认为在否定主义、虚假新闻、主观客观性浪潮涌起的背后还有另外一个因素。相比在网络上翻江倒海或者对浮华轰动的饥渴，该因素更是一个身份认同问题，它是一种更深层次的思考，让我们把视线再次转回皮尔斯·摩根对群体和增强原则的点评，这个点评提醒我们界线和国境不仅制造差异，还夸大差异。

思考一下我们在第10章里读到的社会心理学家亨利·泰弗尔对人类知识进步的杰出贡献：如何让一群素不相识、第一次聚在一起的人相互嫌弃。他发现答案极其简单。你把他们任意分成两组（红组对蓝组，勇士队对老鹰队，低估者对高估者……组名叫什么不重要），然后给每组一点时间产生集体感。很快，所有人都开始对本组成员表现出偏爱，对另一组的成员表现出敌意。我们的归属感需求如此根深蒂固，以至于就连这些所谓的"最小群体"都能让我们效忠。

不消说，如今随着话题标签、网上论坛和社交网站的激增，最小群体如雨后春笋般到处冒头，我们那高度灵敏的群体忠诚按钮不断被按动。将群体成员凝聚在一起的往往是对某特定事由、个人或意识形态的嫌弃或厌憎。但即使在那些不因为嫌弃或厌憎而抱团的人当中，有一点毫无疑问，即**当下共存的群体数量高于我们人类历史上任何时点**。这也就意味着群体**身份认同**比史上任何时候都显著或重要，而身份认同"受挤压"或受威胁的感知也创下历史新高。

"社会身份认同在于差异，"法国哲学家、人类学家皮埃尔·布尔迪厄（Pierre Bourdieu）在他1979年发表的著作《区分：判断力的社会批判》（*Distinction*）一书中评论道，"差异是针对最接近的东西来断言的，最接近代表着最大威胁。"

第 12 章　重划界线

这种差异感、身份认同感随地可以起效。最能触发它的莫过于分界线。

我就举一个例子。声田提供在线音乐播放服务。截至本书创作时,声田网站上列出4000多种音乐类型和子类型,从模拟任天堂红白机配乐(在老派视频游戏音轨上叠加重型鼓声和让人胃部翻江倒海的垃圾摇滚反复乐节)到辗核音乐(骨瘦如柴、圆锯嗡嗡响的死亡金属乐同紧缠密绕的硬核朋克音乐的抽搐性融合)中最凶悍的子类型,不一而足。

你了解情况了,我们人类以差异为动力。虽然计算机都不一定能够对两种实际上可互换的音乐形式进行系统区分并总结出一二三四五条差别来,但我们其余人似乎非找出一个差别来不可。一个恰当的例子:严格素食主义苦行僧硬核朋克音乐(Vegan Straight Edge)与恨核音乐(Hatecore)从风格来看似乎同卵双生,外行人会以为它们的音波DNA百分之一百重合。然而千万别这么以为,如果你对音乐类型完全不熟,你区分它们会有困难。但是,针锋相对的死忠"饭圈"会像同卵双胞胎的父母一样乐意细说两者之间的突出区别特征:这个孩子或音乐有一个化脓的打击乐酒窝,那个孩子或音乐长了一个腐臭的抒情痣。

这是作为社会生物的我们日渐频繁面临的重大问题,其原因往往是互联网的引力将我们越来越紧密地联系到一起:身份认同空间的过度分割,还有伴随此类范畴挤压不可避免而来的"身份认同焦虑"。我们之所以裂土而治,不是为了征服,而是为了同他人步调一致。我们在自己的床上贴好标签,然后躺下来,跟那些知情同意、志趣相投、寻找相似范畴铺位的伙伴共寝。

在集体自我身份认同这个狭小、竞争激烈的货架空间上,界线越细,距离越短,我们之间的间隔越窄。这种人际品牌建设越是强调细微差别和渐进变化,我们的身份认同意识就越强,维护自我身份认同的愿望和决心就越坚定。我们不愿意改变自己去迎合社会的习俗和规范,即便我们显然属于极少数派,我们宁可反其道而行之。**我们恳求社会同我们步调一致。**

2018年10月，为了表明对自闭症患者、有知觉障碍者或耳聋者的更大包容性，曼切斯特大学的学生们投票否决鼓掌，改用英国手语中"无声张开手掌和手指"的手势。一年后，牛津大学的学生们依样画葫芦。2019年11月，英国演员工会发布新版指南，要求在英国剧院中逐步停止使用"女士们、先生们"（Ladies and gentlemen），而改用性别中立的说法，以此表达对演员和观众中的跨性别人士的更多包容。一个月后，即当年12月，在一位推特用户指责易捷航空患有跨性别恐惧症后，该公司高管们对旗下航班客舱用语做出了同样的规定。"亲爱的易捷航空，你们是否正在参与某种看谁强化性别二元论次数最多的竞赛？"身为跨性别人士的伦敦大学伯克贝克学院社会科学研究方法讲师安迪·富加德（Andi Fugard）博士在推文中写道："'女士们、先生们、男孩们、女孩们'，香水严格地区分女士香水和男士香水，对先生或女士的尊称（sir/madam）也是这样。像贵公司这样的大组织一定要做得更好。"易捷航空在24小时之内就接受了富加德博士的建议，随后向飞行员和客舱乘务员发布了如何做到更"包容和盛情款待"的指导意见。

如今，身份认同非常抢手，比历史上其他任何时期都抢手。我们必须捍卫身份认同，必须为之奋斗。

为了更清晰地说明身份认同挤压和身份认同自卫之间复杂而相互矛盾的关系，让我们重返音乐主题。想象你是一件乐器，例如吉他、小提琴或者竖琴上的一个音调：A、B、C、D、E、F或者G。花一点时间回忆一下你的进化历史，想想第一次有人从无限连续的音调可能性空间里选择了你，在乐器上奏出了你，然后给你贴了一个声学标签。为了便于讨论，我们暂且指定这个标签是D调。或许你因为在七声音阶上占据了一个独一无二的位置而沾沾自喜。你的两侧分别是C调和E调，但你们之间有充分的声音活动范围、足够的和声回旋余地，所以你对自己独立的、递增的身份认同相当安心。你不需要跟其他音调拼杀才能被人听见，人们知道C调听上去是怎样的，他们也知道E调听上去是怎样的，两者听起来都跟你不一样。

第 12 章　重划界线

可接下来出现了升调、降调和半音，随之而来的是全音阶多样性。升C大调插进了你和C调之间，降E大调在你和E调当中安营扎寨。突然之间，你焦躁不安。你心想，这些初来乍到者跟我贴得太近了，我不舒服，它们在非法侵入我的地盘。你的声音焦虑开始发作：我还像我希望的那样卓尔不群吗？我这个音调演奏出来，人们还能立刻认出我来吗？

"我要比以前更专注于当好D调，"你思忖道，"鉴于这些陌生音调已经来了，我需要在自己的频率上表现得更加小心。"

然后灾难降临！小道消息传来，据说人类打算设置四分音。有谣言称，在阿拉伯半岛的利凡特地区和麦地那附近新发现了一个陌生的游牧部落，由一些稀奇古怪的原住民组成。它们既不是升调或降调，也不是像你这样的大调，而是某种中间音调。这下你**真的**担心了。你心想，要是这些跨和声移民开始朝你这边迁徙该怎么办？你的历史传承会被摧毁殆尽。七声音阶里的其他六个音阶也会遭受灭顶之灾。所谓的音阶里空间足够大，容得下所有音变的论调纯属扯淡，根本没有这么多空间，事实上，现在就已经客满了。不，够了，我们大调得相互协作表明立场。升调和降调做什么完全由他们自己决定，但他们要是够聪明的话就会学我们的样。因为别忘了，他们就是最初的肇事者……

有共鸣吗？

近来类似的音调一直在新闻里发声。混乱的、粗腔横调的范畴划分音调，界线变得模糊，边界变得模糊。个人身份认同"阶"上的空间变窄了、变挤了。之前我们已经发现，脸书上目前提供七十多种性别类型供用户选择，还有四十多种性取向和恋爱取向选项。这不是对现实渐变灰度的欣然接受，这是把**最优**的非黑即白切割成迷你型、微型、**次优**的黑白分明。

去年，英国艺术委员会把四十万英镑少数族裔演员扶持专项资金中的一大部分提供给了祖籍爱尔兰的五十四岁白人戏剧导演安东尼·伊昆达约·伦农（Anthony Ekundayo Lennon）。此人的族裔一直被张冠李戴。

（灰黄色皮肤、卷曲的"黑人"蓬发和突出的脸部特征让伦农貌似非洲人，至少貌似混血人种。）"地球上所有人都是非洲人，"伦农宣称，"接不接受这个事实是你的选择。有人自称重生的基督徒，有人叫我重生的非洲人，我宁愿说自己是非洲人重生了……虽然我是白人，父母是白人，但我经历了一名黑人、一名黑人演员的奋斗。"

有这种想法的人不止他一个。前年，医生们告诉一位六十九岁的荷兰退休人士，他的身体状况等同于四十五岁。他从此把自己的年龄减了二十岁，还要求把生物护照上的年龄也合法地改为四十五岁，这样他就能重返职场并提高在约会应用程序Tinder上约会的成功率。

"跨性别人士现在可以改出生证上的性别，"他争论说，"本着同样的精神，应当允许改年龄。"

无论这些议题的对错，你支持哪一方其实也并不重要，但有一点是肯定的。在当前全球蜂拥的社会氛围下，年龄、性别、族裔和性取向频道的数量激增，在身份认同电波中泛滥成灾，同传统的、二元分化的非男即女、非黑即白、非同性恋即异性恋、不是青年就是中年或者老年的频道抢夺空间，从我们远祖时代就树立起来的界碑和界桩日渐变细、变模糊、变单薄，身份认同的带宽在缩短。脆弱不定的品格、个性和人格频率之间的相邻频道干扰的前景比以前任何时候都赫然。

这就意味着我们对自己的旋钮的保护意识更强，对最点滴的右旋或左转都表现出高度抵制，极度重视维持高质量的信号强度。这转而又意味着，虽说一位懦弱的购物者在面临买下外套后不喜欢但又退不了货的困境时，要么举起双手放弃信念（"我买这件衣服的时候在想什么呀？"），要么构建一个新真相让信念同事实一致（"你知道吗？这件衣服其实不赖。"），但这两样我们都不做，我们向来不擅长承认自己的错误，而现在，真相也出问题了。即便是对我们的核心基本信念结构稍做腾挪，即便是只有一点点偏离我们独一无二的个人飞行路线，我们也会面临进入另一个身份认同领空的危险，面临迷失方向的危险。而且要是那片领空的现任

第 12 章 重划界线

主人充满敌意，一心报复，他或她还很可能会飞近我们，发出警告并把我们击落。

那我们怎么办？我们只能做这种情况下唯一可行的事，对自己、他人、世界，我们撒谎，我们否认，我们假装。我们把信息"意识形态化"。这不是指我们所有人，而是指一群新近涌现的、已经站稳脚跟的、甚嚣尘上的少数派。你对气候变化的核心信念是否有可能受到一份足以证实气候变化真实性的，关于气候异常、二氧化碳排放和海平面上升的政府间报告的威胁？改变你对全球变暖和温室气体的想法或者调整你的立场导致的"身份认同转换成本"是否高到不可承受？没事的。你只要谴责这份报告及其包含的大话连篇的数据即可。

更严格控枪不合你的意？这没什么大不了的。驳斥媒体对校园群体枪击案的报道，称其为虚假新闻即可。或者至少宣称这是政府精心策划的破坏美国宪法第二修正案的一部分阴谋。[①]我们已经读到过，有人就认为佛罗里达州玛乔丽·斯通曼·道格拉斯高中枪击案根本没有发生过。此外，这种反应并非不成气候。2012年康涅狄格州桑迪胡克小学枪击案导致了二十名学生和三名教职员工丧生，事件发生后，极右翼阴谋论家暨美国电台节目主持人亚历克斯·琼斯（Alex Jones）就带头鼓吹此种论调。

在我们生活的这个互联互通程度前所未有、空前自我暴露、公众影响

---

① 当然，我们必须记得，阴谋论不是新鲜事物。虽然谴责诋毁某个外群体是在恐惧和不确定时期挑起民族主义狂热、增强内群体凝聚力并从而巩固内群体身份认同的一种久经考验的方法，但无事实根据散布谣言和偏执狂式的指责带来的好处不需要心理学家特别指出。十四世纪黑死病纵横欧洲致死无数的时候，人们不清楚疾病的来源。很快就有传言说犹太人为了主宰世界往水井里下毒，所以才暴发疫情。对犹太人的屠杀和强制流亡于是顺理成章。同样地，为了解释在1918—1920年间导致多达5000万人死亡的所谓西班牙流感的起因，许多人将目光投向德国人，病毒首次出现的时间同第一次世界大战结束的时间相仿，但后者的致死人数比前者少3000万。1915年，德军在伊普尔从增压气瓶里释放出氯气，首开在战场上使用化学武器之先河。这会不会是他们重施故技？病原体是不是被偷偷注入了德国药企拜耳制造的阿司匹林片？德军U型潜艇有没有载着叮当作响的毒剂药水瓶潜入波士顿海湾，在剧院、火车站和其他拥挤之处散布细菌，制造生化恐怖事件？此类试图解释尚在发生中的危机的骇人听闻的努力概括了当时的恐慌、惧怕和疑心。——作者注

范围无限的时代里，信念、观点和个人意识形态在我们的社会和认知身份认同中所占的比重比以往任何时候都高。洞察力戴上了人格假面，诚信披上了形象的面纱。于是，面临针对我们的思维和行为方式的挑战时，我们捍卫的与其说是我们自己，不如说是我们的自我。我们贬低、抨击、诋毁对方，我们的思考方式不像试图解开谜团的科学家，而像气势汹汹竭力胜诉、如同罗特韦尔狗般的律师。

如果我们不能让时光倒流，不能让信念退货，不能构建一个真相，让事实和虚构唱同一首赞美诗，但我们想恢复健康的内在认知一致性，维持我们的思与信同我们的言与行之间的平衡协调，那我们只有一个可用选项，我们得改变相关情境的事实。无论这些事实是什么，无论情境怎样，我们不予理会它们。我们伪造篡改、横加指责，我们在一小块的公有现实土地上打下欺骗性主张的木桩。我们敲敲打打竖起围栏，挂上"禁止入内"的告示牌，把它们变成私有财产。

现实点

我和前文叙述过的视觉幻觉研究背后的主脑、心理学家多米尼克·艾布拉姆斯座谈过。很久以前我求学时，多米尼克是我的导师，多年来我们一直保持联系。今天，我们坐在英国科学院附近、伦敦莫尔步行街上一家咖啡馆的隐蔽角落里。他是英国科学院社会科学部现任副主席。我告诉他，我对认知失调理论进行了修订，我认为事实在精准的身份认同的祭坛上遭到宰杀。鉴于他睿智地频频点头并时常手抚下巴，我觉得我的发现应该挺重要的。

问题在于该拿它怎么办？如果现实继续分裂下去，变成充斥着容易激动且不安、极权主义微身份认同的巴尔干化的作战空间，那么到最后没有什么是真的，而一切又都是真的。我们会回归乔治·奥威尔笔下的1984，

第 12 章 重划界线

而原因同他在书里写的却截然不同。退化的、去中心化的现实跟威权主义的、国家支持的现实一样糟糕,只有民主的现实才能腾飞。

"这个问题的核心是一个巨大的悖论,"多米尼克解释说,"比古希腊人设想的任何悖论都要大。我们天生是社会的生物,但我们的天性驱使我们做出**反社会**的行为来。为了阻止后真相革命,截断故意散布的虚假信息也好,虚假新闻也好,我们需要想一想,人们起初为什么加入群体,我们为什么一直以来崇拜这个或者那个神祇,支持这个或那个运动队,把选票投给共和党、民主党、保守党或者自由党。

"原因一直都没有变过。几个世纪以来、几千年以来都一样,可以一直上溯到史前时代。是的,我们需要安全和地位,我们需要归属感,但我们也需要觉得自己是对的,或者至少需要说服自己是对的。无论情境的具体情况,要在自己周围聚集足够多的所思所感跟自己一样的人,给自己制造一个印象,那就是我们对世界的感知、我们的态度和行动、我们的信念和行为,是对情境做出的准确、高效、简洁、恰当的应答。

"所以,如果我们能找到一种方法,既能满足这些需求又不会触发派系忠诚,不会制造部落间张力,总而言之不会培养出一种我们和他们心态,那它就朝正确的方向跨出了一步。"

他说得没错。当然,我恭敬地向他指出,问题在于还没有人找到过这样的方法。历史上,从史前、古代到现代,没有人成功过。因为"我们和他们"的心态跟山川一样古老,跟大海一样强大,它的进化过程如同天空中的星体运行般不会停歇。把我们和他们的"我们和他们"的心态去掉,就像去掉火里的热、水里的湿,这根本做不到。

再则,我们会**愿意**这么做吗?一方面,或许我们渴望摆脱我们当中的狂热者:心存偏见的人、顽固执拗的人、挑动争端的人。但是,想一想,我们在这个过程中还会失去什么,超级碗杯、披头士、英国脱欧,还有,老天啊,欧洲歌唱大赛。

"我们是谁"这座雕塑是一步步凿掉"我们不是谁"之后才成形的。

灰度思考

我们在哪里划下界线,区分彻头彻尾的群体身份认同障碍①患者和"有偏见但可接受"的人?后者在群体身份认同谱系障碍上排位靠前但还没到临床确诊的地步。无限连续的色彩空间里只有寥寥几种基本色和原色,标准音阶里的七个基本音调屈指可数,同理,对一个社会来说,我们应当如何调节身份认同取景器,在数不胜数的自我电波中设置出最优数量的频道?我们怎样找到那个神秘莫测的多样性甜蜜点,既保有最多的部落,又确保最少的混淆、最低程度的冲突,尽量不让范畴划分中断我们的沟通?

这是一个无法回答的问题。至于应该由谁来回答,由谁来负责调校取景器以便判定任何特定核心人口统计学网络(性别、政治派别、性取向、种族)中的适当频道和频率、它们的强度和数量、它们之间的分离程度,这本身就是一个问题。政府、法庭还是政策研究所?如果奥威尔还在世,他正在创作《2084》,我们会不会既有思想警察也有范畴警察?

2020年新冠肺炎疫情期间,我们英国几乎陷入了任何一代人所能面临的最为严酷的取景器困境之一。我们是应当放大焦距倍率,强调个体身份:出门、访友、上班?还是应当注重大局,多为年长者和易感人群着想?最后,政府替我们回答了这个问题,颁布社交距离(人和人之间至少隔开两米)、就业(谁可以继续上班,谁不可以)和超市礼仪(我们每次买多少东西有上限)等方面的严格规定。换句话说,议会将我们个人的取景器收归国有,坚定地把它们全都设成横屏模式。事实证明,这些措施全面有效。"他们"被静音了,好斗利己主义淡化了,存在主义电波里只剩下一个始终如一的身份认同音调。

"我们。"②

---

①目前尚属虚构病情,但临床分类学家们注意了。——作者注
②这里请注意,在判断何种取景器设置为正确时,情境发挥作用。请回忆上一章中那位英勇的英国上尉,为了将德国伤兵送还给后者在前线的同胞,他献出了自己的生命。你可能记得,他的取景器设置为特写镜头。当我们不站在同一边时,聚焦个人而非群体有益。然而,当我们站在同一边,如共同抗击新冠肺炎疫情时,这套设置的效用就翻转了,拉远镜头聚焦群体而非个人是高于一切的道德律令。——作者注

第 12 章 重划界线

但是，这些措施究竟是唤醒了我们本性中的良善，还是像《四两拨千斤：瞬间说服的艺术》预测的那样会无意间射出了利己主义的影响力银弹，这有待进一步讨论。在危机早期阶段病毒刚开始造势之时，多米尼克在肯特大学的同事吉姆·埃弗里特（Jim Everett）研究过哪一种类型的讯息最有可能说服人们遵守政府规定。他发现，强调保护朋友和家人安全是每个人的日常职责这一讯息最有效，而那些在明面上强调欣然接受"新常态"属于道德义务的讯息，还有强调如果我们都不守规矩则大家都有健康风险的功利主义考量的效果最差。

然而，另一种讯息因为在这项研究中缺席反而更引人注目：反映一个人如果无视新措施会有什么社会代价——被羞辱、不讨人喜欢、遭到排斥。[①]我怀疑这很可能是所有讯息中最强大的，而且很可能是英国政府通过短信发送给全英手机用户，通知他们封锁隔离政策有所收紧的信息背后的逻辑。既然大家都是圈内人士，那就不能抱怨也不能找借口了。[②]我们当中有越多的人加入"我们"，"他们"得付出的代价就越高。

多米尼克接过话头。

"当然了，我在这儿可不是为了绞尽脑汁写出媲美约翰·列侬的歌曲

[①] 2020年4月发表的一项历年政治言论内容演变研究揭示，同内群体和亲密无间相关的语言（最常见的说法有"国家""社区""团结"）在二十世纪早期大萧条时代开始篡夺同责任和义务相关的语言（最常见的有"法律""秩序""当局"）的地位。政治说服叙事从强调遵守规则到强调团结和群体身份认同的重大转移几乎完全建立在以下三个因素的基础上：当时西方民族主义的兴起，一个真正泛国家意识的形成，人民从农耕社会向城镇社会大规模迁移。这项由弗吉尼亚大学社会心理学研究生尼古拉斯·巴特里克（Nicholas Buttrick）领衔的研究分析了三个国家（美国、加拿大和新西兰）1666份政治演说文本中的700多万个词，其中最早的演说发表于1789年。——作者注

[②] 需要指出的是，在社交距离措施出台后，德比郡警方出动无人机拍下在峰区徒步者的照片并公布在社交媒体上的做法被批判为"高压政策"，这个决定后续导致有人呼吁警察按新规执法需步调一致。有鉴于此，政府同英格兰和威尔士警察联合会、英国国家警察局长委员会及警察学院合作，制定出基于常识的四大做法（简称"4E"），以确保新规定得到遵守：参与（鼓励自愿遵守）、解释（指出不遵守的风险）、鼓励（强调遵守的裨益）和执法（命令或强制人们回到住所，如有必要可合理使用武力。）——作者注

来，"他颇费心思地指出，"我没有说：'想象一个没有我们和他们，只有我们的世界。'但我**真心**想说的是，在某些时候、某些情境下，密切关注我们如何**管理**归属感需求及其内涵非常重要。

"这不难，科学证据已经有了。我们只需要拿出意愿来。例如，假若能够创造一个心理安全环境，强调心态开放、保持好奇好问、不把批评性反馈或证明自己想法不成立的证据视为威胁，以此减缓个人世界观或自尊受损的风险，则有助于创新和追求新颖解决方案，这能激发我们对身份认同的根本性需求。这样的话，自主、自觉和需求都得到兼顾。

"或者甚至同时，我们推广问责文化，让个体为自己的错误、不正确行为和决策负责，以此激发人们不愿搞砸的内在愿望，也能实现同样目标。"

多米尼克接着指出，研究还表明，为了保住内群体身份认同，我们一般倾向于抵制源自外群体的影响。但有些讯息和处事手段迎合了我们自认身份优越的心理，例如美国人、欧洲人或者最根本的人类身份。想想有关气候变化的持续争议，还有我们在2020年目睹的抗击新冠肺炎疫情的努力，以及乔治·弗洛伊德之死[①]，从而可以大大减少同群体相关的偏见，将我们所有人团结起来，让从最偏远小岛到最傲慢大都会的居民，从最权势滔天的亿万富翁到打零工的单亲家长都聚集在同一种信念的屋顶下。

在2019年过半时，英国人民分裂成两个阵营，支持离欧者蜂拥至一处，赞成留欧者聚集在另一处。两者之间的壁垒如此分明，以至于有的恋人一刀两断、有的家庭成员怒目相向。六个月后的2020年3月，我们前所未有地团结在一起。

新冠肺炎夺走了一些人的生命，每一次死亡都是一场悲剧。但对一个国家来说，它或许拯救了我们。

多米尼克告诉我，在一项研究中，两组各有四名实验参与者（AAAA

[①] 当时有一个推特表情包上写道："这不是黑人对抗白人，这是所有人对抗种族主义者。"——作者注

第 12 章 重划界线

和BBBB），他们各据一室讨论一个问题的解决方案（所谓的"冬季生存问题"：一月严冬时节，他们乘坐的飞机迫降在森林里，他们从飞机上抢救出一些物品，例如一把枪、一份报纸和一罐猪油，他们必须按照生存重要性给这些物品排序）。然后两组坐到一起制订一份联合提议。讨论桌被恰到好处地设计为八角形。但是同其他所有实验一样，这个实验有玄机，玄机在于座位安排。在一次实验中，两组成员被完全隔离开来（AAAABBBB），在另一次实验中，两组成员被部分隔离（AABABBAB），还有一次实验将两组成员完全打散（ABABABAB）。

效果令人难以置信。这个基本款心理学抢椅子游戏不但大大降低了被完全打散就座的实验参与者之间的内群体偏见，还提升了合作水平、友善度评分和成员们对联合提议的信心。

多米尼克还告诉我，另外一项实验在美国特拉华大学橄榄球场展开。一群既有黑又有白人的调查员，有的头戴主场比赛球队的帽子（这样一来他们就是现场常见但又显眼的内群体成员），还有的因为头戴客场作战的球队（宾州西彻斯特大学队）的帽子就失去了亲和力或高人一等的共同点，他们询问现场主队白人球迷最喜欢吃的食物类型。

毋庸置疑，研究人员最感兴趣的是黑人调查员的表现。球迷们跟哪一种调查员的互动最为融洽？答案正如你所预料。如果这个答案就在你眼前，你绝对不会错过。但那些不太关注优越身份认同对差异和偏见的侧面攻击力的从业者和决策者却往往错过它。头戴主队帽子的调查员表现最好。

"原因很简单，"多米尼克解释说，"在橄榄球场那种小众分野的氛围里，对某支球队的忠诚至高无上，种族这个文化庞然大物在视情境而定的群体身份认同强弱排序中败退。彼时彼刻，你**现在**支持谁比你**之前**从哪里来重要得多。"

"也就是说，运动队的代表色战胜了肤色，对吗？"我问。

多米尼克面露微笑。

"是的，"他说，"要是你来上过我的课，你自然知道这一点。我敢打赌，你后悔自己当年上课不够专心，是吧？"他说得对，我的确后悔。只是当年"我们"和"他们"之间的分界线比现在要稍微细一点。它们当然也存在，分界线两边也还是有巡逻队的。在我记忆中，我们那时候要么追模糊乐队（Blur），要么追绿洲乐队（Oasis）。辣妹组合里有五位各有特点的歌手，正好可以用来标记你的身份认同。事实上，如果声田新增一个名叫"身份认同流行乐"的音乐类型标签的话，"高贵辣妹""运动辣妹""猛辣妹""宝贝辣妹""呛辣妹"可以争取一下该类型音乐创始人资格。然而，当年脸书上肯定没有七十多种性别类型供用户选择，当然啦，因为那时候还没有脸书呢。

无论是通过康复还是诉诸理性，无论是包裹在悖论里还是藏身于自我的内源性荒谬中，很久很久以前就在古老非洲的江河湖海边、树荫下的岩洞里、杀戮场和篝火旁形成的真相就像我们人类一样留存至今，而且就像我们人类一样，除非有战争、大流行病和碳排放浩劫，否则它将会永存。

没有"他们"就不可能有"我们"。

是他者把我们自己馈赠给了我们。

后 记

黑白思维的智慧

颜色是一切，黑白比一切再多一点。

——多米尼克·劳斯（Dominic Rouse）①

---

① 多米尼克·劳斯（1959— ）是英国著名摄影师。
——编者注

2016年6月29日，四十一岁的阿联酋国民、阿布扎比一家企业市场营销公司的老板艾哈迈德·阿尔·门哈利（Ahmed Al Menhali）站在俄亥俄州埃文市一家酒店外面用阿拉伯语打电话，不想招来一群全副武装的警察朝他大声叫喊，命令他趴在地上。三周后，在佛罗里达州棕榈滩，两名坐在车里打增强现实游戏《口袋妖怪Go》的青少年被当地一名屋主用手枪打死。接着，2017年2月23日，警察在曼彻斯特雷文修姆火车站用50 000伏的泰瑟枪电击一位盲人。

这三个事件之间没有关联，但它们有一个共性，即每个事件的受害者都在突然之间发现自己成为恶性范畴划分这一错误的牺牲品，他们的攻击者因为范畴划分错误怪诞地扭曲了现实。

在阿联酋商人案例中，目击者看到他身穿白色传统及踝长袍、戴头巾，听到他用母语打电话，于是拨打911电话报警称："有一个拿着一次性手机的可疑男人，他有两个手机，戴着头巾……似乎正在向伊斯兰国发誓效忠。"

在佛罗里达《口袋妖怪Go》两位玩家案例中，涉事屋主在凌晨被"屋外传来的巨响"惊醒，他出门查看，发现两名青少年坐在一辆车里。他走近那辆车，听到其中一人说了一句"你有收获吗？"之类的话，于是认为他们是犯罪分子。他站到车前，喝令两名青少年不许动，结果车加速朝他开过来。他没觉得这是两人害怕之下的反应，而是将之解读为他们要么想逃，要么想撞死他。

最后，至于那位盲人，有人误以为他的折叠式手杖是武器，于是报警说有个持枪男子在火车站里晃荡。警官们抵达现场前有足够时间把这个人错误地归入"枪手"范畴，正如俄亥俄警察有足够时间形成刻板印象，将那位阿拉伯商人归入"恐怖主义者"范畴。所以，当他们拿着泰瑟枪、牵着警犬来到站台时，他们"看到"的不是一位带着折叠式手杖等火车回家的无辜盲人，而是一名持枪的疯子。

心理学家和脑科学家对范畴划分的阴暗面研究已经进行了相当长一段时间，这个问题确实值得研究。有时候，范畴划分错误的受害者未能幸免于难，在错误的时间出现在错误的地点，后果可能是灾难。

2014年8月9日午后不久，在密苏里州圣路易斯北面的一个郊区弗格森的坎菲尔德大道上，二十八岁的白人警官达伦·威尔逊（Darren Wilson）朝十八岁黑人青年迈克尔·布朗（Michael Brown）的身体连开六枪，因为他看到后者朝他撞过来时把右手插进衬衫里面的腰带位置，觉得很可疑。此前两人曾经有过争执，布朗被认定为当地一家便利店抢劫案的嫌疑人，他多次出拳伸进威尔逊的巡逻警车车窗打威尔逊，据称还试图夺走威尔逊的枪，结果枪在两人扭打时意外或非意外地走火，布朗拔腿就跑。威尔逊下车追赶，朝布朗开了一枪没打中，他还不断大声要求布朗站住趴下。

布朗终于停下脚步。然而，他没有听从警官的指令趴倒在地，根据威尔逊的叙述，他反而发出一声"闷哼"，掉头朝威尔逊撞来。威尔逊的最后一枪打碎了布朗的头骨顶部，年轻人丧生了。

迈克尔·布朗枪击案上了世界各地的新闻头条。哀伤的追悼会和烛光摇曳的守灵仪式很快被全面内乱取代。占弗格森人口多数的黑人社群多次同执法部门发生冲突，这个部门全副武装，吸取911事件教训配备了军事武器和防爆装备。冲突原因是后者用武力强行控制了该城几个敏感地区。枪击硝烟味尚未散去就有目击者声称，布朗在逃跑时背部中枪。也有目击者说，他当时高举双手。种族问题是这个事件的核心。

在冗长的法律程序终于走完后，大陪审团发出裁定，不予起诉达伦·威尔逊，紧张局势再次爆发。圣路易斯郡检察官罗伯特·P.麦卡洛克（Robert P. McCulloch）得出结论称，没有足够证据驳倒威尔逊出于自卫开枪的主张，而且司法鉴定和可靠目击者证词证实了威尔逊对那个决定性的下午发生在坎菲尔德大道上的事件的报告。

"我们或许永远都不会知道究竟发生了什么，"时任美国总统巴拉克·奥巴马评论说，"但威尔逊警官和被指控犯罪的其他人一样得益于正当法律程序和合理怀疑标准。"

有关正义是否在弗格森得到伸张的辩论仍然如火如荼。2014年11月，达伦·威尔逊出于自身安全考虑辞去警察职务，此后他一直没有另行求职。2016年5月，迈克尔·布朗的母亲莱兹利·麦克斯帕登（Lezley McSpadden）出书，从她儿子的角度诠释整个事件。她提到监控录像拍下的她儿子被枪击前在受指控抢劫的便利店里递给店员一个可疑包裹，临走前还推搡一个貌似抗议的店员的镜头，她小心翼翼，这可以理解。"十八秒钟……"她不无心酸地写道，"……根本无法代表十八年的生命。"

奥巴马说得对，我们永远无法确定那天在弗格森发生了什么。但我们能确定一点，基于种族对意图、动机和行为进行范畴划分可以毫不夸张地让人们看到不存在的东西，无论这样东西是一把枪，朝枪的一扑，还是举手投降。

北卡罗来纳大学心理学和神经科学教授基思·佩恩（Keith Payne）比任何人都清楚这一点。早在2001年，即达伦·威尔逊与迈克尔·布朗的视线首次交会前十三年，他就着手回答过一个简单的问题：我们的种族划分真的会影响我们**看到**什么吗？还是说，范畴划分的影响更微妙，更有"心理"性质？

为此他做了一个实验。他先给实验参与者（一般实验参与者都是大学生，他的实验也不例外）看一张照片，照片上要么是一张白人脸孔，要么是一张黑人脸孔。然后他立即再给他们看一张**手枪**或**手持工具**（例如老虎钳、套筒扳手或电钻，参见图1）的照片。被试需要完成的任务很简单：尽快识别出第二张图中的物品是枪还是工具。

第一步：白人实验参与者看一张白人脸孔或黑人脸孔的照片。

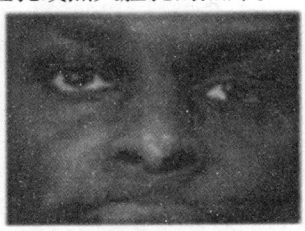

第二步：立即给他们看一张手枪或手持工具的照片并要求他们尽快识别出来。

图1
白人对黑人；枪对工具

他的研究发现为我们所有人敲响警钟。参与实验的学生中几乎大部分人都不会认为自己是头号种族主义者或顽固排外者，但他们在看过黑人脸孔后能更快地识别出**武器**来，在看过白人脸孔后能更快识别出**工具**来。佩恩还报告说，他们"在看过黑人脸孔后谎称看见枪支的概率高出看过白人脸孔后谎称看见枪支的概率"。这真是对将近十五年后发生在北卡罗来纳州西面和同它隔开几个州的密苏里州的事件的怪诞实证预言啊。

可是为什么？"肤色"这个范畴里究竟有什么，怎么会引发这种下意识的误判？

科罗拉多大学博尔德分校心理学副教授乔希·科雷尔（Josh Correll）于2006年主持的一项研究给出了答案。科雷尔和他的同事们让实验参与者玩一个名叫"武器识别任务"的视频游戏。在游戏中,参与者看到一连串快速闪过的武装人员和手无寸铁的人的图像后,必须瞬间判断是否要开枪射击,图中有的人是黑人,有的人是白人;有的挥舞着一把枪,有的拿着钱包或手机。(参见图2)

手拿钱包的欧裔美国人　　　　　　持枪的非裔美国人

图 2
手无寸铁人士和武装人员图像

研究人员想知道种族是否影响参与者执行任务时的反应时间,佩恩五年前报告的知觉偏差是否实际转化为公然好斗的反应规律。但这不是他们唯一感兴趣的地方。他们还想知道,在参与者应付面前屏幕上的各种偶发事件,必须瞬间判人生死的时候,他们的大脑里发生了什么。

为此,每位实验参与者在玩游戏时身上都接通了脑电图仪,研究人员测量他们的事件相关电位(ERP)——某个特定刺激诱发的脑电波。

如果佩恩的发现还不够发人深省,那么科雷尔及其团队的研究堪称振聋发聩。参与者们不但在面对武装黑人时射击速度比面对白人嫌犯时快,而且决定不朝手无寸铁的白人开枪的速度也快于决定不朝手无寸铁的黑人开枪的速度。

后　记　黑白思维的智慧

然而，这还不是他们的全部发现，脑电图监测结果揭示了原因。研究人员将探针送入正在打游戏的参与者的大脑深处，发现他们并未采用客观二元制、冷静的二元范畴划分方法，即有武器还是没武器，他们实际运用的分类框架虽然有二叉分枝，但根本不客观，也不冷静。

黑人还是白人。

具体而言，参与者们面对武装白人和武装黑人时迅速扣动扳机。这个没问题。麻烦的是，他们面对**手无寸铁**的黑人时扣动扳机的速度一样快。唯一不会让他们脑海里警铃大作的刺激范畴是手无寸铁的白人。

科雷尔和他的共同作者从进化论里推导出来的底线似乎是不可避免的。"为了生存，人类必须无差错地察觉出环境威胁，"他们在论文结语中写道，"因此注意过程以及因而产生的事件相关电位必须区分有威胁的和无害的外界刺激。在游戏情境中，武装目标是威胁，他们是'坏人'。然而，鉴于文化刻板印象，即便手无寸铁的黑人也可能被视为威胁。"

佩恩和科雷尔的研究演示了我们在全书几次提及的三条范畴划分过程内在原则。第一，范畴划分实践事关生死存亡；第二，范畴划分往往是无意识的；第三，范畴划分引发幻觉。换句话说，我们不按看到什么来划分范畴，我们看到的是我们划分的范畴。事实上，范畴划分本能的基本性、无意识性和致幻性可以从1980年匹兹堡大学的心理学家做的一个简单研究中一窥端倪。研究人员给一群六年级学生看了一系列线条图，图中的两个学生在各种模棱两可的场景里互动。这些场景图还配有介绍互动性质的口头描述。例如，一个男孩在走廊里撞到了另一个男孩，或者一个男孩在午餐时向一个不太熟悉的男孩讨要蛋糕。

这个实验看似简单，其实内有乾坤。线条图不全都一样，它们之间存在一个微妙但关键的差别，即图中勾画的在走廊里撞到人的男孩或者吃午饭时讨要他人蛋糕的男孩一半是白人，另一半是黑人。此外，参加实验的六年级学生被有意分为两组——白人和非裔美国人。即便如此，他们需要

275

完成的任务还是很简单。他们需要用一到七分为模棱两可的撞人事件和半真半假的蛋糕讨要事件的友善或威胁程度打分。

研究人员希望了解的是，卡通人物的族裔会影响学生的评分吗？此外，评分多少是否还取决于孩子们本身的族裔？

对第一个问题，答案是肯定的。对第二个问题，答案是否定的。研究结果显示，当撞人者和讨要蛋糕者是黑人时，实验对象感知到的卑劣和威胁程度远远高于撞人者和讨要蛋糕者为白人时。可令人难以置信的是，这个评估偏差并不因为打分者的族裔不同而有所区别，参加实验的学童们是白人还是黑人对评分没有多大影响。他们都认为黑人角色的行为和举止比白人角色敌意得多、好斗得多。这么说来，不但范畴划分从我们很小的时候就开始了，刻板印象也根深蒂固到引发自我伤害的地步，导致群体展现自我歧视偏见。

不过，这个故事还有另外一面。这一面很少有人提及，但它同样至关重要，那就是刻板印象让我们活下来。

几年前，我和一位朋友在非洲荒野做研究。一天傍晚，我们在一条偏僻泥路上散步，我们走着走着他突然一蹦三尺高，蹦到了路的另一边。灵魂归窍之后，他指了指路边。一根扭曲的树枝从路边林下灌木丛中探出头来，活像一条蛇。他运气好，这不是真的蛇。他最多就是自尊心受了点伤，但冒傻气总比变死人要好。宁可假阳性（以为树枝是蛇，但其实它不是）也不要假阴性（相信它不是蛇，但其实它是）。换句话说，宁可抱有成见，把所有的蛇形树枝都看成蛇，也不要站在路边竭力建设园艺一家亲。

当然了，差别在于树枝没有感情。秉承成见把所有树枝都看成蛇不会让世界上的树枝们难过，它们也预见不到歧视或者树木压迫。然而如果你在乘坐地铁时秉承成见把一位身穿传统服装、留着胡须、手持《古兰经》、肩负背包的人看成恐怖主义者，你很快就会麻烦上身，就像俄亥俄州埃文市的警察那样。

后　记　黑白思维的智慧

但这是为什么？这不是一回事吗？难道依稀让你觉得不安，赶快下车，改乘下一班地铁的那种念头不是跟让你错以为路边无害的树枝是毒蛇时一蹦三尺高的反应来自同一个地方吗？或者跟让你对着一个你（正确或错误地）认为即将朝你开枪的人拔枪的反应来自同一个地方吗？

宁可假阳性，也不要假阴性。

实话实说，刻板印象让我们对他人迅速做出判断，有时候这些判断可能是错的，而有时候它们是对的。但重点在于，它们是**快速**判断，有时候生活中正好需要快速判断。

作家库尔特·冯尼格（Kurt Vonnegut）曾经说过一段很深刻的话："生活来得太快，你都来不及思考。要是你能说服人们相信这一点就好了，可他们坚持搜集信息。"他说得对。刻板印象的负面性已经有颇多论述，也毋庸置疑。但同样需要指出的是，有时候刻板印象能救我们的命。这正是我们为什么会进化出基于很少的数据做出重大决策的能力。

再举一个例子。想象一下，深夜时分，你走在一个陌生城市的人行道上，四个穿连帽衫的青少年突然冒出来，如影随形。你穿过马路走到另外一边难道不合理吗？你知道的，以防万一呀。现在再问问你自己，如果走在你后面的是四名穿西装的男子呢？

大多数人对这两个提问的回答不一样。刻板印象就像足球比赛里的守门员。如果球队踢得好，在多数的比赛时间里没人注意守门员，守门员不像前锋，他们很少获得应得的荣誉。可要是守门员犯了错没扑住一个球，让它从指间或腿间溜进了球门，那么人人都怪他。

刻板印象**本身**就成了刻板印象的受害者。这不是好事，这跟刻板印象一样糟糕，但很多时候是它让我们得以继续比赛。问题在于我们没注意到。

出于无知，我们瞥见了否认和抑制的幽灵。刻板印象是一种极端主义行为，而极端主义口碑很差。你看见一帮穿连帽衫的人转弯走近，于是你穿过马路走到另一侧。如果把开放包容的头脑比作广场，你这样做无异于往广场上投掷燃烧弹,你炸掉了无罪推定。但这是一条我们每个人都必须穿过的马路,我们所有人都必须面对的真相。你和我,我们是极端主义者;你、我、阿道夫、奥萨马,我们是极端主义者;你和唐纳德,是极端主义者;我和普京,是极端主义者;我们所有人都是极端主义者,是天生的,一生都是,到死还是。从我们第一次呼吸、第一次收缩肌肉、第一次哭叫开始,我们就踏上了极端主义的人生路,我们在极端主义信条上签字,没有退路,没有第二次机会,而且我们没有人能免疫。因为我们**不得不**做极端主义者,如果我们不是极端主义者,那我们就什么也不是,做什么都做**不成**。

我们来举一个简单的例子。假设目前你正坐着,然后你站起来。或许你已经用了几个小时电脑,现在决定去弄一杯咖啡喝。无论你喜欢与否,站起来这个基本动作就是一种极端主义动作。它看起来可能不像,但它的确是。它看起来可能跟驾驶波音757飞机撞击世界贸易中心不一样,或者跟炸掉马德里某个火车站不一样,或者连跟你看到一群穿连帽衫的人拐过弯、朝你走来之后赶快过马路也不一样。然而在基本生物学层面上,在深度神经学层面上,它跟它们都一样。我们要么做这些事情,要么不做。共同的生理学根茎深植在我们的脑海深处。毋庸多言,这些动作的不同点在于**后果**不一样,我们做出这些动作后会发生什么。行动前需要的权变信息、情境信息的数量和复杂性不一样。

至于**为什么**具体是这些行动,从根本上看应当归结为基本生物学,归结于我们的大脑决策机制。组成我们的中枢神经系统的细胞,或称神经元经由电化学传导相互交流。来自内外部环境的刺激(疲劳感、走廊那头飘来的诱人咖啡芳香)引起细胞化学成分的变化,随后细胞生成电信号。

于是,我们做的每一个决定都是神经元投票选出来的,无论是下决心喝一杯咖啡、过一条马路,还是决意炸掉一座火车站。放电生成一个电信号意味着它赞成这个决定,不放电意味着它不赞成。如果一个提案被表决通过,那我们就执行。我们就会去做我们计划要做、密谋做或者考虑做的事情。如果提案没通过，我们就不做。

然而，这种表决跟众议院、下议院等处的政治表决有一点不同，我们的神经学选民不得弃权。一个神经元要么放电要么不放电，不存在能让神经突触骑墙观望的电化学围篱。没有紧张不安、胜负悬于一线的重新计票，也没有冗长的第二次公投。它非黑即白、是非分明，要么接受要么放弃。我们的脑细胞和神经细胞按照神经生理学家所称的"**全或无**"原则行事。也就是说，就我们做什么而言，我们要么站起来去弄咖啡喝，要么继续做手头的工作。我们在这个过程的任何时点可能在**想**什么无关紧要，我们可能对要不要休息一下**感到**犹豫不决，我们可能为此烦恼好几个小时。可一天下来，当我们拿出记录自己做了什么、没做什么的账簿供公开审计时，一切都一目了然了。

要么摄入了咖啡因要么没摄入，要么撞了双子塔要么没撞，要么过了马路要么没过，两选一，没有两者得兼。我们每做一个决定就划下一条界线，把我们在决定前做什么和在决定后做什么区分开来，这条界线既存在于时间维度上（"之前"和"现在"），也存在于空间维度上（"这里"和"那里"）。它可能只占了几毫秒时间或者几毫米空间，但这无关紧要。随任何选择而来的都是选一条路走并放弃走另一条路，跨越时间的路，跨越空间的路，我们不能同时出现在两个地方，我们也不能在同一个地方横贯两个不同时间，我们是彻头彻尾的极端主义者。

我们的大脑是激进的坩埚，当一个神经元下定决心时，覆水难收。

这样一来，我们就有了一点小麻烦。我们的大脑可能由一帮全或无的鲁莽之徒掌控，被一群狂热的充满革命斗志的由神经元构成的激进民兵组织占领。可我们的生活，我们行走的地貌，是用一种完全不同的范畴划分语言编码和加密的，其形而上稠度大相径庭，我们所生活的世界并非二元分化、非黑即白，它是一个连续体。我们所居住的环境并不"是非分明""要么这个要么那个""非此即彼"，它由或许、概率和灰色区域组成。

这个悖论既突兀又难解。如果大脑是一个由好斗的、不成功则成仁的指令神经元组成的无可估量的、迷宫般的集合，那么它们必须回应的行动号召就是同它们的极端主义电化学协议完全不相容的相异任务。然而，我们还是回应了，因为我们需要决策。蛇必须同树枝区分开来，行凶抢劫者必须同非行凶抢劫者区分开来，恐怖主义者必须同非恐怖主义者区分开来，事情就是这样。

回顾全书，我们多次看到界线是我们最强大的保护者。划分界线就是做区分，就是创建范畴。它镇压信息暴动、认知和知觉障碍的威胁的办法是把不守规矩的乌合之众、烧杀劫掠的**他者**逼入困境，也就是那些邻近的、附属的、逐渐渗透过来的，源自心理学家威廉·詹姆斯所说的"有待了解的现实的丰盈"的刺激，然后将它们隔离到心理密封现实的围栏里。这样一来，蜂拥而至的万事万物就在概念上被归纳入单一的、离散的、孤立的范畴里，便于控制和遏制。

"任何事情都应该力求简单，但不能过于简单。"阿尔伯特·爱因斯坦曾经说过。

界线就是我们的简易魔杖。然而问题在于，简易处于一个连续统当中，而这个连续统复杂得无可估量。

附录一

语言学和颜色知觉

基本颜色词

1969年，美国人类学家布伦特·伯林（Brent Berlin）和语言学家保罗·凯（Paul Kay）提出，各文化之间的颜色知觉差异以每个文化拥有的基本颜色词数量不等为中心。基本颜色词指一个可用于描述多种多样对象的颜色词（"金发碧眼"不符合定义），它应该是单个单词（"深绿色"不符合定义），而且经常出现在大多数以某个语言为母语的人的日常用语里（"品红"不符合定义）。

现代工业社会通行的各种语言包含成千上万个颜色词，但其中只有少量基本颜色词。英语里有十一个：红、黄、绿、蓝、黑、白、灰、橙、棕、粉和紫。斯拉夫语里有十二个，对淡蓝和深蓝做了区分。

在各种土著语言中，例如生活在巴布亚新几内亚高地的达尼人所说的语言，或者生活在纳米比亚北部和安哥拉南部的辛巴人所说的赫雷罗方言，基本颜色词的数量少很多，有时候少至两到三个，每个基本颜色词覆盖的颜色空间范围远远大于更主流的现代语言中的基本颜色词描述符。

事实上，如果我们追溯语言发展史，我们会发现基本颜色词是逐步积累而来的。通常它们先用于描述一个窄小范围里的对象和属性，其中许多词指出毒性和成熟度等非颜色物理属性。后来这些狭窄的描述参数逐步扩大，纳入更普遍、更抽象的内涵，最后才成为纯粹的颜色词。

原色

"原色"指混合后可以形成其他任何颜色的颜色。一般认为原色只有三种：红色、黄色和蓝色，但有时候绿色会被视为第四种原色。

光谱色

光谱色或称彩虹色，是组成白光的所有颜色的总称，艾萨克·牛顿做过一个著名实验，率先演示了怎样用棱镜分解一束太阳光。大家普遍认为（可见）光谱由七种颜色组成，红、橙、黄、绿、蓝、靛和紫，但也有人对靛色不友好，把它排除在彩虹色之外，理由是它跟紫色的区别不够明晰。

附录二

评估你的认知闭合需求

决策，决策！我们无法避免决策。巧克力还是草莓？加勒比海地区还是希腊诸岛？孩子还是工作？我们当中有些人擅长下决心、化解不确定性，但也有些人连最琐碎的事情都要苦恼上几个小时。你属于哪一类？没办法决定？嗯，这个简单的小测验或许可以帮忙。请你说明对下列陈述的同意或不同意程度。如果你强烈同意某一句话，给自己打3分；如果你同意某一句话，给自己打2分；不同意打1分；强烈不同意打0分。然后合计总分，对照量表就可以得知你的认知闭合需求有多高。

1.在饭店用餐时，我通常是最早定好要点什么菜的人之一。

2.如果我打电话给某人，但对方没接，我一般铃响七下或七下不到就挂断。

3.我更喜欢"先计划再行动"，而不是"走着瞧"。

4.我一旦下定决心，别人很难说服我。

5.坐等电话铃响把我逼疯。

6.我很熟悉规则和惯例。

7.我喜欢事情黑白分明，渐变灰度越多，我越心烦。

8.要是我电影看到一半被打断，我宁可别人告诉我结局也不要等到有空坐下来看完。

9.冗长谈判不是我的特长。

10.惊喜派对会吓到我。

11.我完全同意科林·鲍威尔（Colin Powell）的40/70法则：一个人在决策时应当收集40%—70%的可获得事实和数据，其余靠直觉。如果掌握的事实不到40%，决策风险太高。但如果已经掌握70%的事实还继续收集数据的话，你可能会错失良机，其他人可能会利用你的犹豫。

你的得分如何？

0—11分：你的思考全年、全天候运转。

12—17分：你不分昼夜地思考，但公共节假日会休息。

18—22分：思考和生活良好平衡。

23—28分：可以管理好思考时间。

29—33分：对其他视角和可能性加以考虑，但严格按照约定进行。

附录三

框架简史

十八世纪德国哲学家伊曼努尔·康德是最早论述框架的思想家之一，框架起初被称为"图式"。在1781年发表的《纯粹理性批评》（*Critique of Pure Reason*）里，康德注意到，我们通过将自己此时此地的知觉和经验与储存在想象里的类似案例的老一套心理表象即图式进行对比来搞懂前者。例如，我们将眼前看到的日落同记忆中的以往经验联系起来，这种过去和现在之间的时间维度上的互动有助于我们的理解，这样我们就能在当前社会和物理环境中自如行走。换句话说，图式亦称"框架""脚本"或"场景"，它代表对信息范畴（例如日落）及信息范畴之间的关系进行排序、组织和整理的先入之见的心理模型。

图式一旦形成就很难改变，而且对我们的信念、态度和判断发挥重大影响力。例如，一个对象、意见或现象与我们对那个实体已经形成的图式越是契合，我们就越可能注意它、偏好它、赞同它。因此，为论调或讯息"设定框架"暗指精心为说服性传播定位，使其尽量贴近目标影响对象头脑中的已有图式的过程。

瑞士发展心理学家让·皮亚杰（Jean Piaget）于1923年首次提出"图式"一说，用于描述儿童大脑中存在的知识和信息存储范畴。这些范畴的存在和修正帮助我们理解人类一生怎样用理性感知世界、学习世界、与世界互动。几年后，即1932年，英国心理学家弗雷德里克·巴特利特（Frederic Bartlett）把这个概念结合进记忆和学习研究，特别是图式的存在如何影响回忆，导致回忆偏差。

二十世纪七十年代，麻省理工学院计算机科学家马文·明斯基（Marvin Minsky）发明了"框架"这个新词，用于描述机器学习中的知识表征。后来，美国认知科学家大卫·鲁梅尔哈特（David Rumelhart）拓展了框架的适用范围，将之转用到心理学研究中。整个二十世纪八十年代，他以框架为蓝图，为人类复杂知识的心理表征建立一个基于神经网络的算法模型。

二十世纪七十年代，耶鲁大学两位心理学家罗杰·尚克（Roger Schank）和罗伯特·阿伯森（Robert Abelson）提出"脚本"这个概念，用于描述对既定情境下的动作顺序和主题关联行为程序的一般性陈见（例如，在饭店用餐的脚本会包括在餐桌旁就座、浏览菜单、借助服务生点菜和酒水等若干部分）。幽默的关键机制之一就是喜剧性地插入不和谐或出乎意料的事件，破坏此类脚本：例如，就饭店用餐脚本而言，我们可以想想电视连续剧《弗尔蒂旅馆》（*Fawlty Towers*）里标题为"德国人"的那一集里的著名场景。疯狂的旅馆老板巴兹尔·弗尔蒂（由约翰·克里斯扮演）在旅馆餐桌之间正步走，把一群德国来的住店客人弄哭了。

在加州大学伯克利分校任职的语言学家、哲学家和认知心理学家乔治·莱考夫（George Lakoff）对框架设定在说服力和影响力中发挥的作用进行过详尽的研究。莱考夫的研究方向是语言和隐喻的策略性运用如何微妙地激活存储知识范畴，塑造我们对特定议题的思维。按照莱考夫的说法，每一个单词都根据其与一个概念框架的关系来定义，而且有能力激发后天习得的联想和意义网络，让人要么向善，要么向恶。

例如，"税款减免"这个短语暗指纳税为负担，是一种我们希望能够摆脱的令人恼火的事物。与此相反，"支持生命"这个短语暗示那些支持堕胎的人"支持死亡"，并不由分说地将寻求终止妊娠的妇女等同于杀人犯。

附录四

Berinmo语和英语颜色空间对比

如果把色相和颜色强度不一的色卡拿给以英语为母语者看，问他们分别看到了什么颜色，他们的反应通常与下面的图X类似。

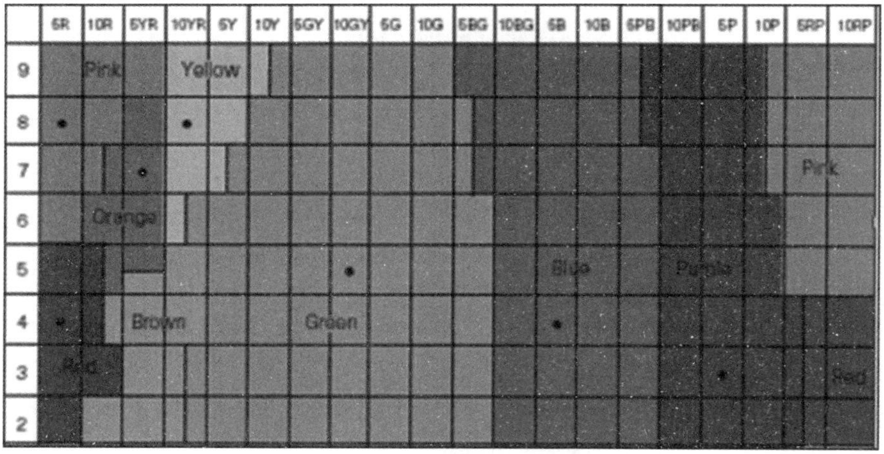

图 **X**

以英语为母语者的颜色空间（圆点代表每种颜色的焦点，即在颜色空间里某颜色最容易识别的点）。

网格左侧竖轴上的数值2—9代表按升序排列的光照度。网格顶部横轴上的5R—10RP标签表示色卡的颜色，其中红色（5R）、黄色（5Y）、绿色（5G）、蓝色（5B）和紫色（5P）代表五种主要色相，其他标签分别指

附录四 Berinmo语和英语颜色空间对比

代十五种中间色相。例如，在红色（5R）和黄色（5Y）之间有三种中间色相：10R，5YR，10YR（参见下方图Y）。

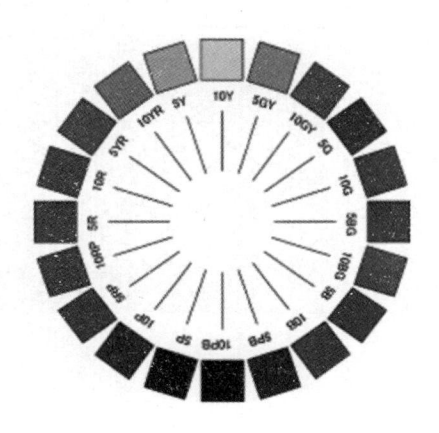

图Y
蒙赛尔色系：简化版

然而，如果把同一组色卡拿给以Berinmo语为母语者看，说这种语言的人生活在巴布亚新几内亚东北部靠近塞皮克河的必塔拉和卡吉鲁村落，会出现下面这个有点不太一样的回答模式：

虽然英语和Berinmo语之间存在若干个显而易见的差异，但请注意，其中最显著的差异在于Berinmo语把"蓝色"和"绿色"合并成了一个叫作"nol"的颜色范畴。

灰度思考

	5R	10R	5YR	10YR	5Y	10Y	5GY	10GY	5G	10G	5BG	10BG	5B	10B	5PB	10PB	5P	10P	5RP	10RP
9	3	2	5	Wap	2				1	1			Wap	1	5	12	6	3		2
8				9	6	2	3									1				
7			2	5	4	4	1	1		2										
6		Mer		2	1			2	3		1									
5	6	2		Wor	1			6	7	4	Nol	2	2						Meh	3
4	19								5			3								11
3	2		Kel						1			1		1						
2		1	1	3	4	5	12				2	1	4	3	4	4	Kel	2		

图 Z

以Berinmo语为母语者的颜色空间

附录五

黑白思维的
三大进化阶段

时间线（年）	阶段	描述
5亿多年前	打还是逃	捕食行为早已存在，它的历史像驴子的耳朵一样长①。事实上，捕食行为的出现要比驴子问世早大约5亿年。寒武纪（约5.4亿—4.85亿年前）前所未有的物种大爆发之后，它引领物种向复杂多样、日渐高级的生命形式进化。先出现了哺乳动物，最终又过了几亿年之后，灵长类动物出现了。不过，只要有捕食行为，必然也存在防御行为，在进化史上，这两个敌对的进程一直你争我夺试图占上风，堪称宏大的达尔文主义军备竞赛。在此过程中，猎人变得越来越聪明，不断增加防御策略的研发投资。既然捕食行为对复杂脊椎动物来说司空见惯，且鉴于及早、准确识别出捕食者是采取闪避动作的先决条件，人类防卫部门研发实验室最早研发出来的蓝图之一就是在大脑里匆忙设置一个很实用的"恐惧模块"。这个脑神经结构在经过最低限度的计算后，有能力不自觉地、自动地、前意识地标记出跟反复发生的生存威胁相关的广泛刺激并对其进行范畴划分，分配优先级。

---

①原文为"for donkey's years"，其发音与"for donkey's ears"相近。这是英语里的幽默说法，意为年月久远犹如驴耳朵之长。如果不是为了文中下一句，这里本可以简单翻译成"捕食行为已经存在了好多年"。——译者注

附录五 黑白思维的三大进化阶段

5亿至600万年前	我们还是他们	群居动物之所以群居，是因为群居的存活和繁殖概率高于独居。例如，黑猩猩是现存跟人类亲缘最近的动物，它们生活在裂变和融合群体[1]里，每群平均约有50头黑猩猩。大约600万年前，我们的史前先祖的群居规模有可能与此相似。而且为了保证群体凝聚力，他们还进化出内群体徇私倾向。目前还无法确定推动这种"新"社会认知软件开发的底层机制是什么。但有可能它以古老的、更早发生的适应为依托，即发生在约5亿年前，可以在鱼类、鸟类、爬行动物和哺乳动物等许多动植物种类当中观察到，这一适应能力起到群体排斥和占领地盘的作用。此外，有证据表明，从我们的祖先开始觅食以来，我们的大脑就获取了专门的神经认知技术，能够察觉并追踪群体中的联合阵线和联盟关系的变化，这种技术即便现今对游猎采集社群（当然包括**社会**游猎采集线上社群）来说仍属必需。
10万年前	对还是错	如上所述，我们最早的原始人类祖先的群居规模平均为50人左右。从现存游猎采集社群的规模外推，我们可以合理地假设生活时间离我们比较近的旧石器时代原始人类（活动时间约为10万年前）的群居规模为几百人左右。随着人类进化，这个群居"带宽"不断扩张，维持群体团结的压力越来越大，于是自然选择青睐那些最能加强团结的适应能力。这样看来，道德可能就在这些由100到200人组成的社群里进化出来了，担当群体控制工具，被当作一种制止畸变利己主义扩散、管理和解决争端、最大程度加强群体凝聚力的手段。例如，古往今来各个文化都一致赞许美德，欺骗、侵略、恶意和自私广受反对，而勇气、谦虚、领导力和合作普遍受到鼓励。早在正义、道德至高无上的神被创造出来之前，而且很可能在语言出现之前，这些规范和价值观就已经得到确立。这意味着，如果要追本溯源，可能要看人类如何习得专门用于保卫群体完整性的行为规律。简言之，好习惯难改。因为要是把**它们**改了，我们就死定了。

---

[1] 在动物行为学中，裂变和融合群体指的是规模和构成不固定、在特定时间段内持续有规律变化的社会群体。例如，一群黑猩猩夜间可能睡在同一个地方（融合），但白天可能分散成小群体（裂变）去觅食。——作者注

附录六

几个世纪以来的黑白思维

在西方思想传统中，我们可以识别出几个世纪以来黑白思维的文化和历史差异，它们似乎遵循一种反复出现的二元制大起大落规律。例如，在中世纪的欧洲，从经济和人际框架结合形成的封建制度的交易基础——雇主关系和地方性社会阶层来看，社会结构被认为不会改变。将"伟大的存在之链"上的每一环均视为同等重要且最重要的圣奥古斯丁提出的上帝为每个人指定了在社会秩序中的位置这个概念被认为绝无谬误。如果有任何人质疑自己在社群中的地位，他人都会用圣奥古斯丁打过的一个比方加以提醒：一根手指头对自己的地位再不满意也当不了眼睛。

与此相反，历史学家们认为启蒙时代是一个充斥着知识和哲学反叛的时代，是以追求个人自由和君主专制制度消亡为特征的时代。与此同时，这个时代还直面意识形态正统观念，鼓吹宗教宽容，而科学方法诞生于这个时代。采用逻辑、理性和实证观察手段来进行学术探究、格物致知的主张为一种不同的秩序，一种自然主义的、还原论的秩序铺平了道路。这种秩序一直延续到维多利亚时代。维多利亚时代的收藏和分类风潮既是这种秩序的缩影也是它得以维系的原因。（维多利亚社会以中上阶层为主的某些阶层甚至存在这样一个思想流派，即认为在理想情况下，家里的每一个房间都应该有特定的功能。比如不能在卧室里阅读，只能睡觉；不能在厨房里玩游戏，只能做饭。）

到十九世纪末，由于人们对维多利亚道德原则和社会文化常规日渐不满，这种秩序又被现代主义的变迁、创新和实验的信条取代。鉴于现代主义的哲学根基可以上溯到十八世纪的知识分子道德观念，按照现代主义者的说法，虽然人类思维可以通过理性获得启蒙，但它也可能通过非理性获得启蒙，所以现代主义不可避免地也有自己的一套意识形态着装规范和概念家规。例如，它坚持认为艺术和大众文化之间的鸿沟不可逾越。现代主义者其实跟启蒙时代和理性时代的理性主义者以及经验主义者一样致力于发现统一意义和普遍真理，虽然他们采用了不同的方法论，囿于不同的道德、心理和美学参数。

到了二十世纪七十年代，现代主义演变成后现代主义，社会建构主义和"对宏大叙事的怀疑"随之兴起。法国哲学家让–弗朗索瓦·利奥塔（Jean-François Lyotard）对此的描述非常著名。他说，知识探究的界线再次模糊，主观主义、相对主义和多元主义这些朦胧的瓶中精灵再次从烟雾缭绕的瓶子里被释放出来。

罗伯特·穆齐尔（Robert Musil）的小说《没有个性的人》（*The Man Without Qualities*）里有一个喜剧人物是二十世纪早期的一位将军，名叫斯塔姆·冯·鲍德威尔（Stumm von Bordwehr），他其实根本不是哑巴（在德语里"stumm"意为"哑的"）。他说过："不知怎么，秩序一旦发展到一定阶段，流血就变得必要。"

附录七

本质论之要义

从古希腊到新工党，从甘地到成吉思汗，一直以来极化、夸大和夸张都在针锋相对的政治语篇中占据着显著地位。但托尼·布莱尔貌似合理的测试策略之所以遭到英国公众某些群体的厌憎，或许还有同黑白思维相关的其他心理学力量在起作用。

你有没有对名人拍卖机制好奇过？弗雷迪·墨丘利演唱《看不见的人》时佩戴的太阳眼镜，科特·柯本（Kurt Cobain）在"MTV不插电"演出中穿过的羊毛开衫，猫王埃尔维斯·普雷斯（Elvis Presley）利用过的药瓶，所有这些物品都在近年上过拍卖台并且拍出了五位数以上的价格。这是为什么？柯本的开衫又旧又脏，而埃尔维斯的药瓶是空的。

吸引力何在？

我们可以从名人拍卖的反面找到一个线索。我的一位学生曾经做过一个研究。她问实验对象，要是"约克郡屠夫"①向他们捐赠器官，他们会感到安心吗？他们都说不会太安心。同样地，我们不再购买加里·格利特（Gary Glitter）②的唱片。正如细菌会污染门把手、芳香会弥漫整个房间，人们要么玷污无生命的物品，要么将自己的迷人气质注入其中，这取决于

---

①其人真名为彼得·威廉·撒特克里夫（Peter William Suttcliffe），英国人，出生于1946年，多次杀害妓女且手段残忍。他先用大铁锤敲击受害者头部，再用螺丝刀戳受害者的胸腹部。——译者注

②其人为英国摇滚歌手，因娈童案数次入狱。——译者注

我们对这些人的观感。人们虽然已经同"他们曾经拥有过的东西"分开，但"他们"的精气神挥之不去。这些无心插柳而来的文物因而成为他们气质的载体和传播媒介。

有一种执念认为灵魂不朽，能够寄托在眼镜、针织衫和各种药品调配用具上，这种执念起源于本质论这样一种哲学概念。本质论坚称，世间万物都有无形的本质。两千多年前，亚里士多德认为这种本质让事物具有"实质"。当代美国语言学家兼哲学家乔治·莱考夫则说，这种本质"让事物成为事物本身，没有它就没有事物"。

然而，这种本质不拘一格，无处不在。它们不但隐身于我们的穿戴之中，还潜伏在我们的言语之间。影响力理论里有一个众所周知的格言，说服性讯息的力量存在于三个相互独立的领域：讯息的内容本身，目标受众（即这个讯息为谁定制）以及讯息的来源（即谁发出讯息）。显然，如果讯息不当，或者受众不愿接受讯息，影响力就不太可能形成。但如果讯息内容得当，受众产生共鸣，影响力仍然可能因为讯息来源被认为不可信而受连累。讯息由谁发出就好比谁"穿戴它"，这会玷污（或者将自己的迷人气质注入）它*是什么*。

的确，如果说本质论在说服性讯息传递艺术中无处不在，那么它也可以渗透到语言结构里。2020年2月中下旬，人们对新冠病毒的忧虑加剧，5W公共关系公司对七百多名有喝啤酒习惯的美国人做的一个调查结果表明，38%的美国人"在任何情况下"都不再会购买科罗娜啤酒①，14%的美国人说他们不会在公众场合点科罗娜啤酒喝。舆观调查网（YouGov）做的另一个调查发现，消费者购买科罗娜品牌的意愿跌至两年以来最低水平。另一方面，"停工梅洛酒"和"隔离马提尼酒"②的饮用量飞涨，这两款酒

---

① 新冠病毒（Coronavirus）的前半部分正好是"科罗娜"（Corona）。——译者注
② 这两个都是新造词。"停工梅洛酒"（Furlough Merlot）由"停工"（furlough）和"梅洛葡萄酒"（Merlot）两个单词合成，"隔离马提尼酒"（Quarantini）由"隔离"（quarantine）和"马提尼酒"（Martini）两个单词各取一半合成。——译者注

灰度思考

是为了怀念很久以前在哥斯达黎加和希腊群岛度过的开怀畅饮假日，家里还有什么剩余配料就用什么来调制的实验性"封锁鸡尾酒"①。

---

① 也是一个新造词。"封锁"（lockdown）和"鸡尾酒"（cocktail）两个单词各取一半合成"封锁鸡尾酒"（locktail）。——译者注

图片鸣谢

以下个人或机构允许本书复制图片。作者和出版社向他们表示感谢：

第38和39页，沙堆还是非沙堆：沙堆悖论©罗布·默里（Rob Murray）；第101页，玛丽莲·爱因斯坦© 奥德·奥利瓦（Aude Oliva），麻省理工学院；第116页，猫狗系列©S. J. 考金（Korghin, S. J.）和Z. H. 巴索威兹（Basowitz, Z. H.），《对模棱两可的刺激做出何种判断可作为老龄化认知功能的一个指标》（*The judgment of ambiguous stimuli as an index of cognitive functioning in aging*），《人格学刊》（*Journal of Personality*）25，81—95（约翰·威利父子出版公司，1956）；第170页，立体斑马线©古斯提制作/封面影像公司（Gústi Productions/Cover Images）；第273页，白人对黑人，枪对工具©佩恩，北卡罗来纳大学；第274页，手无寸铁人士和武装人员©科雷尔等，科罗拉多大学；第294页，"颜色空间"，来自黛比·罗伯逊、伊恩·R. L. 戴维斯（Davies, Ian R. L.）和朱尔斯·达维多夫，《颜色范畴并非通用：来自一个石器时代文化的复制和新证据》（*Colour categories are not universal: Replications and new evidence from a Stone-Age culture*），《实验心理学学刊》（*Journal of Experimental Psychology: General*），第129期，369–398；第295页，蒙赛尔比色图表©爱色丽公司（X-Rite）。

致谢

写这样一本书不是出于黑白思维。从远处看，这本书可能黑白分明，封面上只有一个名字，但现实远非如此。写这样一本书就像制作彩色玻璃，只有当光线照在彩色玻璃上时，彩色玻璃才有生命。光线同艺术创作过程本身不相干，但它是作品的电磁心跳。

在过去三年里，有许多人促成了这本书的叙事心跳：他们照亮了我的脚步，启迪了我的思维，用批判的火炬刺穿浓厚的意识形态幻灭迷雾，让我在文思枯竭和支票失信的郁闷长日里雀跃抒怀。

有人说，编辑是艺术界的交通警察。如果这是真的，那我已经被他们逮住过好多次。停车信号灯、危险警示灯和一闪一闪的蓝色警灯都融入了《灰度思考》一书的编辑背景。我永远感谢班坦图书公司的安德烈亚·亨利（Andrea Henry）和法勒—施特劳斯—吉鲁出版社（Farrar, Straus&Giroux）的科林·迪克曼（Colin Dickerman）给我开出罚单。艺术连环车祸在每一个拐角处等着我们，但不知怎么，我们一个也没撞上。安德烈亚和科林一直开着警车跟在我后面。

创意的天空中还闪烁着其他光亮，如果要把它们一一道来，这本本来就已经超出约定字数的书更要膨胀了，然后我又得吃一张罚单。简而言之，该感谢的太多了，不过我在这里还是指出其中最耀眼的几点光亮：多米尼克·艾布拉姆斯、迈克·安德森、托尼·"青蛙"·巴洛（Tony 'Frog' Barlow）、乔伊·巴顿、马克·巴塞特（Mark Bassett）、

致谢

阿尔菲·贝斯特（Alfie Best）、托尼·布莱尔、卡萝尔·布洛克（Carole Bloch）、阿拉斯泰尔·坎贝尔、金尼·卡特（Ginny Carter）、罗伯特·西奥迪尼、萨拉·克拉西克·洛德·塞巴斯蒂安·科（Sarah Classick Lord Sebastian Coe）、伊恩·科林斯（Ian Collins）、约翰·科林斯（John Collins）、艾弗·克鲁爵士（Sir Ivor Crewe）、劳伦斯·达拉格里奥、朱尔斯·达维多夫、雷·戴维斯爵士（Sir Ray Davies）、理查德·道金斯（Richard Dawkins）、苏茜·登特、伊丽莎白·多布森 肖恩·戴奇（Elizabeth Dobson Sean Dyche）、乔治·埃利斯（George Ellis）、安吉拉·恩特威斯尔（Angela Entwistle）、雷纳夫·费恩斯爵士、托里·芬奇（Tory Finch）、凯塔琳娜·费斯特纳（Katharina Festner）、亚力克斯·费希尔（Alex Fisher）、阿什利·贾尔斯（Ashley Giles）、加文·休伊特、彼得和安娜·霍兰德（Peter and Ana Holland）、黛安娜·休斯顿（Diane Houston）、埃迪·豪、埃迪·詹宁斯（Eddy Jennings）、休·琼斯（Hugh Jones）、（已故）特里·琼斯（Terry Jones）、尼尔·科里（Neil Kerly）、吉尔达·基埃（Gilda Kiai）、林恩·基姆西、奥里耶·克鲁格兰斯基、杰玛·莱文（Gemma Levine）、约翰·劳埃德（John Lloyd）、科林·麦克劳德（Colin MacLeod）、凯莉·马洛尼、本·马修斯（Ben Matthews）、安迪·麦克纳布、阿曼达·穆恩（Amanda Moon）、本·摩根（Ben Morgan）、皮尔斯·摩根、杰夫·莫斯廷、罗布·默里、萨梅尔·纳西夫、莉莎·奥克斯、OCEAN实验室（牛津大学实验心理学系）、罗尼·奥沙利文、尼克·普伦（Nick Pullen）、萨莉·普伦（Sally Pullen）、菲利普·普尔曼爵士（Sir Philip Pullman）、黛比·罗伯逊、马丁·罗伯茨（Martin Roberts）、埃莉诺·罗施、弗朗西斯·罗西（Francis Rossi）、比尔·斯科特-克尔（Bill Scott-Kerr）、拉杰·塞加尔、本·谢泼德（Ben Shephard）、劳拉·舍洛克（Laura Sherlock）、保罗·辛顿-修伊特、克莱尔·史密斯、安娜·索德斯特罗姆（Anna Soderstrom）、安娜贝尔·宋柯（Annabel Songco）、米基·斯佩特（Micky Speight）、伊万·托马斯（Iwan Thomas）、理查德·汤普森（Richard Thompson）、哈维和艾丽斯·桑尼克罗夫特（Harvey and Alice Thorneycroft）、亨利·索普（Henry Thorpe）、埃莉诺·厄普德格拉夫·约翰·弗戈（Eleanor Updegraff John Virgo）、格雷格·华莱士（Gregg Wallace）、斯蒂芬·韦斯塔比、马特·怀特（Matt White）、基特和艾琳·威廉斯（Kit and Eleyne Williams）、安德烈亚·沃勒（Andrea Woerle）和莎莉·雷（Sally Wray）。

接下来该插一个差劲的桥段了。一位出版人和一位经纪人下班路上去喝酒。"我不明白为什么，"经纪人抱怨说，"人们一得知我是经纪人就不喜欢我。他们为什么那样？"

"或许，"出版人猜测说，"这样做节省时间。"

谢谢你，帕特里克·沃尔什（Patrick Walsh）。你不是那个不讨人喜欢的经纪人。谢谢你这么多年来的支持和友谊。

还有三个人值得特别提名。

首先，感谢英国皇家空军中校基斯·迪尔（Keith Dear）。他在全书创作过程中自始至终对查找本书所需的资料热情饱满。他从不认为哪一条注释是无关痛痒的，从不觉得哪一个参考资料过于隐晦，他甚至不辞辛劳地提出致谢篇里应该有他的名字，这超出他的使命了。

其次，感谢我的文字编辑玛丽·罗伯茨（Mari Roberts）。她与生俱来的专业精神和对浮夸、冗长、华而不实的文字的轻描淡写的不宽容此次遭遇特大挑战，但她再次打了一个漂亮的胜仗。

最后，感谢我无与伦比的另一半——伊莱恩（Elaine）。某个名叫埃迪·詹宁斯的家伙曾经说她是"生意成功背后的军师"，伊莱恩负责打理凯文·达顿的生意已经二十多年了。

奇迹般地，我们还在营业。